情感文明与学校教育论丛

本书是2020年江苏省基础教育前瞻性教学改革实验项目
"朱小蔓情感教育思想的学校实践"的阶段性成果

情感文明学校的德育课程设置

情感德育课程的操作与案例

陈永兵 徐志刚 等◎著

北京师范大学出版集团
BEIJING NORMAL UNIVERSITY PUBLISHING GROUP
北京师范大学出版社

图书在版编目(CIP)数据

情感文明学校的德育课程设置：情感德育课程的操作与案例/陈永兵等著.—北京：北京师范大学出版社，2021.9
（情感文明与学校教育论丛）
ISBN 978-7-303-27177-1

Ⅰ.①情… Ⅱ.①陈… Ⅲ.①德育—教学研究 Ⅳ.①G41

中国版本图书馆 CIP 数据核字(2021)第 171011 号

营 销 中 心 电 话 010-58802135　58802786
北师大出版社教师教育分社微信公众号　京师教师教育

QINGGAN WENMING XUEXIAO DE DEYU KECHENG SHEZHI：QINGGAN DEYU KECHENG DE CAOZUO YU ANLI

出版发行：北京师范大学出版社　www.bnupg.com
北京市西城区新街口外大街 12-3 号
邮政编码：100088

印　　刷：	天津旭非印刷有限公司
经　　销：	全国新华书店
开　　本：	787 mm×1092 mm　1/16
印　　张：	17.25
字　　数：	283 千字
版　　次：	2021 年 9 月第 1 版
印　　次：	2021 年 9 月第 1 次印刷
定　　价：	59.00 元

策划编辑：郭　翔	责任编辑：周　鹏　王思琪
美术编辑：焦　丽	装帧设计：焦　丽
责任校对：包冀萌	责任印制：马　洁

版权所有　侵权必究

反盗版、侵权举报电话：010-58800697
北京读者服务部电话：010-58808104
外埠邮购电话：010-58808083
本书如有印装质量问题，请与印制管理部联系调换。
印制管理部电话：010-58805079

序

江苏省南通田家炳中学(以下简称"南通田中")编写的《情感文明学校的理论与操作实务》《情感文明学校的课堂优化方案："情感—交往"型课堂行动手册》《情感文明学校的德育课程设置：情感德育课程的操作与案例》这三本书，是该校在参与由我主持的香港田家炳基金会资助的关于经济全球化时代的"道德人"培养——教师情感表达与师生关系构建项目的过程中，结合学校自身办学历史、特色，基于学校育人实践而自觉投入科研训练，在学校文化育人、环境育人以及情感教育实践等方面取得的又一丰硕成果，也是该校多年以来优良教育传统积淀的集中体现和结晶。我为此感到由衷的高兴，也借此机会向在这一项目研究中收获成长和进步的老师们表示衷心的祝贺！

南通田中是一所上进的学校，最近10多年为其发展的又一黄金时期。2007年南通中学初中部整体移入，2014年南通田中正式更名为江苏省南通田家炳中学。学校以"崇德，博学"为校训，历来重视对学生的品德培养，其"难忘教育""诚信教育"等以学生整体素质为导向的育人观念在省内外产生了重要影响。近年来，学校在学生德育、课堂教学改革、教师队伍成长等方面取得了很好的成绩，尤其是对情感教育的重视，强调通过校园情感场的建设为师生成长构建良好的校园情感氛围等理念和做法，为学校教学、科研、管理等营造了良好的文化氛围，为该校持续高质量的教育教学科研、持续办好高质量的教育奠定了坚实基础。该校陈永兵校长一直强调的"创设能够给予学生强烈情感撼动的真实而生动的德育情境，给予学生难以忘怀的感受体验，就能获得持久稳定的德育实效""校园情感场生态构建"等办学思想和研究主张非常务实，符合教育规律且具有前瞻性，也是我所赞同、认可的。我曾多次参与该校德育活动，常常被其极富感染力和教育性的现场气氛所打动，我也相信，每一个参与活动的学生都会受到深刻的教育并终生难忘。

我一直从事、关注情感教育研究和实践，重视对人的情感的研究。我在博士论文《情感教育论纲》中即提出了情感教育，认为要关注人的情感层面如何在教育的影响下不断产生新质、走向新的高度，关注作为人的生命机制之一的情绪机制如何与生理机制、思维机制一道协调发挥作用，以达到最佳的功能状态，重视情感在人的品德成长乃至整个生命中的重要价值。我一直关注德育与情感教育之间的关系，陆陆续续产生的研究成果于2005年在由人民教育出版社出版的《情感德育论》一书中进行了详细、全面的介绍（2005年，我主编的"当代德育新理论丛书"在人民教育出版社出版，我的《情感德育论》也是其中之一）。情感德育论认为，情感在个体道德品质的生长方面有着重要的地位。道德教育需要借助外部条件对人施加一定的影响、作用，然而，仅仅依靠说教，不但效果不够，而且还可能会产生相反的作用。情感性道德教育提出要把人的情感作为道德生长的根基，注重情感在个体道德成长和教育中的地位、作用，从"情感"入手，通过对人的基础性情感以及道德情感的培育，助力人的品德的内在生长；通过发挥"情感"这一内在生命元素的特殊机制，形成润物无声、自然而然的道德教育和道德品质的生长过程。

2004年，我与苏霍姆林斯基的女儿苏霍姆林斯卡娅进行了一次对话。卡娅说："我想用'情感文明'这个词来表达情感教育的宗旨。""情感文明"的提法将我对情感教育的价值以及坚持研究情感教育的意义的认识提到一个新境界。最近几年，我们研究和关注的重点都在于如何建设具有情感文明的学校、班级。情感教育的指向应该是为了学生的道德成长和生命发展，因为如果情感教育让学生在生活环境中获得了健康的情感支持和丰富的情感体验，提高了情感文明的程度，他们就容易形成健康的自我认识，在社会生活中就有更好的沟通交往能力。如卡娅所说，有了自我独立、判断和选择的能力，哪怕在独处的环境里，他们也能做出正确的道德选择。南通田中提出的情感文明学校建设的项目正可以看作这一话题在基础教育学校的一次探索和尝试，它从学校与班级情感环境建设、"情感—交往"型课堂、学校情感德育课程、家校合作的情感之维及教师情感胜任素质提升等五个方面，初步展示了南通田中这几年在这方面的思考与实践。

从博士论文算起，我关注情感教育、情感德育，至今已有近30年。多年以来的研究和实践，让我越发地认识到这个领域的重要性，当年提出的情感性道德教育在今天看来仍然有着丰富的空间可以继续挖掘、探索。2014年，我受香港田家炳基金会委托进行"教师情感表达和师生关系建构"项目的研究和实践。当时要在全国选两所种子校作为该项目的研究基地和项目学校，希望通过邀请项目学校的教师一起参与项目研究，通过在种子校的研究、实践，带动并逐渐培养出一批教师情感人文素质良好、有自觉意识和行动研究能力的教师队伍，改善学校的师生关系，从而获得真正有质量的学校教育和个体生命的健康成长。因为这样一个契机，在自愿申报的基础上，经过进校考察、遴选，最终确定南通田中为两所种子学校之一，自此，我们便有了后来经常性的来往、沟通和项目交流。因为这样的机缘，在项目的执行过程中，在陈永兵校长的积极倡导和支持下，该校提出的一项指向中学教育现场的情感教育研究课题"普通中学情感德育实践形态的探索"，于2017年成功获得教育部重点课题资助。

在项目的研究过程中，我和我的学生们曾多次参与其中，我深刻地感觉到，这样一个人文性质的项目所具有的力量，它带来的不仅仅是学生的改变、教师的改变，还有使我们自身的生活、情感不断充盈，情感联结不断增强，从而获得生命能量和补给。因为和南通的缘分、和南通田中的项目来往，我和我的学生们从南通田中老师那里获得了很多宝贵的材料，与他们建立了深厚的友谊，陈永兵校长多次盛情邀请我们到学校听课、观课、参加互动性研讨活动，给大学和中小学合作研究的项目提供了很大的支持。现在看来，这是一个互相影响、带动的"双赢"过程，它指向的不仅是学生的成长，我相信南通田中的老师们在这个过程中一定收获甚丰，现在呈现给大家的这本书就是一个见证！

情感性道德教育重视情感在人的道德成长以及整个生命、人格发展中的重要地位，设想从更宽阔的视域考虑情感和道德的关系，并且在生活中寻找贴近人的情感实际的教育引导方式。它有两个重要的特征：一是重视将人的情感发展作为道德教育的目标，因为与道德相关的情感并不那么狭窄，人类的很多情感都和道德有关，比如儿童的兴趣、好奇、秩序感、节奏感等，都是在情感性道德教育中重视培育和发展的；二是重视利用人的情绪情感的特殊机制，改革并提升道德教育的影响力和有效性，比如情绪的易感性、同感共受、情感场共鸣等机制，都是道德教育实践中可以加以利用的。南通田中过去有很好的这方面传统，通过这次的研究，将这方面的经验进行系统性的总结和提炼，相信对于基础教育学校在这方面的德育实践也具有一定的启发和借鉴价值。

时下，基础教育学校仍面临着升学、分数等诸多外部压力，身处基础教育一线的教师即便有研究的愿望也未必有充足的研究时间和精力。像南通田中这样的一批学校，有那么一群教师一直保持着研究和学习的热情，将优化学生的内在生命成长方式作为办学的最终追求，是非常难得的，也让我和我的学生们备感钦敬。希望南通田中能够继续将这方面的优势和特色坚持下去，并辐射带动更多的学校认识到情感性德育的价值，参与到实践探索之中。尽管这样一个探索的过程是不容易的，甚至有时候会有冲突、困惑和误解，但是毕竟迈出了这一步。我相信只要我们将学生的健全成长视为教育的目标、将教师职业作为自我生命的一部分，怀抱理想和热情，积极地自我要求、自我探索，坚定一步一个脚印地做事，就一定可以看到学生的进步、教师的进步和学校的进步，就会有越来越多的同路人加入进来！

（朱小蔓，中国陶行知研究会会长，北京师范大学教授、博士生导师）

自　序

2014年，江苏省南通田家炳中学（以下简称"南通田中"）有幸成为朱小蔓教授主持的关于经济全球化时代的"道德人"培养——教师情感表达与师生关系构建项目的全国两所种子学校之一，其后在朱小蔓教授及其团队的指导下，我们围绕情感教育、情感德育开展了系统化、持续性的研究，形成了情感文明学校的理论框架与实践路向。我们的研究成果也相继出版，这本《情感文明学校的德育课程设置：情感德育课程的操作与案例》，与前面的《情感文明学校的理论与操作实务》《情感文明学校的课堂优化方案："情感—交往"型课堂行动手册》，共同组成了"情感文明与学校教育论丛"。

多年以来，德育始终是南通田中开展工作的首要思考，我们在诚信教育、社会实践德育等方面也累积了不少经验。2014年起，我们将朱小蔓教授的情感德育作为学校德育的主要实践路向。朱小蔓教授在其《情感德育论》中提出："必须高度重视情感在个体道德形成及道德教育中的地位和价值，并把强调以情动体验为基础、以情感—态度系统为核心、以情感与认知相互影响、促进而发展为过程，从情感素质层面保证人的德性构成的道德教育理念、取向及其实践操作样式称之为'情感性道德教育范式'。"[1]我们认为，经由学生的情感培养而促成的道德生长，能够充分保证个体道德的持续内生性，同时也能够很好地解决当前学校德育工作中外部知识灌输和行为规约成分过多的问题。

在系统学习朱小蔓教授的情感德育理论之后，学校致力于推动情感德育统领下的学校各项工作，即以情感德育的视野全面整合学校各项工作，进而将情感德育工作课程化，逐步形成了四大课程形态，即学科情感德育课程、情感德育活动课程、学生关怀自育课程和家校共情陪伴课程。在理论学习与实践探索的过程中我们发现，相当一部分人虽然深知立德树人的重要，但往往口号大于行动，德育工作常常成为浮于表面的点缀，为此，我们明确了学

---

[1] 朱小蔓：《情感德育论》，63页，北京，人民教育出版社，2005。

校情感德育的四个特征：先导性、根本性、伦理性与系统性。

（1）先导性。所谓先导性，指的是我们在进行任何学校管理设计或者教育活动设计之初，都首先立足德育，从德育的立场去思考问题，即考虑我们的工作是否能够首先促进学生的道德生长，是否能够为学生的终身发展服务，我们坚决摒弃那种将考试分数作为第一思考立场的窠臼。也就是说在学科教学、课外活动、家校沟通等多个维度，我们都始终倡导学生道德发展的第一性。我们的这一主张尤其表现在教学维度，我们对老师们提出：心中必须先有"育人"，才能真正落实"教书"，要站到"育人"的立场去"教书"。

（2）根本性。近年来，有不少人提出了"向德育要教学质量"的主张。我们不得不承认它是一种进步，因为它比连德育的工具性价值也看不到显然要好。不过，仅仅看到德育促进教学的工具价值或者手段价值是不够的，德育应该是目的而且是根本目的，而不仅仅是手段。我们的情感德育，坚持德育是我们的根本任务这一原则。

（3）伦理性。道德教育应该以一种伦理的方式而不能以一种非伦理的或者反伦理的方式进行，强制的、灌输的方式某种意义上就是非伦理的方式。道德教育的伦理性表现在两个方面，一是就学生道德培养而言，必须充分了解学生原有的道德基础、心理需求，必须遵循"最近发展区"的原则。我们选择朱小蔓教授的情感德育模式作为学校课程德育的理论范式，正是因为情感德育能够充分体现德育的伦理性特征，即尊重道德的内生性。二是从教师开展德育工作的视角看，学校一方面给予教师更多的德育资源支持，比如提供德育活动方案及各种授课资源，因为毕竟大多数老师包括班主任的学科教学任务很重，为他们提供操作性参考能够为他们减轻备课的负担；另一方面，我们也尊重教师在德育内容和方法选择上的自主性，允许老师在学校提供方案的基础上进行自主建构。

（4）系统性。学校与班级德育工作的内容很多，在某个时段某个班级选择何种德育内容，不像学科教学那么有序清晰。开展德育工作的主体也很多，而其中大部分老师在师范接受的是专业系统的学科教学培训，而对于德育如何开展的系统化认知与操作的培训很少，这也导致德育工作的效果参差不齐。为了解决这两个问题，我们首先将学校德育内容系统化、系列化，即整合为课程形式。其次，我们依靠朱小蔓教授及其研究团队，对全校老师进行系统化持续性的德育培训工作，先后开展了情感德育理论、学科情感德育元素的提取等多个培训工作。

　　本书是"情感文明与学校教育论丛"的第三本书，我们希冀这本书与前两本书一样，不仅仅是我们南通田中学校德育工作的总结，也能够为兄弟学校德育工作提供有益的参考，故本书的撰写活动，我们有如下的追求。(1)可读性强。《情感文明学校的理论与操作实务》一书需要对很多理论问题作出说明，因此理论阐释比较多，有的部分阅读起来难免有些抽象；《情感文明学校的课堂优化方案："情感—交往"型课堂行动手册》一书，我们在写作风格上开始转向，大段的理论阐释开始减少，而增加了很多实践层面的东西，当然这倒并非是刻意为之，因为第二本书本身就是以操作性为主的。而本书所论的情感德育课程，更多的是一种渗透性、活动性、环境性的东西，所以我们更愿意用通俗易懂的语言，甚至是一种谈话的方式来展开，以增强其可读性。(2)可操作性。在这本书里我们会把南通田中一些长期的做法、近些年来创新性的做法，尤其是在朱小蔓教授情感教育理论指导下的一些创新做法，以案例的方式呈现，其中学科情感德育课程的案例不仅有教学设计、教学实录、教学反思，还有我们对各学科开展情感德育的基本理解。其他三类情感德育课程的案例，有课程工作方案、过程纪要及实践反思。(3)可创新性。本书提供了很多原理性的内容，这样读者可以根据自己的实际情况来进行二次创造。(4)理论引领性。尽管我们追求语言上的通俗易懂，但是我们非常强调理论引领，我们是先对很多内容进行理论贯通，后在实践层面提出方略的。由于我们得到了朱小蔓教授及其团队的悉心指导，故而在理论上我们拥有自信。相信本书对于希冀系统开展德育工作、潜心立德树人的中小学校及广大教育工作者，具有积极的参考价值与借鉴意义。

　　本书主要由陈永兵、徐志刚进行框架设计、观点凝练与理论部分的文字撰写，由刘晓红、陈惠、花雷、张弛、葛婷婷进行管理协调和组织工作。此外，有20多位老师参与了实践部分相关内容的写作，在书中，相关老师的写作成果均附上了作者的信息。

　　"情感文明与学校教育论丛"的出版，是这六年来南通田中研究成果的梳理和展示。现在，我们最欣喜的不是这三本书的出版，而是我们发现了学生的变化，教师的变化，以及师生关系、家校关系的变化。我们感觉到我们的校园越来越温暖，我们的管理交流与教育交流变得越来越畅达。对于这些变化，有老师归结为"看得见的温度，学得会的情感，带得走的文明"；学校也越发具有这样的氛围和明晰愿景：处处散发情感文化气息，事事体现情感文明素养。分析变化的原因，主要是我们尊重了人的情感，而尊重情感实质上就是尊重人本身，因为"人就是他们的情感。……情感是人这个现象的核心"①。一旦学生、教师感受到了被尊重，他们各自的潜能就会自我生发，就会自我实现。当然，短短的六年实践尚不足以真正把握情感教育、情感德育的真谛，我们的情感文明学校实践研究之路还要持续走下去。情感教育、情感德育是一片可以持续耕耘的沃土，我们可以终生在其中成长与收获。

六年来的情感教育、情感德育实践，以及丛书的撰写，得到了诸多领导、专家及同人的关怀与指导。首先要特别感谢的是朱小蔓教授，她始终关怀我们学校的课题研究工作，多次到学校指导，为课题的研究及本书的撰写提供了很多的人文关怀与智力支持。我们还要感谢江苏省教育科学规划领导小组办公室原主任彭钢，中国教育科学研究院培训中心副主任兼《教育文摘周报》社社长、主编王磊，《人民教育》杂志社副总编辑赖配根，《中国教育报》"环球周刊"和"教育科学"版主编杨桂青，南通市教育局局长郭毅浩、副局长金海清，南通大学教授丁锦宏，南通市教育科学研究院院长陈杰，北京师范大学副教授张华军，南京师范大学副教授王平，南京信息工程大学博士王坤等领导与专家，感谢他们在课题开题论证或课题实施时所提供的真知灼见。此外，香港田家炳基金会总干事戴大为、干事甄眉舒等也曾参与过情感文明学校研究的相关活动，并进行了指导，在此对他们亦表达感谢之意。最后，我们要感谢的是我们南通田中的全体同人，自开展情感项目以来，越来越多的老师将教学研究与科研课题聚焦于情感维度，越来越多的学生愿意参与关怀他人的行动，越来越多的家长开始关注孩子的情绪情感需求与支持。本丛书凝聚着南通田中师生以及家长的共同智慧！

---

① ［美］诺尔曼·丹森：《情感论》，魏中军、孙安迹译，4页，沈阳，辽宁人民出版社，1989。

目录

- 第一章 情感德育课程总述 / 1

  第一节 基本概念与基本主张 / 1

  一、道德的含义与功能 / 1

  二、德育的内涵与价值 / 3

  三、情感的成分与样态 / 6

  四、情感德育的意涵 / 8

  五、情感德育课程的概念与基本构成 / 9

  第二节 情感德育课程的操作要义 / 11

  一、以"情"为基点 / 12

  二、以"善"为旨归 / 13

  三、以"体验"为表征 / 14

  四、以"关系"为纽带 / 16

  五、以"活动"为主要载体 / 18

  第三节 情感德育操作过程中的误区澄清 / 21

  一、知识化的德育不等于道德认知模式 / 22

  二、行为规约式的德育不等于社会学习模式 / 24

  三、情感德育范式不等于体谅模式 / 24

- 第二章 学科情感德育课程 / 26

  第一节 课程概述 / 26

  一、学科情感德育课程的意涵与特征 / 26

　　　　二、学科开展情感德育课程的必要性　/ 29

　　　　三、学科开展情感德育课程的可能性　/ 31

　　　　四、学科开展情感德育的实施路径　/ 33

　　第二节　课程示例　/ 39

　　　　一、语文学科情感德育实践示例　/ 39

　　　　二、数学学科情感德育实践示例　/ 44

　　　　三、英语学科情感德育实践示例　/ 52

　　　　四、政治学科情感德育实践示例　/ 58

　　　　五、历史学科情感德育实践示例　/ 64

　　　　六、地理学科情感德育实践示例　/ 71

　　　　七、物理学科情感德育实践示例　/ 76

　　　　八、化学学科情感德育实践示例　/ 86

　　　　九、生物学科情感德育实践示例　/ 100

　　　　十、音乐学科情感德育实践示例　/ 110

　　　　十一、体育学科情感德育实践示例　/ 118

　　　　十二、美术学科情感德育实践示例　/ 124

▶ 第三章　情感德育活动课程概述　/ 129

　　第一节　课程概述　/ 129

　　　　一、以学生情感培养为主线，展示学校

　　　　　　德育的魅力　/ 129

　　　　二、以活动课程建设为架构，拓展学校

　　　　　　德育的天地　/ 131

　　　　三、以自主建构为取向，提升学校

　　　　　　德育的品性　/ 132

第二节　课程示例　/ 134

　　一、"诚信超市"活动　/ 134

　　二、"爱心雨披"活动　/ 139

　　三、"情满田中"爱心义卖活动　/ 141

　　四、"生命'诚'可贵"主题班会活动　/ 146

　　五、"美好生活，情绪表达"班会活动　/ 151

　　六、"美好生活，宽以待人"班会活动　/ 155

　　七、"我把小伙伴带回家"——汉藏伙伴共贺

　　　　藏历新年主题活动　/ 159

　　八、"制度中的情感味道之十全十美班级篇"

　　　　活动　/ 165

▶ 第四章　学生关怀实践自育课程概述　/ 176

　第一节　课程概述　/ 176

　　一、为什么学生需要道德自育实践　/ 176

　　二、自育课程为什么选择关怀主题　/ 179

　　三、学生如何开展自育课程实践　/ 181

　第二节　学生关怀实践自育课程示例　/ 182

　　一、如东社会实践中的关怀行动　/ 182

　　二、"我回母校看老师"活动　/ 189

　　三、"我把车子排成一条线"活动　/ 193

　　四、"我给长辈送礼物"活动　/ 199

　　五、"我为父母倒杯水"活动　/ 204

　　六、"关爱一线牵"活动　/ 211

▶ 第五章　家校合作共情陪伴课程　/ 216

　　第一节　课程概述　/ 216

　　　　一、情感德育特别需要家校合作　/ 216

　　　　二、"共情陪伴"是家校情感德育合作的实践

　　　　　　标识　/ 220

　　　　三、"共情陪伴"课程的实施与保障　/ 221

　　第二节　课程示例　/ 223

　　　　一、"好家风进校园"活动　/ 223

　　　　二、家长志愿者活动　/ 232

　　　　三、"有话好好说"亲子班会活动　/ 239

　　　　四、家庭互教活动　/ 247

　　　　五、家校共育之学生转化活动　/ 252

▶ 参考文献　/ 261

第一章　情感德育课程总述

▸第一节　基本概念与基本主张

南通田中的情感德育课程，以朱小蔓教授情感德育理论为指导，在实践的过程中又有一定的创新，并逐渐形成了自己的德育课程实践特色。为了做好这项工作，我们首先对道德、德育、情感德育、德育课程等概念做一些基本探讨，这些探讨中也包含着我们对于学校德育的基本观点或者基本主张。

一、道德的含义与功能

开展德育工作，首先要了解什么是道德，以及人为什么需要道德。道，原指道路，比如《诗经·小雅》中有"周道如砥，其直如矢"，这里的"道"就是道路。"道"后来引申为原则、规律、原因、方法、道理、学问等，比如《论语·述而》中的"志于道，据于德，依于仁，游于艺"中的"道"就是学问的意思。什么又是德？从字源学上看，"德"从"直"从"心"，意思就是要把心放端正。"德"后来引申为内在的品质、道德觉悟，比如《说文解字》中有"德，外得于人，内得于己也"，意思是说在处理人际关系的时候践行道德，就可以使他人与自我都受益，都有所得。这跟我们以前很多人的理解可能有点不一样。我们以前理解道德好像只是利他，道德是规限自己甚至是让自己有所"牺牲"的。道德当然有规限，但这种规限，对我们自身也有助益，因为人在一定的规则中生活才能更为和谐安定。

学术上对道德的一般界定是，道德是由一定的社会经济关系所决定的特殊意识形态，是以善恶为评价标准，依靠社会舆论、传统习惯和内心信念所维持的，调整人们之间以及个人与社会之间相互关系的行为规范的总和。① 在我们的日常德育活动中，关于关系，我们是进行了拓展的，因为除了人与人的关系、人与社会的关系之外，还有非常重要的两个关系——人与自然的关系和人与自我的关系。人与自然的关系在工业文明时代变得越发重要，可持续发展、环保意识等就是人与自然关系道德需要的生动展现。人与自我的关系也相当重要，当代人也包括中学生的心理问题不断增多，而这些问题的实质就是无法安顿好自我的内在关系。如果仔细阅读中国传统文化典籍，会发现古人非常注重道德中的自我关系维度，比如非常强调"内省"与"慎独"方法的运用。结合学术界关于道德的界定，我们可以简单一点地界定道德，即道德是处理人与自我、人与他人、人与社会、人与自然关系的准则。

在对道德的含义进行了基本分析之后，我们需要探讨道德的功能。从本质上说，道德有助于人的生存和发展。不仅是人，动物也一样。有一个故事叫《豪猪取暖》，冬天很冷，一群豪猪拼命地往山洞里躲，但是这些豪猪身上都有刺，它们在山洞里挤在一起，身上就会被刺出血来。那怎么办？它们就相互调整彼此之间的距离，这样既不会被刺到，又能起到保暖的作用。这是动物界的一种道德原初行为。人类的生存发展也有类似性。人是群居动物，必然要处理各种各样的人际关系。在处理的过程中，要注意一些原则，比如尊敬别人，对家庭要有责任心，对父母要有孝心，等等，这些都对自己的生存和发展具有保养功能。举一个例子，孔子和孟子这两位圣人，他们的生活并非一帆风顺的，他们也有很多压力。但是孔子活到了73岁，孟子活到了83岁。在那个年代活到这般岁数可是不得了的。因为古代人平均寿命都很低，孔孟时代是30多岁。为什么孔孟寿命如此之长？这里就涉及道德的生命保养功能，这里面真的是大学问。而且你如果去研究，你会发现中国的传统文化更多的是一个如何让自己变得更加道德的过程。

其实不仅在中国，西方也是这样，柏拉图、亚里士多德、杜威等大哲学家都研究道德问题。为什么？因为道德对人的生命具有保养功能。当我们在做一件道德的事情时，我们会有一种快乐的体验。但如果做了一件不道德的事情，即使没有别人知道，我们还是会受到良心的谴责。用弗洛伊德的话来讲就是"超我"在不断地起作用。所以一个人如果纯粹为己，那其实是活得比

---

① 钱焕琦：《高等学校教师职业道德概论》，3页，南京，南京师范大学出版社、河海大学出版社，2011。

较累的；相反，如果一个人不断做出利他行为，甚至能够"去私"，他活得就会很轻松。当然，无论是孔孟，还是亚里士多德、杜威，这些大哲学家研究道德，不仅仅关注自身生命的和谐问题，更重要的是通过道德让社会更和谐，推动社会的进步与文明。

一个人有道德，有利他之心，而不只是自私之心，不仅对他人和社会有好处，也会对自己有很多助益。现在很多学生到了重要考试，比如高考都会紧张，一定的紧张很正常，太紧张则会影响正常发挥。中国社会科学研究院王极盛教授研究发现，影响学生高考成绩有四大因素，一是考试当时的心态，二是考试之前的心态，三是平时学习的方法，四是平时的努力程度。为什么有的学生会紧张？因为高考关系到个人的命运前途。如果有两个同学，一个眼中只有自己，另一个则心怀天下，你会发现他们的高考心态是有区别的。前者因为格局小，只看到了自己，思考着"我要是考不好的话该怎么办？"，这就给自己很大的压力。后者有一种"为中华之崛起而读书"的大格局，他会认为通过高考是为了给社会提供服务的，即使高考失利，但条条大路通罗马，只要有一颗利他之心，对社会、他人做贡献的路径还有很多，高考并不是唯一的途径。这种有大格局的人往往不容易焦虑，或者说他的焦虑程度会降低很多。

此外，很多人认为道德作为一种限制行为的规矩，让自己变得不自由了，其实这也是一种误解。我们在学开汽车的时候，教练会告诉我们，转弯时一定要看反光镜，要知道后面的车辆有没有超车的情况，这是一种基本规则。有些人在车辆转弯时会出事故，就是因为违背了这个用来保护人的限定性规则。汽车就应该在马路上行驶，火车就应该在火车轨道上行驶，轮船就应该在水里行驶，如果说要无限自由，轮船要在火车轨道上开，火车要到公路上开，那肯定会出问题。当然有人会质疑，这样不就僵化了、缺乏创新了吗？道德层面的很多原则、规则，比如孝敬父母，比如爱国，都是具有永恒性的。道德领域可以方法创新，但不能以改变永恒性规则来搞所谓的创新。

二、德育的内涵与价值

提到德育，大家首先想到的是专门性的"道德与法治"课程，《义务教育思想品德课程标准（2011年版）》中提到，该课程融合道德、心理健康、法律、国情等相关内容，旨在促进中学生道德品质、健康心理、法律意识和公民意识的进一步发展，使中学生形成乐观向上的生活态度，逐步树立正确的世界观、人生观、价值观。① 当然，这个文件主要是针对思想品德学科而言的，而学校的德育工作除了思想品德学科之外，还有少先队、共青团、班会等多种形式，那么就需要了解国家的另一个重要的德育文件——《中学德育大纲》。《中学德育大纲》中提出，中学德育目标包括思想、政治、道德品质、个性心理素质与能力等方面。从这些文件的规定来看，学校的德育其实不仅仅包括一般意义上的道德品质或者道德能力教育，也包括思想教育、政治教育、道德教育、法制教育、心理健康教育等方面内容。

(1)思想教育，是有关世界观、人生观和相应思想观念方面的教育，包括辩证唯物主义和历史唯物主义世界观和人生观教育、革命理想和革命传统教育、劳动教育等。

(2)政治教育，主要是按照国家的政治观和社会对公民的一般要求，对公民进行系统的政治理论教育。政治教育主要包括接受马克思主义基本理论教育、世界观教育和社会科学教育，学习党和国家的方针政策，开展爱国主义教育等内容。

(3)道德教育，指向受教育者提供良好的个性塑造和培养，包括道德知识的学习、传统美德教育、审美及情操教育、社会公德教育以及道德思维能力、道德情感、信念和良好的行为习惯教育等内容。

(4)法制教育，是对公民进行应具备的民主与法制观念和法律规范的教育，使公民具有依法行使权利、履行义务和依法管理各项工作的素质。

(5)身心健康与个性发展教育，是指对学生进行青春期心理健康和性道德教育、男女同学真诚友谊的教育、良好意志品德和审美情趣培养的教育等。

厘清德育的内涵之后，我们需要对德育的价值进行深入分析。党的十八大把"立德树人"作为教育的根本任务，"立德树人"揭示出德育在人的全面发展中的突出地位。根据"立德树人"的要求，学校的德育工作就不再只是部分班主任或者德育专业教师的职责，而是成为所有教育者的分内之事。对于非德育专门工作序列的从事语数外等各学科教学的任课教师而言，为什么需要参与德育课程实践，我们认为可以从以下两个维度来进行分析。

(1)学生的道德素养在所有素养中居于首位。现在每个学科都强调核心素

---

① 中华人民共和国教育部：《义务教育思想品德课程标准(2011年版)》，2页，北京，北京师范大学出版社，2011。

养,而人的素养包括多个方面,身体的、知识的、审美的、道德的等,其中道德素养居于首位,而且越有知识的个体,就越需要与之相对应的道德素养,有个案例,可以生动地说明这一点。有这样一位校长,作为纳粹集中营的幸存者,他亲身经历了一个有文化、有教育、科技进步的国家是如何堕落为野蛮的。他总是给学校新来的老师寄上这样一封信:

亲爱的老师:

我曾目睹如此非人的情景:毒气室由有造诣的工程师建造,儿童被有学问的医生毒死,婴儿被训练有素的护士杀害,妇女和孩子被大学或中学毕业生枪杀、焚烧。因此,我怀疑教育……

我的请求是:帮助你的学生成为有人性的人。千万不要用你的辛勤努力,培养有学问的怪物,有技术的精神变态者,艾克曼那样受过教育的屠夫。读、写、算只在有利于培养更富有人性的孩子时才具重要性。[①]

(2)开展德育工作,有助于提升教学质量。曾经一些教育者从事的是一种任务式德育,即只要学生不出恶性问题,或者上级检查时有材料可交,这就算德育工作到位了。最近,这种情况已经逐渐改变,我们发现,越来越多的学校开始关注道德教育对学科教学的助益,认为要向课堂教学要质量、向管理要质量,最终的落脚点便在于道德教育,即通过德育提升教学质量。

老师要想成为教学高手,就必须要了解道德教育,擅长道德教育。老师如果能从这一角度看待教学,就会提升自己教学的档次。课堂教学中的智育与德育的问题,换个概念就是教书和育人的问题。有的老师误认为教书和育人之间有矛盾,如果把精力用于育人,就没有时间教书了。这其实是一种误解,因为教书和育人是相关联的,尤其是教师在教书的过程中,如果能够考虑到育人,教书的效果会更好。例如,数学老师在教学过程中,会安排学生买一些数学试卷去做,这是很正常的。而在这个过程中,如果数学老师懂得道德教育,就会自己先做一遍试卷,或者至少看一遍试卷正确与否,而不是直接发给学生做。因为购买来的资料难免有一些错误。如果学生在完成试卷的过程中,发现题目居然是错误的,学生会由此判断老师对教学不负责。若老师没有责任心,却要求学生认真学习数学,效果肯定是很差的。从这个意义上说,老师的德育意识影响教学质量。

[①] 国际教育基金会:《培养心情与人格——人生基本目标教育》,11页,北京,北京大学出版社,2005。

研究发现，影响学生学习成绩的首要因素是学习动机，学生的学习动机越强，学习成绩会越好。那如何激发学生的学习动机？这事实上也是一个德育命题——如何让学生爱学习。单从教学的方面努力是不够的，心理学家奥苏贝尔谈及意义接受学习的两个条件：一是学习新知识需要旧知识作为依托，由此提出了"先行组织者策略"。比如，学生要学习梯形面积计算，可以先复习三角形和平行四边形的面积计算公式，因为一个三角形和一个平行四边形加在一起就是一个梯形，因此三角形和平行四边形的面积计算公式就是梯形面积计算公式的"先行组织者"。第二个条件是学生有学习的动机、学习的意向，而对于如何激发学生产生学习意向，奥苏贝尔并没有提出来，因为这受制于当时的情感科学研究水平。而现在激发学生产生学习意向的策略很多，我们在"情感—交往"型课堂中谈到过诸如形式匹配、认知匹配、超出预期等策略，这些策略就是通过道德教育研究来帮助教学的。

总结以上内容可知，老师要想提高自己的教学水平，不能仅从认知角度去考虑教学，而更应该从情感、道德视角去考虑教学，这样自己的教学水平就会逐渐提高。如果去研究当代一些著名的特级教师，同样会发现，这些老师的课堂教学，已经达到了德性课堂、伦理课堂的境界。

从事德育工作，可以提升自己的职业品性与职业幸福感。但很多学校德育管理者常会遇到一个烦恼——有部分老师不愿意做班主任。做班主任必定会涉及处理一些教学之外的学生品行问题或心理问题，班主任是学生各类问题的直接责任人，由此，很多老师感觉班主任工作的压力比较大，进而缺乏担任班主任的意愿。事实上，一个老师如果没有当过班主任，那真是职业生涯的缺憾，甚至有人提出"做老师不当班主任等于没当老师"。薛瑞萍老师在《给我一个班，我就心满意足了》中比较充分地展现了当班主任对于教师个人职业幸福的价值性。其实不当班主任，无非就是不需要直面学生的各种品行或者心理问题，但是教育的智慧恰恰是在解决这些问题的过程中诞生的，就如同名医是看了各种疑难杂症而成就的一样。

三、情感的成分与样态

情感德育范式与德育范式的区别点在于情感。关于什么是情感，我们认为情感是一种关系中的好恶体验，当然这种关系又包括人与自然、人与社会、人与他人、人与自我的关系。情感是在一定的关系中形成的，比方说在人与人的关系中，别人对你的评价会引起你的情感反应。人与自我的关系也一样，我们有时会觉得今天有一种莫名的不舒服的感觉，这其实在某种意义上也是人与自我关系在情绪维度上的表现。

　　开展情感德育，要激发学生某种情感，那么就需要了解情感的三个基本成分——生理激起、外显表情和主观体验。(1)生理激起。任何情感的产生都有生理的激起，比如，你看到一个喜欢的东西，就会瞳孔放大，或者呼吸加快，甚至起鸡皮疙瘩。(2)外显表情。我们如何判断对方有某种情绪情感呢？我们主要是看对方的表情，比如动作、姿势、语气和语调等的变化。当然，我们所说的哭和笑不是情感，而是情感的外在表现。一般而言，面部表情是情感的内容展现，而手脚的动作则是该情感的程度表达。比如，我们从某人的面部判断其生气了，而其手在不停颤抖，则说明其愤怒的程度比较大。(3)主观体验。主观体验分为两种，一种是愉快的体验，一种是不愉快的体验。愉快的体验，我们把它称作正性情感，比如说喜悦、惬意、欣赏、满意、兴趣等；不愉快的体验，我们把它称作负性情感，比如愤怒、悲伤、嫉妒、怨恨、焦虑等。这里要声明一点，我们的教育不是说只要学生生成正性情感，在某些教育情境中，激发学生产生某种负性情感也是有必要的。比如，需要让学生对某种不良行为产生厌恶、憎恨，这样才有助于他道德的生长。

　　明白了情感的这三种成分，我们情感激起或者情感调节就有了方向。我们可以采用认知调节法来调节自己或者对方的主观体验，也可以采取假意微笑的方法，即先有外显表情的变化，再引起主观体验的变化。这里就涉及情绪心理学中一项有趣的研究。请先思考一个问题——我们是先哭再疼还是先疼再哭？

　　一般人认为是先疼再哭，先有主观的疼痛体验再有哭这种外显表情。但是情绪心理学家詹姆斯认为，人是先有机体的生理变化，而后才有情绪的。所以疼痛是由哭泣引起，而恐惧则是由战栗引起。詹姆斯的理论，在实际中有不少的应用。著名导演斯坦尼斯拉夫斯基在对演员进行训练的时候，经常使用这种由表情带出内心体验变化的活动，比如先假装痛苦，慢慢地从外部表情引起一种痛苦的生理体验。当然，詹姆斯的理论并不全对，他关注到了植物性神经系统在情绪产生中的作用，但却忽视了中枢神经系统的调节、控制作用。

　　关于课堂教学中的情感表达，老师们都有这样的认识，即老师进入课堂时要微笑。从情绪心理学的角度分析，情感具有感染性，当老师微笑的时候，学生会产生开心的情绪。为什么微笑能让人感觉比较舒服？从生理学层面看，微笑能使人产生多巴胺和内酚酞，这两种递质会让人心情愉快，获得比较良好的主观体验。因此从这一意义上讲，老师们在做情感德育时，会发现我们激起学生的情感是有两个通道的，第一个是主观体验通道，第二个是通过外部表情的调节引起生理递质和脑神经的一些变化，进而获得新的主观体验。

开展情感德育工作，还要了解情感的状态问题。情感从时间与强度上也有几个分类。第一类是心境，这是一个比较微弱的情感状态，例如，我今天心里有点不舒服，持续很长时间，或者我今天有种美滋滋的感觉。第二类是激情，激情是一种比较短暂的、猛烈的情感状态，比如我们通常说的激情四射、激情犯罪等。第三类是比激情更猛烈的应激，即高度紧张，比方说在走路的时候忽然要摔倒，手自然地就伸出去撑到了地上，这就是一种应激的反应。最后一类是热情，热情比心境要强烈，比激情要持久。举个例子，今天家里来了一位客人，你比较好客就会表现出对客人的热情，这时候它就比心境要更强烈、更深刻，同时比激情更加持久。我们对于学生情绪的调节，基本是从心境和热情的角度出发的，当然，在一些特定的情况下，我们也可以激发学生产生某种比较利于品德发展的激情，比如对数学的惊异感、对艺术的陶醉感等。不过，我们一般不太主张让学生去接受激情式或应激式的道德教育。什么是激情式的道德教育呢？以前有学校会请人来演讲，讲一些感恩的事例，现场的学生哭得稀里哗啦的，但大家有时只是"听听感动，想想激动，回家一动不动"。为什么？因为这种激情是猛烈却短暂的，我们的道德教育更多的是常态，而不是特殊态。

我们更不应该去刺激学生产生某种应激反应，因为很可能会造成"一朝被蛇咬，十年怕井绳"的后果，会形成对学生大脑的伤害，年龄越小的学生，我们越不能对他进行应激性的刺激。曾有研究表明罪犯往往就是因为小时候应激反应过多，大脑产生了一些类似伤疤的东西，谁也不知道什么时候会触及那块伤疤。因此，我们的情感德育工作，主要是考虑如何让学生有一个比较好的心境以及如何去激发他的热情。

四、情感德育的意涵

1973年至1985年，朱小蔓教授在高校从事道德教育的相关工作时发现了一些问题。当时的德育工作存在一种概念化、浅表化和教条化的问题，学校德育工作主要靠外部的知识灌输和行为规约，忽视人生命中的内在情感。基于以上问题，朱小蔓教授提出在道德教育过程中要去关注人的情感，尤其是道德感，这后来逐渐形成了情感德育的思想。

朱小蔓教授在其著作《情感德育论》中提出："必须高度重视情感在个体道德形成及道德教育中的地位和价值，并把强调以情动体验为基础、以情感—态度系统为核心、以情感与认知相互影响、促进而发展为过程，从情感素质层面保证人的德性构成的道德教育理念、取向及其实践操作样态称之为'情感性道德教育范式'。"[1]"情感性道德教育"我们常简称为"情感德育"。可以看出，情感德育，以培养学生的情感尤其是道德情感为核心，通过情感陶冶、情感关怀、情感体验等方式展开道德教育，进而促进学生道德品质的生成和发展。

五、情感德育课程的概念与基本构成

德育工作很常见，但德育课程则是一个需要解释的概念。朱熹《朱子全书·论学》中多次提及课程，如"宽着期限，紧着课程""小立课程，大作工夫"等，朱熹所说的"课程"大致的意思是功课及其进程。英国教育家斯宾塞《什么知识最有价值？》一文中的"课程"则为"跑道"之义。我们的情感德育课程，是以课程的方式开展情感德育的实践活动，包括了四个方面的课程内容：（1）学科情感德育课程；（2）情感德育活动课程；（3）学生关怀实践自育课程；（4）家校合作共情陪伴课程。

学科情感德育课程是我们学校德育课程最主要、最核心的部分。学科情感德育课程与我们《情感文明学校的课堂优化方案："情感—交往"型课堂行动手册》一书中提到的"情感—交往"型课堂并不雷同。从广义的角度看，"情感—交往"型课堂也属于学科德育的领域，与学科情感德育课程一样，都彰显了教学的道德性。教学的道德性体现在两个方面：一是教师的教是自由、自主的，教师必须摆脱外在的桎梏，基于人的生活和人的精神来进行教学活动；二是学生的学是主动、积极的，学生出于个体内在的诉求而遵守约定、尊重教师、热爱学习，发展道德意识、张扬道德行为。[2] "情感—交往"型课堂强调，无论哪门学科，我们都要让学生愿意去学习，学生不单单是获得知识，

---

[1] 朱小蔓：《情感德育论》，63页，北京，人民教育出版社，2005。
[2] 许楠：《论教学的道德性与道德的教学性》，载《教育研究与实验》，2011(6)。

还要产生一种生命的体悟,有对自身的一种成就感、满足感,或者说是获得感。从这个意义上看,"情感—交往"型课堂彰显了课堂的德性,属于德育课程的范畴了。不过,"情感—交往"型课堂不仅涉及学科中的情感学习,更涉及学科中的认知或技能的学习,因此从狭义的角度看,它不属于学科情感德育课程。学科情感德育课程主要关注道德层面,且关注如何通过情感促进学生道德发展,其直接指向聚焦于道德,而非认知或者技能。

德育活动课程是学校常见的德育课程类型,而我们学校的德育活动课程更多体现出情感德育的特质,即以培养学生的情感,尤其是道德情感为出发点,通过情感陶冶、情感关怀、情感体验等方式来进行道德教育。

我们学校的情感德育活动课程有三个层面的活动样态:(1)学校层面组织的活动,比如仪式活动、远足活动、社会实践活动等;(2)班级组织的一些情感德育活动,比如情感素养指向的班会课;(3)学生自组织的活动,这是我们学校最具特色的德育活动形态了。苏霍姆林斯基说过,最好的教育就是自我教育。对于中学生而言,他们已经具备了一定的独立意识与独立能力,所以更需要用自我教育的方式进行教育,当然过程中也需要老师的指导包括评价等,但以学生为主体。我们学校的学生自育课程,以学会关怀作为主要目标,因此称之为"学生关怀实践自育课程"。情感德育活动课程的运作主体是学校,而这一个课程的运作主体则是学生,因此单列出来阐述。

谈到活动课程,自然会联系到环境课程。环境课程是德育的一个很重要的方面,教育家杜威提出,"成人有意识地控制未成熟者所受教育的唯一方法,是控制他们的环境。……我们从来不是直接地进行教育,而是间接地通过环境进行教育。"[①]当然杜威这里所指的环境,是一个宽泛的概念,专题性德育活动的整个过程,或者课堂教学的过程其实也是一种环境。物质环境和制度环境的建设,在《情感文明学校的理论与操作实务》中已做论述,这里不再赘述。本书更多强调的是人文环境,我们主要分为两点:第一个是教师如何育人,第二个是家校如何共育。关于教师育人,从学校的特色来讲,我们学校主要是通过教师进行育人工作,其实所有的物质、制度环境最后还是落实到人——教师本身。因此,本书非常强调教师育人,尤其是教师通过情感来育人。此方面后续有教师情感育人专论,比如,涉及教师的几个核心情感:

---

① [美]约翰·杜威:《民主主义与教育》,王承绪译,21页,北京,人民教育出版社,1990。

爱、尊重感、责任心等，在后续的章节中我们将分析爱与尊重感的不同，以及尊重感的四个操作指标等内容。在环境课程方面，除教书育人外，还有一个特色就是"家校共育"，即亲师的共情陪伴，也就是说教师与家长共同来陪伴孩子成长，我们称之为"家校合作共情陪伴课程"。

　　本书特别强调家校共育层面作为情感德育的重要方面有两个原因：一个原因是，就情感教育而言，家庭对于孩子情感的发展与其父母的情感样态、家庭的情感氛围有很大的关系。另一原因在于，我国非常注重家庭、家风和家教。由于一些家庭对孩子的情感需求满足不够，孩子产生很多情绪情感的问题，进而引发了很多的道德问题。《论语·学而》云："孝悌也者，其为人之本欤。"孝不仅是一种爱父母的情感，也是一种爱的行动。父母大多数都爱孩子，但有些孩子未必爱父母，为什么？因为父母爱孩子是出于一种本能冲动，孩子爱父母却需要学习。孝有很多的德育价值，一个对父母有孝心的人，他至少会做到两点：一是他不会肆意妄为，基于对父母的责任心，他会去节制自己，对自己采取道德的规限。二是他会尽力去提升自己、发展自己。例如，他的家庭原本不太富裕，为了让父母过得更好，他会努力学习、拼命工作。总之，孝这种情感促发个体有更多的自律行为，包括锻炼身体、努力学习、不违法犯罪等。因此，在进行家校共育时，教师要引导家长去开展家庭的情感教育、道德教育，积极发挥家庭情感德育的育人功能。

▶第二节　情感德育课程的操作要义

　　德育课程是通过课程的方式来促进学生道德成长的一种活动。德育课程可以有多种形态，比如，认知导向为主的德育课程、行为导向为主的德育课程和情感导向为主的德育课程。我们的情感德育课程属于第三类，以激发与培养学生的情感（尤其是道德情感）为出发点，通过情感教育的方式来进行道德教育，其指向的仍然是学生的道德成长，包括道德品质的丰富和道德能力的提升。在我们的实践过程中，有老师会误解情感德育课程，以为这个课程是通过课程的方式去促进学生的道德情感成长。这里特别说明一下，情感德育课程指向的是学生的道德，不仅包括道德情感，也包括道德认知、道德意志和道德行为，而其开展的入手处是情感。

情感德育课程作为一种课程体系，如何区别于其他类的德育课程体系，这是我们需要思考的。当然这种思考的现实意义还在于，它可以让我们这些参与该课程建设的老师，能够准确地理解与把握这一课程体系的基本要求。在理论研究与实践探索的过程中，我们逐渐提取出了情感德育课程的五大操作要义。

一、以"情"为基点

苏霍姆林斯基在《帕夫雷什中学》中强调："20年来，我们都在观察学生对构成我们社会道德价值的道德观念、原则、准则是怎么感知、认识和再认识的。……孩子们对教师在阐发道德价值实质时所发表的言论的敏感程度、思想反应和个人态度，取决于他们的善良情感的发展程度。"[①]可见，苏霍姆林斯基非常强调情感对于学生道德成长的价值功能。作为一种充分发挥情绪情感在学生道德成长中的功能的德育主张，情感德育课程在操作维度上以学生的情绪情感为基点，围绕其情绪情感的发展，促进其道德的生成与发展。具体言之，包括以下三个方面的努力。

（1）课程实施前需要把握学生在道德学习之前的情绪状态。情感德育认为，人对道德信息的接受以情绪的活动为初始的线索，也就是说个体接受道德之前，首先是一个愿不愿意学习的情绪问题，如果没有学习意愿，就很难展开。最新的神经科学研究也证明了这一点，安东尼奥认为人感受外界的技能首先是情绪，其次是感受，最后才是感受的感受（意识），这是有机体连续统一体的三个加工阶段[②]。因此，我们要特别关注学生在道德学习之前，是何种情绪情感状态，又如何通过有效方法，刺激学生产生道德学习的动机。

（2）课程实施过程中充分运用"情感—体验"型学习方式。知识的学习解决的是懂不懂的问题，技能的学习解决的是能不能、会不会的问题，而道德价值观方面的学习解决的则是愿不愿意的问题。我们如何让学生产生积极主动的意识呢？举个团体辅导的例子，要使学生认识到眼睛的重要性，通过说教的方式作用一般不太大，教师可以采取将学生眼睛蒙起来并让他们从楼梯上

---

① [苏]苏霍姆林斯基：《帕夫雷什中学》，赵玮、王义高、蔡兴文等译，239页，北京，教育科学出版社，1983。

② [美]安东尼奥·R.达马西奥：《感受发生的一切——意识产生中的身体和情绪》，杨韶刚译，30页，北京，教育科学出版社，2008。

走下来的方式（过程中应注意安全），学生们就可以马上体会到护眼的重要性。在这个体验活动中，个体会产生深刻的情感体验，这有助于其道德的建构。

（3）发挥情感对道德的引发和调节功能。道德的引发和调节，有多种路径，可以通过认知，也可以通过行为。而情感德育特别强调对于学生情绪情感因素的调动。可以举个例子，家长想要让孩子吃饭，不需要过分讲吃饭的重要性以及不吃饭的危害，只需要让孩子饿一顿，孩子自然就知道了，这是一种饥饿感引发的成长。

二、以"善"为旨归

知识教育强调真，艺术教育突出美，而道德教育则推崇善。"善"是道德教育的基本标识。道德教育视域的"善"是有着两种内涵的，一种是作为道德教育内容的"善"，一种是作为道德教育手段的"善"。前者称为"目的善"，后者称为"手段善"。"目的善"指的是，我们所要求学生达成的道德目标都是善的；"手段善"是指，我们在开展道德教育过程中，采用的路径、方法、策略是符合道德性的，也都是善的。

对于个体而言，身体健康就是一个"目的善"，此外，好的名声、快乐心情，这些东西都是一种"目的善"。要达到这种"目的善"，就需要采用一些手段或者一些路径和方法。手段未必都是善的，也可能是不善。比如为了达成健康，有两种方式，一种是比较舒服的，例如唱歌、跳舞、打球等，在这个过程中，个体会感觉比较舒适，那这显然是一种"手段善"。但是当人生病之后，需要用药甚至手术，药和手术会对人体造成某种伤害，因此就此手段自身的性质而言，是一种恶，但是其目的却是指向善的，是保障健康的，因此药物和手术是一种必要的"恶"。

对于孩子的道德教育，一般而言，目的都是善的，但是在教育的过程中，成人有可能会采用一种恶的行为，比如对孩子责骂或者进行其他惩戒，这些从手段上看起来便不是"善"，而是一种"恶"，有时候这些批评或者惩戒的确有一定教育价值，因此可以称之为必要的"恶"。

但是我们需要思考，能不能把这种必要的"恶"转化为一种手段的善呢？这是我们非常需要去思考的一个问题。这里可以引入中医的例子，高明的中医，用药少，尤其是少用有副作用的药，甚至可以用更多食材入药，将副作用最小化。即其能够将在一般人看起来必要的"恶"转化为"手段善"。同理，在我们开展情感德育的过程中，我们经常会引导教师去思考这个问题——如何让自己的教育手段更多地趋于善。

之所以提出这种见解，并非笔者过于理想化，而是因为这种见解是回应现实问题的。当前道德教育的过程中，教师采取必要的"恶"的占比还是比较多的，结果学生抱怨、悲观、反抗等各种负面情况屡屡出现。因此，教师非常需要提升自身的道德教育能力与水平。若在教育手段上，恶的东西越来越少，善的东西越来越多，那么，学生的反抗更少，效果更好。

毋庸讳言，我们很多老师是学科方面的专业人士，但是对于道德教育而言，可能尚未入门。那些在某些老师眼中的必要的"恶"，比如批评、责骂等，更多的其实是一种人的原始本能的反应，而非教育学立场的反应。因此，教师需要在道德教育方面多投些心力，逐步提高自己"手段善"的意识与能力。

三、以"体验"为表征

作为情感性道德学习活动，在感知与直觉、体验与想象、移情与理解这六个心理机制中，最核心的是体验。体验，是指用自己全部的心智去感受、关注、理解、评价自己所处环境中的事件、事实与思想。因此体验是情感德育课程学习过程中最主要的心理机制。情感德育课程以体验为主要的学习方式。

知识的学习，主要是解决一个会不会的问题，例如，1+2=3，会就是会，不会就是不会。技能的学习解决的是能不能的问题。但是道德的学习，尤其是道德知识的学习，比如说要去关心别人，不是会不会与能不能的问题，人们懂这个东西，也能做到，但是就是不做。为什么？因为他不愿意，所以道德教育要解决的是愿不愿意的问题。从认知角度来看，道德不是一般意义上的一种"知道"，因为实质上他也是这么认为的，他对这个东西是认同的，但就是不愿意去做，因为去做就要牺牲自己一些利益，限制自己一些东西。只有他发自本心觉得必须去做，才能产生真正的道德行为。

道德属于一种实践智慧，讲究的是一种个性化应景的反应，脱离了个人生活经验，脱离具体的情境，道德很难有明确的答案，因此情感德育课程强调活动，因为有活动就会产生情境，情境会产生体验。科学的知识，可以通过外在的学习而获得，而道德的知识一定要渗透到内心才能获得，那么怎么才能从内心去获得呢？主要方式就是体验。道德的学习，无论是道德的知识还是道德的行为，都需要整体的参与，是认知、情感乃至身体全部参与进去。只有这样，道德的学习才能够比较深邃，才能够具有一种内在性，道德的规定性才能够真正转化为个体的内在冲动和本能需求。

如果在学习的过程当中能够去体验，那么个体对这个道德的理解也就更加深刻。理解的过程不仅仅有接收，也会有质疑。对学生而言，任何的道德判断和道德知识，以及需要他们实践的一些道德规范，从个体的角度来看，他们都要做一些理性的判断——这个东西对自己有没有价值，包括即时价值或者未来价值。因此，我们在对学生进行教育的时候，一定要引导学生认识到道德的实用性。这里有一个很有趣且很重要的命题，即当一个人做了有道德的事情，要不要去奖赏？一般人们认为有道德的事情我做了，不一定需要奖赏，因为这是发自我的内心的。

对于道德行为的奖赏属于社会对道德正当性的赞许，而奖赏毕竟也是一个后续的东西，而且是否道德行动发出后就一定有奖赏，也很难保证。因此现在最好的方法就是，要让学生去跟道德亲密地接触。在接触道德的过程当中，学生能体验到道德对他确确实实有价值，这其实比后续的奖赏更有效。

道德的体验学习分两种，一种是"亲验"——亲自去体验，另一种是"想验"——想象性的体验。后者一般在知识学习过程中占主导，实际上很多的学习都是一种间接学习。经验说地球是圆的，我们总不可能每个人都跑一圈，然后证明地球是圆的，这太浪费时间了。人类历史发展到今天有那么多的知识，它们是先人的直接经验累积下来的，但是我们不可能把这些东西全部直接学习一遍，我们更多的是一种间接地接受。当然，道德的学习与一般的知识学习过程不同，尽量让学生用"亲验"，它比"想验"效果更好。我们的情感德育课程，无论是学校组织的活动课程，还是学生自己组织的关怀实践课程，主要是"亲验"式的，而学科情感德育课程，更多的则是"想验"式的，当然，想象性体验没有"亲验"的效果好，这也是我们开展学科德育的困难所在。如何让"想验"的效果更好，便成为我们开展学科情感德育的一个研究重点。

我们来分析一下"想验"。实际上看电影电视，或者看文学作品是非常好的"想验"过程，在这一过程当中，个体就把自己置身到了主角或者其他角色当中，你就像那个主角或者配角一样，也跟着同喜同悲，看起来如同"亲验"一般，但这只是一种"想验"。在道德教育的过程当中，我们实际上也可以采用这样一种"想验"的方法让学生产生感受。这种"想验"的过程可分为三类：

第一，唤醒学生的一种体验或者激发他的一种体验；第二，让他去经历这个体验的过程；第三，让他去表达自己的体验。

四、以"关系"为纽带

情感德育课程育人特别强调"关系"这个词，我们将"关系"作为情感德育课程的纽带，为什么以"关系"为纽带？首先，从情感和道德这两个词语概念上来分析。第一，情感是关系当中的好恶体验，人面对同样的事物、同样的人，只要关系发生变化，他的情感体验就会发生变化。陆机在《文赋》中说："悲落叶于劲秋，喜柔条于芳春。"同样面对自然，由于气温、气候的变化，春天，我感觉到很舒服、愉快，秋天，我感到很悲凉，这就是关系发生了变化。第二，道德是处理人与自然的关系、人与社会的关系、人与他人的关系以及人与自我的关系等的各种原则、规则，如果关系发生变化，规则也可能随之发生变化。因此，我们在情感德育活动课中特别要注重"关系"这个词。

情感德育的有效性也体现在"关系"当中，这是因为情感德育要想有效，不仅仅在于活动预案设计多么精巧、活动过程多么流畅，更重要的是活动中人和人的关系尤其是师生关系的状况如何。师生关系影响情感德育的实效性表现在两个方面。

首先是"亲其师，信其道"。"信其道"的"道"又包含两类内容，一类是教师所传授的内容之道，比如，在学科德育课程中教材内蕴的道德，校园情感德育课程中主题性的活动培养学生学会尊重、宽容等的内容，这是教学目的中存在的内容；另一类是教师自身的为人之道，在日常师生交往的过程中，教师除了传授知识之外，还经常会跟学生谈一些做人做事之道，比如做事要认真、为人要谦虚等，如果学生对教师不认可，无论是教师所传授的文本之"道"、活动主题之"道"，还是教师自身所倡导的为人之"道"，都会打折扣。学生会因为对教师的不信任，而对教师所传递的"道"表示否认和拒绝，这是师生关系影响德育实效性的第一个方面。

其次，师生关系良好可以使道德教育的复杂性简化，尤其会使道德教育中矫正性的德育活动变得比较简单。很多教师，尤其是班主任，在德育工作中有一个非常重要的方面，就是当学生出现各种各样问题的时候，教师要帮助学生去矫正，这也是情感活动中需要关注的内容。举个例子，某任课老师在上课的时候,学生与该老师发生矛盾,找班主任来解决,班主任过来也许只是给这个学生递个眼神,这个学生马上就会有态度的转变,这个学生跟班主任也许只要聊个两三分钟就调整改善了,但是跟任课老师可能很长时间都不能解决。出现这样的情况,就是因为这位学生与班主任的关系良好,在师生关系良好的状态下,矫正性德育的过程就会比较简单。

在此,我们还特别想说一说师生关系的本质是什么的问题。我们经常在教科书中看到,师生关系的本质是一种平等的关系。当然,从人格层面看,师生之间是平等的关系,但是在教育关系上不是这样,按照马克斯·范梅南(Max van Manen)的观点,师生关系本质上不是一种平等的关系,而是一种不平等的关系,教师要以一种责任的关系去面对学生,这是因为学生有其脆弱性和不成熟性,相对而言教师就比较成熟。比如,当学生遇到一些心理困扰的时候,教师作为过来人可以开导学生;但是若教师出现心理问题,比如教师失恋了,学生从来没有体验过,就不能指望学生去理解教师的心理困扰。因此,从这个意义上说,师生关系是一种不平等的关系。"不平等"不是不尊重学生,而是说教师要更多地看到学生的脆弱性、不成熟性,要能够宽容学生,要更多地尽自己的教育责任。

有很多的教育问题就出在这种所谓的平等关系上。比如,孩子在上小学一二年级的时候,在家长看来一个非常简单的加减法的题目,孩子做不出来。家长就会觉得孩子智力有问题或者不努力,但是事实上一个七八岁的孩子此时的思维发展没有达到成人的水平,孩子是没有办法在这个年龄非常熟练地掌握这样的内容的,因此,这种所谓的"平等"关系往往提高了家长、老师对孩子的要求。家长认为:"我能做到,你为什么做不到?"老师认为:"我能做到,你为什么做不到?"所以,这种所谓的"平等"关系成为教师将学生提升到自身水平的一种高要求。面对这个问题,苏霍姆林斯基也多次强调,教师要将自己置身于儿童的立场,他认为一个老师如果不能将自己当成儿童,也就不能做好教育工作。苏霍姆林斯基其实也是在强调成人与儿童之间的差异性问题或者不平等问题。而且苏霍姆林斯基只是让教师要成为儿童,从来没有说要儿童站到教师的立场。就此而言,苏霍姆林斯基与马克斯·范梅南在师生关系的不平等属性上具有一致性的理解。

在情感德育的课程实践中,教师是学生替代的父母,这也是马克斯·范梅南提出的。教师要有父母之心,对学生要有一种舐犊情深的关怀、敏感的谛听和智慧的支持。如果在师生关系中，教师成为学生的"替代父母"，以一种亲情式的方式展开教学，就往往能产生非常好的教学效果。其实我们可以看到，很多优秀的班主任、教师，他们与学生的关系就类似于父子关系或者母子关系，这样的一种关系不仅对学生的道德品质的改善具有很大的作用，而且对学生知识的学习、成绩的提升都有很大的助益，当然这对教师也提出了很高的要求。学者高震东曾说："爱自己的孩子是人，爱别人的孩子是神。"能够把班级中所有的学生都当作自己的孩子，以一种"替代父母"之心去对待这些学生，的确是对教师提出的比较高的要求。

五、以"活动"为主要载体

若问某人学生时期在学校中的哪些事情难忘，人们一般都会想到学校中开展的各类活动，因为活动有情境、有场景、有氛围，甚至有故事，因此让人难忘。而如果仔细分析这些活动，可能其中很多都具有情感德育课程的特点。活动，是情感德育课程的主要载体。

心理学家皮亚杰的研究发现，儿童道德成长的根源，不只是单纯的外部环境，也是主体内部的主动趋向。作为认知主义学派的代表人物，皮亚杰坚定地认为，儿童的道德世界是由他自己逐渐构造起来的。当然，构造方式主要是儿童参与的各种活动，也包括与同伴的合作。科尔伯格也曾指出，道德发展来自社会冲突情境中的社会性相互作用，是个体与其所在社会环境中的其他人的一种交流，只有通过活动和实践，人们才能获得对道德规则更全面、更深刻的认识，并以此调节自己的行为，而正是在活动中，在与别人的交往中人们形成了尊重别人、关心别人、善于合作等品质。

【案例】

"我在西藏有朋友"——汉藏亲情牵手活动方案[①]

1. 活动背景

2013年12月，江苏省南通田家炳中学(以下简称"田家炳中学")联合江苏省南通西藏民族中学(以下简称"南通藏中")组织开展了"我在西藏有朋友"——汉藏亲情牵手活动。田家炳中学学生与南通藏中学生结对，田家炳中学学生家长担任藏族孩子的"南通家长"。"我在西藏有朋友"——汉藏亲情牵

---

① 本案例撰写：葛晓周。

手活动得到了南通藏中领导的高度重视和学生家长的大力支持,有效地促进了民族团结,成为精神文明建设中的"南通现象"的又一亮点。鉴于活动的良好效果,两校今后将继续开展汉藏亲情牵手活动。

2. 活动目的

南通藏中初中部学生入学时年龄较小,为了弥补学生成长期间亲情的缺失,让每一位藏族孩子虽身处异乡,却能感受到家一般的温暖,田家炳中学每位教工和各班的学生家长代表担任一名或几名藏族孩子的"家长",在思想、学习、心理、生活等诸多方面给他们亲人般的关爱,并在重要节庆日带孩子回家体验亲情,让藏族孩子在南通也有个家。同时,本活动也有助于维护民族团结,体现56个民族是一家的思想。

3. 活动模式

田家炳中学与南通藏中班级与班级、学生与学生、学生与家庭一一结对。

4. 活动安排

年级	时间	主题	活动内容	地点
初一(第一学期)	9月中旬	启动仪式	(1)对志愿者培训;(2)签约藏族学生与田家炳中学学生家长;(3)双方学生代表讲话、家长代表讲话	南通藏中
	期中考试后一周	"知南通 爱家乡"	"知南通 爱家乡"南通历史介绍;品尝家乡美食;互学家乡方言;互赠明信片	田家炳中学
	放寒假前夕	联欢会	双方学校初一、初二、初三结对学生文艺联欢会(可以请本校其他年级学生参加演出)	南通藏中
初一(第二学期)	开学后第二周	春游"过林卡"(烧烤)	双方烧烤、诗歌朗诵、演讲、英语朗诵、跳锅庄舞	公园
	期中考试后一周	藏汉学生同堂课	音乐、美术、手工制作、书法、体育、心理等课	南通藏中

续表

年级	时间	主题	活动内容	地点
初二(第一学期)	9月中旬	美丽的西藏	学生回藏返校后准备的西藏风景图片；西藏家的介绍，西藏历史、文化介绍	田家炳中学
	放寒假前夕	联欢会	双方学校初一、初二、初三结对学生文艺联欢会(可以请本校其他年级学生参加演出)	南通藏中
初二(第二学期)	期中考试后一周	学习经验交流	老师学习方法指导、学生学习经验介绍、优秀学生事迹演讲、藏汉学生学习总结书面交流	田家炳中学
	放暑假前夕	仪式活动	十四岁青春仪式	南通藏中
初三(第一学期)	10月中旬	秋季趣味运动会	藏式拔河比赛、抱石头比赛、板鞋运动等	南通藏中
	放寒假前夕	联欢会	双方学校初一、初二、初三结对学生文艺联欢会(可以请本校其他年级学生参加演出)	南通藏中
初三(第二学期)	6月20日左右	总结表彰、毕业典礼	召开总结表彰会议，发证书、纪念品(家长及学生参加)	南通藏中

"汉藏亲情牵手活动"等各类活动，其意义在于：一方面，使学生获得道德滋养，形成道德认知、道德情感或者道德行为；另一方面，又让学生检验所学道德的合理性与必要性，以及进一步将所学的道德内化。就后者而言，学生亲身体验、处理各种社会关系后，才能不断深化道德认知与道德情感，才能磨炼道德意志，从而形成坚定的道德信念和自觉的行为习惯。

什么是活动？活动是躯体的、物质主体的生活的分子性单位，而不是叠加性单位。较狭义地说，即在心理的水平上，活动是以心理反应为中介的生活单位，而心理反应的现实机能则是，它使主体在对象世界中辨识方向。换句话说，活动不是反应，也不是反应的总和，而是具有自己的结构、自己的内部转变和转化、自己的发展的系统。① 活动有结构，也有结构之间的转变、转化，它的核心是"动"。情感德育课程中的活动性课程、学生自育实践课程中的活动很多，或者本身就是活动，因此不需要更多解释其"动"。我们需要对学科情感德育课程中的活动做一个说明。学科德育中的活动，看起来是知识性的活动，但在知识性学习的过程中，却充满着各种师生之间、生生之间、生本之间的互动关系。有互动关系、有思维的碰撞、有感知与直觉、有体验与想象、有移情与理解等心理层面的因素在"动"，进而引起学生自己内在的道德结构的变化，这便是"活动"。因此，不能将情感德育课程中的活动理解为一定要设计某个德育取向的目的才叫活动。

情感德育课程中的活动与其他德育课程中的活动有何区别？在我们看来，情感德育课程中的活动有两个基本的特性，一是非常强调活动的动机性征。尽管从理论上看，"活动的概念必须同动机的概念相联系，没有动机的活动是不存在的"②，但事实上并非所有的活动都具有主观或客观上潜在的动机，活动是否有动机成分，关键不取决于教师的意识，而取决于学生的意识，即所设计的活动是否能够与学生的本能或者冲动产生联系。这就要求教师能够与学生共情，能够洞察学生对于活动是否具有兴趣。情感德育课程中的活动的第二个特征是，主要追求达成心智层面的活动，而非关注外在形式的热闹。这种心智活动有很多心理内容，其中主要包括感知与直觉、体验与想象、移情与理解，关于这几个心理活动，在《情感文明学校的课堂优化方案："情感—交往"型课堂行动手册》的第三章中，有非常详细的阐释，这里不再赘言。

▶ 第三节 情感德育操作过程中的误区澄清

德育有着多种范式或者模式，在国内，除了朱小蔓教授的情感德育范式，还有鲁洁教授、高德胜教授提出的生活德育范式，以及檀传宝教授提出的欣赏型德育范式等。这些德育范式都有一个特点，反对道德知识的灌输，反对过多的外部行为规约。在西方，比较著名的道德教育模式则有科尔伯格的道德认知模式、麦克菲尔的体谅模式和班杜拉的社会学习模式。

---

① ［苏］阿·尼·列昂捷夫：《活动 意识 个性》，李沂等译，51页，上海，上海译文出版社，1980。
② 同上书，68页。

在这里我们要特别澄清一些情感德育操作上的误区，不能错误地认为科尔伯格的道德认知模式就是我们反对的知识化道德教育，班杜拉的社会学习模式就是我们反对的外部行为规约。同时，朱小蔓教授的情感德育也不等同于体谅模式。下面来进行相关说明。

一、知识化的德育不等于道德认知模式

道德的成分包含道德认知、道德情感、道德意志和道德行为四个方面。举个例子来说明，某地发生洪水灾害，我们想帮助受灾地区的人们走出困境，这是认知层面；看到受灾的人生活无序的样子，我们感到很难过，对他们充满同情，这是情感层面；接下来，有关部门组织捐款活动，你有意愿去捐款，这是意志层面；最后，你参加了捐款活动，这是行为层面。道德教育可以根据学习内容的差异，分别从这四个层面中的任一层面开展。其中，意志作为一种行为倾向，常被纳入行为层面。故在道德教育界，一般存在着三种操作模式，即道德认知模式、道德情感模式和道德行为模式，分别着重关注道德认知、道德情感与道德行为，且至今仍在运用。

科尔伯格创立了道德认知模式，他认为，人的道德性发展与人的认知活动尤其是道德判断力发展的水平密切相关。道德认知模式强调道德判断、自律(包括自我调节、自我控制两部分)等心理成分的作用。科尔伯格曾提出"三阶段六水平"的理论，即将人的道德分为前习俗水平、习俗水平和后习俗水平。根据科尔伯格的理解，在开展道德教育之前，先要判断学生的道德判断力处于何种水平，而道德教育目标就设定为高一级水平。可见这种道德教育是符合"最近发展区"的原则的。

如何判断学生目前处于何种道德判断力水平呢？科尔伯格利用了汉斯偷药这一两难故事来进行判断。汉斯的妻子得了一种病，医生研制了一种天价药。汉斯想要买这种药，但苦于没有足够的资金。于是，他想到去偷药。这个时候就问受教育对象能不能偷药。有的人认为不能去偷，因为偷窃是一种不对的行为。还有一种观点是可以去偷，因为这是为了给妻子治病而去偷药，是可以理解的。

科尔伯格道德认知模式给我们的启示是，在我们开展道德教育之前，需要充分了解学生原有的道德认知水平，否则开展过低水平或者过高水平的道德教育都是不恰当的。就此而言，德育专家们所批判的知识化的道德教育，

并非是指科尔伯格的道德认知模式。德育专家所反对的，是指将道德教育压缩成道德知识教育的一种教育偏差。知识化的道德教育与科尔伯格道德认知模式的区别在于，前者只关注道德知识本身，而后者还非常强调道德思维的发展。

专家所批判的知识化的道德教育一般会存在三个问题。(1)知识化的道德教育忽视学生的原有道德经验与接受水平。我们可以讨论一个问题，责任教育需要在中学还是在小学，抑或者是在幼儿园进行？很多人会感觉，人只要会说话，就应该要有责任感。实际上，责任教育不能太超前，一定要考虑什么时候该接受责任教育这一问题，要到学生经验累积得可以接受责任教育的阶段才可以进行，但是很多知识化的道德教育并没有考虑学生的接受水平问题。(2)知识化的道德教育不太关注学生的即时心理状态。比如对学生是否具有学习的意愿，是否有学习的抵触，大多是忽视的。数年前，研究者曾听过一所学校介绍其道德教育经验。当时他们的学校有课间餐，一个学生拿到了包子之后，没有吃而是准备扔掉。就在准备扔的时候，被老师发现了。于是老师教育他要珍惜粮食，最后这个学生把包子吃掉了。如果从德育角度出发，我们应该想想为什么这个学生不愿意吃这个包子，有可能存在着他个人的一些特殊状况，比如是身体健康方面的状况等。若一味地强制他吃下去，这种道德教育本身是缺乏伦理思考的。在这个时候从德育角度进行教育，实际上学生内心是抗拒的。(3)知识化的道德教育常表现为灌输形式。我们重视道德认知本身，情感德育并不忽视道德认知的价值。道德的一些知识是需要让学生理解与掌握的，但是在教育过程中，一定要让学生懂得这些道德知识的价值性而不能强制灌输。只是告诉学生该怎么做，而不去解释清楚这样做的原因，尤其是没能让学生接受这样做的原因，则所教的只是道德知识，而不容易成为学生的内在道德。知识化的道德教育从学习心理学的视角看，属于行为主义。行为主义心理学家的代表人物华生曾说过："给我一打健康的婴儿，我可以把他们培养成任何一种人物——医生、律师、艺术家、大商人，甚至乞丐或强盗。"也就是说，行为主义忽视学习对象的原有基础，认为灌输就可以了。所以说知识化的道德教育属于行为主义。而科尔伯格的道德认知模式属于认知主义，比行为主义有了进步。认知主义强调学习者在学习之前的原有知识基础、知识结构。

二、行为规约式的德育不等于社会学习模式

研究者曾和朱小蔓教授探讨过一个话题：学校管理中的道德教育，也就是学校管理中到底要不要规约，例如需不需要扣分。朱小蔓教授强调，我们不能否认行为规约的价值，尤其对于年龄较小的学生而言，外在的行为规约有一定的教育价值，但是以行为限制为主则不是道德教育的常态。如果过多地采用行为规约的方式，比如不断扣分式的道德教育，肯定不合适。行为规约式的教育实际上也是属于行为主义范畴的。

接下来，我们来探讨一下班杜拉的社会学习模式。社会学习理论的观点认为：人类的大多数行为是通过榜样作用而习得的，个体通过观察他人行为会形成怎样从事某些新行为的观念，并在以后用这种编码信息指导行动。因此，观察者获得的实质上是榜样活动的符号表征，并以此作为以后适当行为表现的指南。班杜拉认为，观察学习是受注意、保持、动作再现以及动机等心理过程支配的。就此而言，观察学习是非常尊重学习者的主体意识的，它不是一种强制式的道德教育方法，而是一种价值牵引式的伦理性的道德教育方法。说得直白一点，就是让学生主动发现道德行为的魅力，自己主动、乐于去学习道德行为，进而展现道德行为，这与规约式德育是不同的。

三、情感德育范式不等于体谅模式

道德认知模式强调道德认知的重要性，社会学习模式关注道德行为的习得。在西方道德教育界，还有一个以学生道德情感培养为主的德育模式，即体谅模式。体谅模式以道德情感培养为主线，其代表人物麦克菲尔和诺丁斯强调道德教育的根本目的是学会关心。那么，朱小蔓教授的情感德育范式与体谅模式一致吗？或者说其是体谅模式的本土运用吗？并非如此。

体谅模式是一种以道德情感培养尤其是关怀情感培养为主的教育模式，而朱小蔓教授的情感德育，不仅仅关注道德情感，它关注所有情感（包括理智感、美感等）对于道德形成及其在道德教育中的价值。比如，朱小蔓教授特别强调安全感、悦纳感、自信、希望等这些基础性的个人情感对于道德的价值，她认为这些情感尽管不是道德本身，却是道德形成的种子。如果没有这些道德的种子，个体的道德就无法萌芽，而一旦有了这些种子，在某个时间节点

和情境中，这些种子就会犹如小树一样迅速生长，相关的道德品质也会犹如枝丫一样不断地生长出来。①

概言之，体谅模式直接指向学生的道德成长，而南通田中的情感德育既包括直接指向学生道德成长的学校德育活动、学生关怀实践，也包括间接指向学生道德成长的学科德育和家校合作德育。

---

① 徐志刚、朱小蔓：《情感培育：在小学生心中播下道德的种子》，载《中国教育学刊》，2011(6)。

第二章　学科情感德育课程

▸ 第一节　课程概述

一、学科情感德育课程的意涵与特征

学科情感德育，是在学科教学过程中进行德育的一种形式，它的目标指向是学生的道德发展，而又主要通过发挥情绪情感的功能来育德，所以称之为学科情感德育。

学科情感德育课程与本书当中的校本情感德育课程、学生情感德育自育课程、家校合作情感德育课程不同，后三类课程都属于专门性的情感德育课程，有专门的活动目的、活动方案，其首要的或者直接指向的是学生的道德生长，类似于学校专门的"道德与法治"课程。而学科情感德育课程，它是存在于语数外等各门学科的教学过程当中的，它不是一种专门性的德育活动课程，在学科教学方面，知识教学、能力教学占主要地位，德育只是其中的一部分。尽管如此，德育却起着统御知识与能力等各项教育的作用。具体而言，学科情感德育具有以下三个特点。

1. 渗透性

渗透性主要表现在两个方面。首先，学科德育是存在于知识的学习过程当中的，不是把学科教学停下来教道德，而是德育与知识教学构成伴随状态。学科德育内容主要是知识背后内蕴的一些情感态度价值观，比如说所有学习的知识内容里面包含着的家国情怀、合作意识，学生在学习这些知识的同时，也需要学到这些道德内容。其次，学科德育蕴藏于教师教学的举止言行当中。教学过程当中，教师跟学生的接触有两种类型，一种是教学性接触，比如，

老师问："1+2等于几?"学生回答："等于3。"这就是教学性的交往或者教学性的接触。还有一种是非教学性接触，比如，某学生的橡皮掉在地上，老师弯下腰，把这个橡皮捡起来交给学生，其他学生可能不一定看到，这种行为跟上课的知识教学没有关联，所以叫非教学性接触。无论是教学性接触还是非教学性接触，都涉及教师的言行举止表达，教师的表达是不是道德的，是带有宽容、尊重或者信任的，还是带有轻视、挖苦或者抱怨的，等等，这些都属于道德性的因素。

2. 弥散性

弥散指的是情感德育活动贯穿着教学过程的全程，从课堂教学的开始到结束，甚至也包括备课、学生作业的布置、作业的批改，以及考试、考试的评价等环节，这些环节都可能包含德育元素，前面提到的教师先将买来的试卷做一遍，发现错误事先修改，就蕴含着德育；再如教师写作文评语，写"阅"这个字就不如写"好"这个字，因为后者蕴含情感色彩，学生更期待有情感色彩尤其是积极情感色彩的教师评语。还有一个很有意思的例子，20年前教师的期末评语是用"该生"这个词开头的，现在都用"你"。这是一种很大的进步。现在教师写评语时，会有一个学生意识，即意识到是面对着学生在写评语，因此写的过程是带着关心、鼓励，带着责任感的，而不是第三方评价，"你"字体现了情感性，因此也体现了道德性。此外，在教师给学生面批作业的过程中，教师是一种怎样的状态？面对学生是严肃的还是比较和善的，这里就蕴含着情感德育。情感德育活动，还充满着学生在校期间的每一个空间甚至每一个缝隙，学生跟教师、学生跟学生、学生跟文本之间，都充满了各种情感德育的元素。

3. 易生成性

对于情感德育课程，每个学科教师都可以实施。中学里有专门的德育教师，教"道德与法治"课程的教师就是专门性的德育教师，他们对道德教育的目的、方法、原则，掌握得都比较专业。此外，学校学生处的教师，在思想政治工作、道德教育方面也相对专业。不过，渗透式、弥漫式的道德教育活动，每个学科教师都可以完成，且必须完成。当然这里面涉及道德教育的敏感性，或者说教师能不能有一种教育学立场的问题。教师如果有教育学的立场，就可以更多地开展学科德育。因为，在学科教学过程当中，教师会敏感地捕捉到一些细节，无论是德育元素蕴藏的细节，还是跟学生交往过程中的一些敏感契机，都可以运用来开展学科德育。

什么叫教育学立场？举个例子来加以说明。某学校有一位经常偷东西的学生，家长们提出来："请学校将这位同学转出去，否则我们就转学。"班主任将这件事报告给校长。校长跟家长们商量说："我来了解一下具体情况，如果这个学生一个月没有转变，那么就按照各位家长的要求来办理。"家长答应了。校长跟这位学生去交流，学生讲了他偷东西的最初印象。这位学生还很小的时候，爸爸妈妈离异了，他跟随爸爸生活，爸爸工作忙没有时间照顾他。一次他感觉到很饿，到街上看到一个包子铺，趁卖包子的人没注意他就偷吃了一个包子，偷吃完了之后感觉特别惬意舒适。这个特别快乐的过程刺激了他，于是他从此就有了偷的冲动。从情感的角度来看，就是大脑的下丘脑、边缘系统里面的某个神经元经过这种刺激特别舒服。所以这个学生在偷其他同学东西的时候，未必真的是东西对他有用，只是这个过程让他感觉很舒服。

在得知缘由之后，校长跟这位学生商量："我们能不能想点办法克服这个问题？"无论是从交流的角度，还是从认知的角度，学生都知道这样做不好。这个学生就跟校长说："我会尽量控制。"接着校长跟他说了一些方法（这里就不赘述了）。于是这个学生走上了矫正自己的道路，一周过去了，半个月过去了，果然没有发生偷的行为，但是到了这个月的第28天，他没控制住，顺手牵羊了一回。

面对学生继续偷东西这个情况，如果从管理学或者法律的立场来看，校长应按照规则办，让其转学或者做其他处理。但是如果从教育学的立场看，这个学生以前一个星期偷一次，现在半个月都没有偷，尽管到第28天他偷了一次，但比起以前有了巨大的进步。他现在28天偷一次，未来就可能三个月偷一次，然后半年偷一次，像这样慢慢改善，最终达到完全不偷的效果。所以基于教育学的立场，校长发现这个学生是可以改善的。因此，对于这个事件，教育者应坚定地相信学生有正向发展的可能性与可塑性。

不同的教育情境，教师所秉持的立场未必一致，比如有的时候对学生需要宽容、需要等待，有的时候就需要严格、需要惩罚。但是无论是宽容还是惩罚，教师的立场都是对这个学生的发展负责，尤其是对他未来的发展负责，而不仅仅是对他的一段考试负责。在学科教学过程中，只要教师能够基于教育学的立场，把握契机，就会发现在教学过程中有很多生成性的元素，如果仔细分析，这些大多带有情感德育的色彩。

二、学科开展情感德育课程的必要性

"立德树人"可以通过思想品德课堂去实现，也可以通过课外活动去实现，但是，学生在学校里大部分时间是在课堂上，在语、数、外、音、体、美、物、化、生等这些学科学习过程中。因此，课堂教学作为学校教育的主阵地，应该也是立德树人实施的主阵地。

赫尔巴特说："教学如果没有道德教育，就是一种没有目的的手段；道德教育如果没有教学，就是一种失去了手段的目的。"[①]这句话怎么去理解？赫尔巴特曾经讲过另外一句话"教学具有教育性"。这句话相当于中国传统的"教书育人"，"教书"就是培养知识，提升你的技能；"育人"主要指培养道德品性，也就是道德教育。所以赫尔巴特讲"教学具有教育性"，这与"教学如果没有道德教育，就是一种没有目的的手段"是一样的意思。

"教学具有教育性"，这里的教育性就是一种德育指向。那么，教师在课堂教学时，是先思考"教学"，还是先思考"教育性"？或者说哪个更为基础与根本？我们认为，"教育性"比"教学"更先在，或者也可以说德育比智育更先在。教师在备课及授课之时，首先要想到的不是教学，而是教育或者"育人"，即教学一定是教育学立场指导下的教学。如果一位教师，对教室中堆积的垃圾视而不见，即便其课堂教学改革搞得十分热闹，这种改革也一定很难走向成功，因为这位教师眼中没有教育，没有看到环境的强大德育功能，没有意识到德育对人的价值。从这个意义上说，没有教育性就没有真正的教学。

在一般的理解中，既然学科德育是重要的学习内容，且具有最高的课堂教学价值，或者是具有统御性质的内容，那么专门辟出时间来学习岂不更好？这是不可以的。因为学科的知识与其内蕴的道德，犹如一枚硬币的两面，无法分开，抽离了知识来开展道德教育，或者放下道德内容来谈知识，都是不完整的。我们不能误以为各学科的情感态度价值观是外加上去的，其实，情

---

① [德]赫尔巴特：《普通教育学》，李其龙译，221页，北京，人民教育出版社，1989。

感态度价值观是各学科知识里面本来就有的，只是我们过去忽视了。教学时如果省去了这些德育元素，这个"硬币"就不完整了，就无法使用了。如果在银行取款的时候，我们发现拿到的钱币只有一个面，那肯定是不行的；而在教学时，我们却时常只给学生一个面的钱币。

有人会质疑：课堂教学中增加道德教育的元素，这样不是增加学科教师的负担吗？教师教知识已经很花时间了，为什么还要去进行道德教育呢？上文已经解释了，学科知识与其内蕴的德育元素，犹如钱币的正反面。如果在教学的过程中只去教"知识"的这一面，而不去教"育人"的这一面，那么学生的所学、所得，往往会大打折扣，连传授知识本身也会受到影响。我们必须深刻地理解这一点。事实上，现在已经有不少的学校和教师认识到了，要提升学科的教学质量，德育是新途径。要向课堂教学要质量，要提高学科教学质量。换句话说，就是让学生考试成绩好。考试成绩好怎么去实现呢？常见的一种方法是延长时间，用加班加点来达到目的。另一种方法是"题海战术"。这两种方法现在越来越受到人们的诟病。越来越多的教育者在反思这些问题，更在考虑什么样的学习过程才是好的学习过程。人们发现，在学习知识的过程中，必须充分考虑学生的学习倾向性、学习积极性等。实际上，这就属于情感德育的范畴。关注学生学习前、学习时、学习后的心理状态，能够及时捕捉，及时介入，这实际上就是情感德育。而情感德育有利于学生在学习过程中掌握知识、技能。早在很多年前，上海师范大学的卢家楣教授就提出"以情优教"的理论，发现情感、道德能够促进学生知识的学习。

因此，学科情感德育不是给教师额外增加的一个工作，而是帮助教师提升他们教学质量的途径，它能够让教师原有的知识教学变得更加高效。有研究表明，一个学生的学习成绩好坏，有两个影响因素：一个是想不想学，即学习兴趣；另一个就是师生关系好不好。学习兴趣和师生关系，是情感德育非常重要的范畴。教师把握好这两点，有利于提升学科教学质量，有利于提高学生学习成绩。

当今社会不少人赚了很多钱，但是感觉不快乐，不舒服。为什么？因为人的心灵在外面漂泊太久。理性是很重要的东西，但是理性不能带人"回家"。我们为什么感觉漂泊和不安定的时候想回家呢？家，是一个让人感觉非常安定、温暖的场所。我们都需要回家，教学也需要"回家"。什么意思呢？教学要能够带给我们一种安定的、温暖的感觉。这个安定、温暖，就是教师讲的知识对学生来说，不是一个个冷冰冰的知识，而是一种"热"认知。所谓"热"认知，是指这个知识对学生有价值，是一种能够引起学生生命的冲动，让学生感觉到很舒服、有力量的知识。教学需要"回家"，情感、道德才能带人"回家"。

人学习知识之后，更多的是利用这个知识去为人服务、为社会服务，能让自身有价值感、安全感、归属感等。所以这种知识包含了情绪、动机、信念等各种各样的成分。它不是一种冷静的逻辑加工。这种"热"认知是跟生命相关的。因此道德目的是杜威所强调的"首要的目的"。人学习知识，知识不是目的，知识能够带来的才是目的，人不能成为知识的工具。因此，"道德教育的目的，是各学科共同的和首要的目的"的内涵是强调知识为人服务，而不是人为知识服务。最终，学习者已经忘却了这是一种靠外在学习而得的知识，知识已经内化为人的一种素养，且能够为人自身、为他人以及为社会和自然服务。

三、学科开展情感德育课程的可能性

在对学科情感德育的必要性进行了探讨之后，我们需要来讨论另一个话题，就是各学科开展情感德育课程的可能性。关于这个话题，可以从三个方面来进行阐述。

第一，我们的教学内容或者教材本身，有着吐露自身芬芳的本能。无论是语文的文章，还是数学的知识，或是美术的图画，这些学习内容自身都有一种非常强烈的本能，就是要把自己最完美的一面呈现给学习者，即充分展现自己的价值。举个例子，一个歌唱演员，为什么在舞台上既要唱歌又要跳舞？就是期望充分地展现自己的艺术水平，因为这样才能够充分展现自己存在的价值。当然有人会认为我们的教材内容是静态的，怎么理解这种自身吐露芬芳的本能呢？其实静态的花草树木也都有这种本能，表现为努力展现自己的独特色彩、味道、形态等，我们的教学内容也一样。作为教学内容的知识，其在形成的过程中，都是指向人类美好生活的，同时在形成的过程中，加入了很多创作或者发现这个知识之人的心力。因此，这些知识往往蕴含着各种各样的德育元素，这些德育元素简单一点说就是我们所说的知识背后的

情感、态度与价值观。比如，物理学中，光的知识、电的知识，教育者希望学习者不仅掌握这种知识本身，还要了解到这一知识是怎么得来的，它的历史文化有哪些，这就是德育元素。对于学习的内容本身，教育者当然希望学习者能够将内容的各个方面学到，而不是择其一端。

　　第二，就作为学习者的学生而言，也有汲取更多外部滋养的期许。在本能和冲动层面来看，人是一种爱学习的动物。人有无限的可能性，想要去追求各种各样的东西。有人说孩子不爱学习，但仔细分析，这些学生只是不爱学某种学科知识。他对于怎么用电脑、怎么打球，却可能有着强烈的学习兴趣或者本能。为什么人有学习本能？因为人期望通过学习让自身感到力量。外部世界具有很多的不确定性，个体意识到只有自己掌握知识技能之后，才会感觉到有力量，才能够消解这些不确定性，以便安定地生存与发展，才能够生活得更好。培根所说的"知识就是力量"就是这种意思。因此，在课堂学习过程中，学生希望能学习到更多让自己有力量的东西。这种有力量的东西，不仅包括认知层面的"知其然"的成分——知识本身，更包括知识背后的过程与方法，以及情感、态度、价值观等，或者说是"所以然"的成分。

　　换句话说，教学目标中的情感、态度与价值观，不仅是课程标准中的规定，也是学生需要的东西。当然如何让学习内容的展现本能与学生的学习冲动之间建立联结，教师就显得非常重要。很多知识本身内在的情感、态度与价值观是隐藏的，尤其是理科，蕴意比较深，需要教师去发掘、去展现。同时，在学生学习的过程当中，教师要去激励他。有人会问，在这过程中，教师仅仅是一个工具吗？其实不是。在这个过程当中，教师自身的价值也得到了体现。

　　第三，在学科教学中，教师有着展现自己德育价值的追求。伴随着人们对精神世界的关注，人们开始注重教师作为"人类灵魂工程师"职能的发挥，教师不能仅仅是知识传递者和能力培养者，更应该是培育学生情感、态度、价值观等德性基础的"精神导师"。弗洛姆在研究西方社会爱的蜕变及其原因时，认为重要的一点就是教师的道德教育价值没有有效地发挥。他说："我们在传授知识，但我们正在丢掉对人类发展来说至关重要的知识：那种只能通过成熟的人、有爱的人的在场才能言传身教的知识。"①可见，教师在知识教学的同时需要发挥自身的德性魅力。如果教师在教学过程中，自身对知识背后内蕴的德育元素很熟悉，但并不将这些德育元素展现给学生，教师自身就会发生认知与情感的冲突。王夫之的一段话可以很好地帮助我们理解这一点，他说："夫欲使人能悉知之，能决信之，能率行之，必昭昭然知其当然，知其所以然，由来不昧，而条理不迷。贤者于此，必先穷理格物以致其知，本末精粗，晓然具著于心目，然后垂之为教。"②用王夫之的这段话透视我们的这个命题，大概可以做这样的理解，即教师在备课的时候，他们与知识之间产生了非常充分的互动，他们体验到了知识内蕴的情感、态度与价值观，或者说德育元素，那么如果在课堂上不能将这种体验告诉给学生，教师自身不仅在认知上有负罪意识，而且在情绪上也会很难受。

法国伦理学家居友曾经提出，人其实是追求很多繁殖的。比如人有生理繁殖的欲望——要生孩子。除了生理的繁殖之外，人还希望自己有知识方面的繁殖，就是我们所说的著书，或者称为"立言""著书立说"。而教师在教学过程当中，展现自身的道德风范，也是一种"繁殖"。"学高为师，身正为范"，作为教师，纯美的语言、恰当的动作、和善的眼神，能给学生带来安定、温暖的感受。教师通过他的言行举止，去充分彰显他的价值。这就像演员，让观众叫好，以彰显自己的价值。教师最欢愉的是在课堂中，师生充分互动，不知不觉中时间就过去了。在这过程中，教师能充分享受课堂。

四、学科开展情感德育的实施路径

（一）发掘本学科内蕴的情感德育元素

每个学科的德育元素，从整体来看，是非常明晰的。各学科课标中的情感、态度、价值观和思想方法等，都与德育元素密切相关，甚至就是德育元素。但是学科整体的情感、态度与价值观，一旦放到具体的教学内容当中，就容易模糊。因为每节课不可能总把整体的情感、态度、价值观一起加入教学内容。

解决模糊的首要方法就是，教师能够熟练掌握课标当中的情感、态度与价值观。这种熟练程度要很高，表现为教师只要看到这个学科中的某个知识

---

① [美]弗洛姆：《爱的艺术》，赵正国译，124页，北京，国际文化出版社，2004。
② （明）王夫之：《四书训义》卷三十八《孟子十四·尽心下》，925页，长沙，岳麓出版社，2011。

点，自己头脑中就能够自动对应到某种德育元素要求。如若不能够自动化，便会存在模糊性。调查发现，教师每天都在写教学目标、在上课，但是很少有人每天思考自己的授课目标与本学科的课标有何关联性，自己的这节课在课标中的位置在哪里，这必然会导致目标设定中德育目标的模糊性。比如，在数学学习和英语学习过程中，课程标准都提到了学习兴趣，教师仅仅思考"学生对这个数学的知识或英语的知识有没有兴趣"是不够的。课程标准对兴趣的描述，数学学科和英语学科是不同的，数学学科用的是"有好奇心，有一种惊异感"，而英语学科讲的是"学生要乐意学习英语，有表达的勇气"。若数学老师和英语老师都用"学习兴趣"这个概念，显然就忽略了各自的学科特征，在操作时也就容易泛化。因此，课标这么好的一个"软件"，教师必须要植入自己的大脑，要对课程标准烂熟于心，能够自动地从情感德育视角（即情感目标视角）去进行学科教学设计。或者说，教师要配上一副情感德育的"眼镜"。为什么一个问题，专家一眼就能看出来，而一般教师很难看出来？就是因为专家有一副"特殊的眼镜"，即他大脑中有分析这个问题的独特"软件"。若教师能够非常熟稔学科的情感、态度与价值观，无疑就戴上了这种"专家的眼镜"，在备课的时候，挖掘本学科教学内容内蕴的情感、态度与价值观便比较快速而且准确。

充分发掘本学科教学内容的德育元素，除了学习课标之外，还有一个很重要的方面，就是备课的时候要在教材之外进行知识扩展。只就一个所要教授的知识点看这个知识点的教学，就如同一只蚂蚁看物体一样，看的范围太小。如果我们能够以"蜻蜓之眼"或者"飞鸟之眼"去看待这一个知识点，即在看这个知识点的同时，看到它在整个学科体系中的位置，以及在学科史、学科文化中的位置，就可以挖掘出更深邃的德育元素来。

如果教师觉得熟稔课标太麻烦，备课时用"蜻蜓之眼"或者"飞鸟之眼"更麻烦，那么还有一种相对操作容易且更为有效的方法，那便是去学习道德教育的相关内容，成为德育方面的专业人士，掌握德育价值、原则、方法，尤其是了解很多德育流派的主要观点，这样教师就有了"德育"之眼，再去看学科，就会看到所在学科每个知识点背后的德育元素了。

（二）了解情感德育目标与学生需求之间的距离

心理学认为学习的展开有个前提，就是要让学习者产生认知失调。举个例子，一个人从来没有喝过咖啡，有人请他喝咖啡，他一闻很香，就会产生一种失调——"到底咖啡是个什么东西？我要不要喝？喝了会不会带来什么后果？"有这种思想斗争，表明认知已经开始失调了。认知失调之后，人的感觉是不愉快、不舒服的。如何达成情绪的平复？有两种解决办法：第一，尝试喝咖啡，喝完之后发现咖啡真是好东西，以后还要去喝，这就重新达到了认知协调；第二，拒绝咖啡，认知也可以恢复到原来的状态，也就不失调了。

认知失调是开展学习的一个前提条件。因此，教师在提出学科学习中的情感德育目标时，首先要能够让学生产生认知失调，同时不是采用拒绝的方式，而是去接纳的方式。这当然要考虑自己设定的目标，是不是契合学生的需要。这里有两点建议。第一，不能进行情感德育的教化。尤其是在文科的教育中，教师讲课讲到某一个部分的时候，容易变成教化，表现为老师放下了学科知识，专题开展道德教育了，开始教学生怎么做人。前面讲，学科情感教育一定是渗透式的，道德知识最好不要灌输。作为学生，当上课累的时候，或许也希望教师讲点知识以外的东西来调节，但是就教师而言，你要能够把握，这种生成性的内容，与所学的知识要有一定的相关。教师讲的例子、故事，都是为学科教学服务的，而不是天马行空的，这才符合学科情感道德的基本要求。第二，要了解知识的背景故事，或者说知识背后的机理。比如，语文老师在讲节选的文章如《范进中举》（选自《儒林外史》）时，如果能事先通读《儒林外史》，再来讲这篇文章，就能讲出文章的妙趣来。仅读《范进中举》这篇文章，就很难有妙趣。再如，胡适《我的母亲》这篇文章，如果仅读此文，是很难读出文章中内含的胡适对他母亲的不满情绪的。但是读胡适其他的文章，尤其是胡适写给儿子的信，就能了解到他们父子之间的关系比较自由，而胡适的婚姻却是他母亲一手包办的，胡适对此是有怨言的。如果不去了解这个背景，那就很难读出《我的母亲》内含的这些情感。再以数学为例，数学不光是教知识，教出知识背后的一些方法更重要。比如对"1、2、3、4、5、6、7"的教学，学生觉得好多知识都可以用这些数字表示。数学上有，音乐上也有，心理学上有，科学上也有，这时候教师如果能够将这些不同学科进行关联，学生对数字的美就能认识到了。

（三）选用适切的教学方法，彰显方法的情感德育色彩

教学有法，教无定法。方法是多种多样的，而方法的选用则是有讲究的。一般教育方法的选择有三个基本原则。第一，此教育方法是不是适合于教学内容本身。第二，对学生是否合适，学生喜不喜欢。比如数学，学生最喜

的就是自己去探究、去发现，而不是教师直接告诉他答案。而语文就不能用数学那种方法，语文更适合谈话式的方法，老师和学生在教学中对话，不知不觉中学生就发展了语文的能力。第三，教师运用这种方法的能力如何。例如，多媒体课件虽然很好，但是前提是教师要熟悉多媒体的操作才行。

如果方法运用得恰当，那么方法的情感德育色彩就可以彰显出来。比如南通田中的副校长陈惠，非常擅长用谈话法，在《情感文明学校的课堂优化方案："情感—交往"型课堂行动手册》一书的第三部分，《紫藤萝瀑布》一课的教学过程中，陈惠老师就采用了这种方法，效果显著。首先，问答法和谈话法是有差异的。问答式如果少量使用，是能够激发学生的思维和竞争意识的，但是如果太多，学生的压力就比较大了。就交往维度而言，问答法是一种非平等式的交往方式，其由具有知识权威解释力和评价权的教师主导，学生心惊胆战地接受一次次的思维挑战。在问答中，学生首要考虑的是知识如何输出，也就是要揣度如何表达才能符合教师的意图，才能让教师满意。每个人接受知识、将新知识纳入旧知识体系的时间是不一致的，有长有短，但是问答式追求的是"快"。谈话式则不同，谈话是一种没有压力的状态，人们常把谈话作为休闲或者放松心情的一种路径。语文课堂教学中的谈话当然与日常的闲谈不同，对教师有很高的要求，教师不仅要设计好谈话的内容，而且要即时且又不生硬地牵引学生偏离授课轨道的话题。

当然也存在一种虚假的谈话式教学，它是问答法的一种伪装形态，即通过谈话的方式不断地提出问题。难道谈话法就不可以提问了吗？谈话法里面当然可以提问，但是这种提问是宽松的、没有压力的。其实，谈话法和问答法的形式不是最重要的，关键在于教师的情感基调与调控水平。在一个场域中，决定该场域的情感基调或者情感氛围是快乐的还是紧张的，一般是在场权威人士的情感样态。也就是说，权威人士面带微笑，展现喜悦，那么非权威人士就会趋近权威人士去展现喜悦，进而感受喜悦；相反，即便很多非权威人士都在开心地欢笑，但是权威人士，尤其是具有能够影响自身发展的权威人士忽然阴沉着脸，或者发起火来，在场的其他非权威人士自然就会收敛笑容，甚至被权威人士的负面情绪所感染，生发出负面情绪。

《紫藤萝瀑布》的课堂教学中，陈惠老师总是面带微笑，亲和力非常强。在教学过程中，他还会采用语言或者非语言方式与个别学生进行互动，并表现出对学生的关爱、呵护。于是，学生便处在一种非压力的状态之中，情绪是中度正向的，而这就非常有助于学生打开思维通道。在这样一种氛围中，学生是否需要与教师互动——是否需要进行问题回答，回答的质量如何，就不会成为学生的束缚。

谈话法除了对教师的情感基调及其与学生的情感互动具有要求，对于教师掌握教学内容的熟悉度也有一定要求。就语文教学而言，不同于理科的线性教学，上语文课类似于写散文，因此，陈惠老师的谈话式教学，看似天马行空，却是形散而神不散。学生的思绪跟着教师的思绪在自由地奔流，即便提出问题，也如同旅游途中驻足式的分享，无论是思绪流动的过程，还是驻足分享的过程，都会让学生感觉到惬意。课堂情感德育的精要，便在于此。教师与学生、教师与文本、学生与学生、学生与文本之间，充满着自由的交互，教学之美就呈现出来了。

为什么我们经常听到好课便不觉得时间过得快，一会儿就下课了，同时会觉得很舒服？一般人们认为是因为教师授课设计精巧，其实，其根本原因是人们感受到了各种信息自由流动，且又是合规则的流动之美。所谓合自由性，是指教师、学生都是彼此敞开的、不设防也不谄媚的；所谓合规则性，就是一切的交互都紧扣学习内容而展开，而非混乱无序的，都是指向本节课的学习目标的。

好的方法，能够让学生感受到方法之美。比如数学的发现学习法，这个方法很有意思，本身就有情感德育的色彩。例如，进行三角形的内角和是180°这一原理的教学时，教师不是直接告诉学生"三角形内角和180°"，而是让学生去量，学生就会发现很有意思，一个直角三角形内角和是180°，一个锐角三角形的也是180°。那么教师就会问："你们觉得钝角三角形的内角和也是180°吗？"钝角看上去比较大，结果学生一量发现还是180°，他们就会觉得非常有意思。从发现学习的角度来说，这个方法很美。

再来举一个反面的例子。如果生物课上老师提问："人如果胰岛素的分泌出问题，血糖就会升高，怎么通过胰岛素的调节来促进人的血糖降低呢？"结果教师不是让学生做实验，而是让学生去读书本上有关实验的记录，即让学生采用自读法，自己看书中的实验过程的文字稿，想象这个实验的过程。这种方法是反情感德育的，是让学生感到厌恶的。如果从情感德育的视角来授课，首先可以让学生独立完成这个实验；如果不能，那么让学生观察老师做实验；如果还不能，那么还可以让学生看其他人做这个实验的录像。因为学生一旦自己动手操作或者看到他人怎么操作，那他的记忆是比较牢固的。学生如果只是去背诵答案，那他是很容易遗忘的，因为他没有经历过知识获得的整个过程。这显然是不道德的课堂。

（四）教师运用语言与非语言的情感化育功能

"良言一句三冬暖，恶语伤人六月寒。"语言的魅力无限，有时伤害性也无限。教师经常对学生采用一些激励性、正向评价的语言，能够让学生感到温暖。

除了语言之外，表情的感染力也非常强。美国学者做过研究，如果老师看学生的次数多，那么学生学到的东西就多。这就是表情的教育功能，为什么？有两个原因：当学生发现教师注视自己的时候，认真的学生会觉得老师是在关心他鼓励他；对于一些走神的学生而言则觉得老师是在提醒他。除了眼神，教师的肢体动作也很重要，在学生肩头轻轻一拍，或者摸摸学生的头，都会让学生感受到温暖。

非语言所产生的效应，在哲学上被称为身体现象学。身体现象学非常有价值。一位商业成功人士讲过自己的故事：他经常出差，没时间照顾孩子，到孩子要上一年级的时候，他发现孩子非常胆怯。后来经过学习，他懂得是因为自己陪伴孩子不够，孩子没有力量感。因此，他尽量做到只要在家，早上孩子上学前就拥抱一下孩子，几个月后他发现孩子的变化很大——乐观活泼了很多。父亲的拥抱让孩子感受到了爱的力量，这种力量首先源自身体接触的感觉，然后才是心理的触动。幼儿园小朋友的一首歌中唱道："爱我你就陪陪我，爱我你就亲亲我，爱我你就夸夸我，爱我你就抱抱我。"其机理就是身体现象学。

总结一下，教师的劳动跟其他劳动是不一样的，其他工作人员的劳动，一般不需要将自身作为一个劳动的手段。但是教师工作却有这种要求，教师的言行本身就具有很强的德育功能，甚至其影响超越了学科知识本身。所谓"其身正，不令而行；其身不正，虽令不从"。所以教师的言行举止是否符合道德的规定，深刻影响着学科德育的效果。

第二节 课程示例

一、语文学科情感德育实践示例[①]

(一)语文学科情感德育概述

1. 语文学科开展情感德育的价值

语文作为一门重要学科,兼有工具性和人文性的特点。语文学科教育不仅仅是语言文字的教育,而且还要对学生进行思想陶冶、情感熏陶。作为主要媒介存在的语文教材,对情感德育落实的作用非同小可,它本身蕴含着丰富而又有价值的情感德育资源。学生通过文质兼美的选文,感受选文中的人、事、景、物、情,体会文中的社会风貌、民族文化、人文精神等,从而不断建构情感素养,不断完善自我,最终形成健康健全人格。在日常教学中,教师若能够重视语文学科的德育价值,充分发掘语文教材中丰厚的德育资源,努力涵养和培育学生的人文情怀、情感素养、生命意识、品格境界、科学精神,增强教学的感染力和吸引力,那么,他的语文学科教育就一定会成为真正令学生受益终身的教育。

2. 语文学科中的主要情感德育元素

(1)人文素养。语文学科教师应重视对学生进行人文教育。人文教育又称为人性教育,是对受教育者进行的旨在促进其人性境界提升、理想人格塑造以及个人与社会价值实现的教育。人文教育的实质是人性教育,核心是涵养人文精神。语文教材是提高学生人文素养的平台,是培育学生人文精神的重要载体。学生通过品读语文教材中的散文小说、诗词歌赋等,感受作品中所反映的生活美、自然美、情感美、艺术美、语言美,在优美的文学意境的感染熏陶下,受到美的教育,从而培养和提高自身的审美品位和人文素养。

(2)丰富情感。语文学科教师应重视对学生进行情感教育。情感是态度的一部分,是人对客观事物是否满足自己的需要而产生的态度体验,是态度在生理上一种较复杂而又稳定的生理评价和心理体验。根据内容的特质,情感包括道德感、理智感和美感三个方面。根据价值目标指向的不同,人的情感表达模式可分为对自然的情感、对人的情感、对己的情感以及对社会的情感

---

① 本案例撰写:陈惠。

四大类。教师通过情感教育,充分发挥情感因素的积极作用,增强学生积极的情感体验,培养和发展学生丰富的情感,激发他们的求知欲和探索精神,促使他们形成独立健全的个性和人格特征。

(3)生命关怀。语文学科教师应重视对学生进行生命教育。生命教育,是直面人的生死问题的教育,其目的在于让学生学会尊重生命、理解生命的意义以及生命与天人物我之间的关系。从最根本的意义来说,生命教育乃是一种全人教育,它涵盖了人从出生到死亡的整个过程和这一过程中所涉及的各个方面,既关乎人的生存与生活,也关乎人的成长与发展,更关乎人的本性与价值。生命教育的核心目标在于,通过生命教育,让每一个人都成为"我自己",都能最终实现"我之为我"的生命价值,即把生命中的爱和亮点尽情展现出来,为社会、为人间焕发自己独有的美丽光彩。

(4)优美品格。语文学科教师应重视对学生进行品格教育。品格是一定的社会道德原则、规范在个人身上的体现和凝结,是在处理个人与他人、个人与社会关系的一系列行为中,所表现出来的比较稳定的特征和倾向。它是人的德性和其他基本素质的合成,是一个人各种良好品质的综合。若没有品格,教育只完成了一半。品格教育是旨在培养和塑造这些良好品质的教育活动。内容既包括了传统的"德育"的涵养,比如责任、奉献、诚信、仁慈、尊敬、宽厚、勇气、自由、平等、正义等优秀品质,也包括智慧的启发、良好习惯的养成等。

(5)科学精神。语文学科教师应重视对学生进行科学教育。科学教育是一种有目的地促进人的科学化的活动,它以全体青少年为主体,以学校教育为主阵地,以自然科学学科教育为主要内容,并涉及技术、科学史、科学哲学、科学文化学、科学社会学等学科的整体教育,以期使青少年掌握自然科学的基本知识和基本技能,学会科学方法、体验科学探究、理解科学技术、把握科学本质、养成科学精神,全面培养和提高科学素养,并通过培养具有科学素养的合格公民,发展社会生产力,改良社会文化,让科学精神和人文精神在现代文明中交融贯通。

3. 语文学科中实施情感德育的路径与方法

(1)充分利用教材内容,培育学生人格素养。

语文有别于其他科目,它的教材包含了丰富的情感教育资源。比如,有关人文教育,如朱自清的《春》、老舍的《济南的冬天》等;有关情感教育,如茅盾的《白杨礼赞》、魏巍的《我的老师》等;有关生命教育,如宗璞的《紫藤萝瀑布》、海伦·凯勒的《假如给我三天光明》等；有关品格教育，如郭安凤的《多一些宽容》、周国平的《人的高贵在于灵魂》等；有关科学教育，如郑文光的《宇宙里有些什么》、竺可桢的《沙漠里的奇怪现象》等。教师如能充分把握好教材编写意图、准确解读好文本内容，就可以更充分地实现情感德育的目标。

(2)充分重视教师教法，引领学生道德成长。

教师得体的教态、亲切的语言、适宜的教法，可以让学生更好地感受到被尊重，并习得尊重，更好地产生共鸣，从而更乐意接受情感道德的引领。所以，教师授课时，应更多地面带笑容。在恰当的时候，还要随着教学内容而"喜怒哀乐"。在语言表达时，要多用"请""再想想""好极了"等温暖人心的词语。在教法上，要因"材"、依"才"施教，灵活多变，比如运用情景教学、多媒体教学、角色扮演、故事复述、小组辩论、专题演讲等形式。在提问时，不难的问题，可以请"不会的"同学先回答；较难的问题，可以请"会的"小组先回答；很难的问题，就谁会谁先回答。这样可以充分激发学生的参与热情，使其更加自然地融入道德引领的氛围和内容之中。

(3)充分利用小组合作，培养学生共享精神。

"合作学习"是新课程改革的明确要求，也是实践有效课堂最重要的教学方法之一。在小组合作学习的环境里，学习者群体，包括教师和每位学生的思维与智慧都可以被整个群体所共享。长此以往，学生会自然而然地养成共享精神。小组可大可小，最常见的是以同桌为基本单位的两人合作、以前后桌为基本单位的四人合作和以走动性为特征的六人合作。为了让小组学习不流于形式，更加有效，在实际操作的过程中，如果是两人合作小组，可以"我替同伴说"，即同桌谁说得好，就请对方向全班转述；如果是四人合作小组，就请组长说，即由组长代表小组向全班做交流；如果是六人合作小组，就一起站着说，即六人围绕某个中心位置，进行站立式的讨论互动。

(二)"《列子》一则"教学设计

该课选自《语文》人教版七年级下册。

【教学目标及层次】

(1)借句读划分，品读语句、读通课文(重点)。

(2)借字词品析，解读寓意、读懂课文(重点)。

(3)借背景介绍，研读文化、读透课文(难点)。

【教学方法】问题驱动、师生互助、合作探究。

【教学用具】多媒体。

【教学用时】1 课时。

【教学过程】

环节一：激趣导入，自然入境

同学们，想上徐州一中吗？你们手上的这份资料，就是徐州一中提前招生的古文考卷。它共有四道题，我们一起试试看。

【设计意图】激发学生积极向上的拼搏精神。"徐州一中"，人所向往，以"徐州一中"一词切入，学生情绪被瞬间激活。接着以"徐州一中提前招生的古文考卷"自然设境，激发其挑战欲，并将其迅速带入学习状态。同时，此情境在本设计中贯穿始终，使课堂教学自然连贯、一气呵成。

环节二：你帮我助，读通课文

1. 补一补：句读

(1)请给下列两段文字补上句读。(先独立加补，后将有疑问的地方，小组合作，讨论解决)

《列子》一则

钟子期曰善哉峨峨兮若泰山志在流水钟子期曰善哉洋洋兮若江河伯牙所念钟子期必得之伯牙游于泰山之阴卒逢暴雨止于岩下心悲乃援琴而鼓之初为霖雨之操更造崩山之音曲每奏钟子期辄穷其趣伯牙乃舍琴而叹曰善哉善哉子之听夫志想象犹吾心也吾于何逃声哉

(2)穿插提问

①"志在流水。钟子期曰"为什么不用逗号？

②"善哉！峨峨兮若泰山！"第一个叹号，为什么不用逗号？

③"伯牙游于泰山之阴，卒逢暴雨"，"阴"为何意？"卒"为何意？

④"善哉，善哉，子之听夫！"是什么句式？

⑤"伯牙乃舍琴而叹曰"中的"叹"是什么意思？

2. 读一读：课文

(1)有感情朗读课文。

【设计意图】培育学生的好奇心和探索精神。古文的传统教法是：师生互助，说文解字。学生已深谙此教法学法，审美疲劳定然产生。本设计寻求创新，教师课前删去文章标点，只发给学生一篇几无标点的"无读(dòu)天书"，学生由茫然讶异而产生新奇感。接着借学生"补一补句读"发力，激发学生的探索心和求知欲，带动学生对全篇"字、词、文"深度学习。最后的朗读因为经过了之前的指导，会意而读，应该能渲染出氛围，加深学生的理解。

环节三：咬文嚼字，读懂课文

1. 品一品：缺字

(1)简要介绍伯牙、钟子期。

(2)古籍因年龄太大，开篇两句，各有一个字模糊了，请你补出来。（伯牙_____鼓琴，钟子期_____听。）

【设计意图】培养学生挑战的勇气和探究的精神。借字品文，字的选取是关键，"善"字是文眼，可以带动学生对全篇的理解。品字，传统的教法是学生自己从原文中"找"。本设计是让自己"填"，充满挑战和新意，学生的好胜心被激发，主动学习的情绪又一次被点燃。

2. 悟一悟：主题

(1)本文作者是谁？

(2)请举几个古代的寓言故事。

(3)什么是寓言故事？

(4)本文的寓意是什么？（小组讨论，后指答）

【设计意图】激发学生对知识的渴望和对学习的热情。寓意是文章内容解读的关键环节，本设计没有直接提问，首先从《列子》引入，由"寓言"发问。这样做的好处，是使得课堂充满了浓浓的知识味道，但却不是枯燥设问，而是环环紧扣，将学生自然带入。

环节四：拓展延伸，读透课文

"高山流水"这段千古佳话，被古代的许许多多典籍作品援引转载。请问：仅仅是因为古人生活中"好朋友难觅"吗？

【设计意图】培养学生反思的意识和学以致用的精神。语文不仅仅是一种课本语文，而且还是文化中的语文、人文情感中的语文。由课内适当延展到课外，拓展学生的视野，给学生一点意想不到的收获，可以令他们在课后还意犹未尽。这是一种满满的收获感，学生对语文的情感定然加增。教师最后的总结应首尾呼应，使得课堂在同一情境中圆满收官。

环节五：布置课后作业

将这则寓言改写成300字左右的白话故事。

【设计意图】培养学生再创造的能力和深度学习的兴趣。课堂上之所以没有播放《高山流水》这一古代名曲，主要是因为学生缺少对课文内容的了解，难以产生共鸣。放在课后，既延伸了课堂，同时可以让学生有更充足的时间感知。在音乐声中改写，主要目的是在优美的情绪中巩固课堂所学。

（三）"《列子》一则"课堂实录

（四）《〈列子〉一则》教学反思

本次教学设计，是对传统教法的一次突破创新。从教师教法上看，传统教法是讲究字词的串讲，不懂的地方生生互动，即学生在自读的基础上，将不懂的地方提出来，由同伴帮助解决。本教例则是以"让学生点句读"为突破口，通过各层次的引读，解决字词理解问题。从实践结果来看，很见成效。同时，本教例在第二环节，还创新性地隐去两个"善"字，请学生在理解基础上，自行补出。学生答案丰富多彩，但始终是围绕自我对文本的理解，课堂气氛热烈而深入。本教例的第三个亮点，是每一个问题的题干，就是一个知识点，它使得教学过程环环相扣。

从情感德育目标的实现角度来看，本教例注重激发学生积极向上的拼搏精神和挑战经典的勇气，注重培养学生的好奇心和探索精神，注重引导学生及时进行反思，养成再创造和深度学习的习惯。多方位地培养了学生的情感道德能力，有效地激发了学生对知识的渴望和对学习的热情。另外，从本教例实施的过程来看，还让学生做到了当堂成诵。这对于一篇古文教学而言，不失为一大突破。

二、数学学科情感德育实践示例[①]

（一）数学学科情感德育概述

1. 数学学科开展情感德育的价值

数学作为人类智慧的结晶，在生产与生活中发挥着不可替代的作用，也

[①] 本案例撰写：陈亮。

是中小学课程的重要组成部分。2014年《教育部关于全面深化课程改革　落实立德树人根本任务的意见》(以下简称《意见》)中提出了"数学核心素养"这一概念，它是指数学学习者在数学学习实践中获得的数学关键能力和养成的数学品格，对数学学习者的终身发展具有积极作用。

时代的进步与发展带给学生重要影响，学生所接触到的不同信息、不同声音及不同文化越来越多，学生必须学会从中有所取舍，吸取其中有价值的部分，而数学学科教师的引导就显得尤为重要。数学学科教师在教学中应做到高认同性和高包容性，认同学生的探究精神，包容学生发出的不同声音，这样才能实现培养学生数学学科核心素养的目标。《全日制义务教育数学课程标准(实验版)》中明确提到，数学能帮助人们探求客观世界规律，并对现代社会中所涉及的大量纷繁复杂的信息做出恰当的选择和判断，同时为人们交流信息提供了一种有效、简捷的手段，学生在学习数学的过程中，不仅应理解数学知识，还应在思维能力、情感态度、价值观等方面得到发展。

2. 数学学科中的主要情感德育元素

学科育人价值需要通过学科核心素养的培养来体现，是学生在教师帮助下完成学科学习过程中逐步形成的学科关键能力、学科必备品格及正确的价值观。数学学科素养涉及六大方面：数学抽象能力、逻辑推理能力、数学建模能力、数学运算能力、直观想象能力及数学分析能力。数学学科核心素养的发展，对培养具有数学独特品质、数学思维及身心健康的社会主义建设者和接班人有重要的意义和作用。紧扣数学学科核心素养与课程目标、情感态度及文化意识，在数学学科中的情感德育元素可归纳为以下几个要点。

(1)探索精神。学生应具备主动探索的精神，即充分发挥自己的主观能动性，实现创造性学习。在整个学习过程中，学生应该知道学习的原因、学习的内容及学习的方法，并且有意识地提升自己的学习内驱力及培养自己解决问题的能力。学生对于自己所学的内容应勇于思考、敢于质疑，激发出自己的进取精神和探索精神。

(2)追求本质。数学是一门科学，其本质是人类思维的表达，反映人们对事物本质的追求，这也是人类文明的重要组成部分。数学知识的背后是人类几千年的生活智慧，在学习的过程中，学生应追本溯源，而不是仅限于对数学知识的学习运用。数学也是一种文化传承，对这种文化传承既要有敬畏之心，也要有追求本质的探索之心。

(3)笃实严谨。数学的学习和探索基于笃实严谨的学者态度，学生对于数学中的具体问题可以理性思考，并发展理性分析、理性推理及理性判断的能力。在数学的学习过程中，学生应坚持合作探究的精神，进而发展自己的自主学习和创新学习能力，不断进步与成长，最终实现用多角度和多维度来解决数学问题。

(4)独立思考。学生是学习的主体，学习方式可采取多种形式，但学生应具有独立思考的能力。尤其对于数学学科，它包含的理论知识丰富，但这些理论知识又是从生活实践中抽象出来的，若学生无独立思考能力，就无法真正理解这些理论知识，只能止步于熟能生巧的运用。教师在数学学科教学中，应渗透历代数学家们独立思考的科学品质，使学生潜移默化受到影响，体会数学文化的博大精深。

(5)批判质疑。在学习数学的过程中，学生也应具备批判质疑的学习态度。批判质疑有利于数学学科的发展和学生数学思维的拓展，促进数学学科的文化交流和学术竞争，也在一定程度上为国家国际地位的提升奠定基础。

(6)应用意识。数学源自生活，具有较强的应用性，应该为改善生活服务、为美好生活服务，因此学生必须具有应用意识，没有应用意识，数学的本质属性将无法体现出来。

3. 数学学科中实施情感德育的路径与方法

根据课程标准和自己的数学教学实践，以上情感德育内容可通过下列路径与方法得以实现。

(1)创设问题情境，促进探索精神。

为促进学生的探索精神，恰当的问题情境必不可少，在问题情境中，学生会在教师的引导下努力解决问题。为了解决问题，学生需要联系之前所学的内容，预习现在所学的内容，分析探讨自己所提办法的可实施性，从而提升了自己的探索精神。情感德育就是在教师与学生之间、学生与学生之间的合作、探讨、总结及归纳中产生的，正是在这种相互陪伴、相互帮助及相互碰撞中，学生更愿意倾听、表达及思考，对数学的学习兴趣越来越高涨，从而提升自身的综合素质。

(2)以身作则，不断追求本质。

情感德育离不开教师的践行，教师的综合素养会潜移默化地影响学生，这就要求教师在日常教学中，做到以身作则。教师应本着追求本质的精神进行教学，引导学生一步步地接近事物的本质，这样学生才能真正理解自己所学的数学知识，同时又从中收获满满。为了达到更好的教学效果，教师应不断提升自身的综合素养，一方面促进学生追求本质精神的培养；另一方面也要让学生感悟学无止境、人无完人的道理，否则学生很有可能钻牛角尖而无法自拔，这违背了追求本质的真谛。

(3) 结合教学内容，遵从笃实严谨。

在实际的数学教学中，教学内容有难有易，但无论难与易，教师都应结合教学内容做好课程引入。课程引入既要合情合理、生动有趣，又要遵从笃实严谨，切不可为了实现趣味性而忽略内容，否则便是本末倒置，也阻碍了道德培养。在具体实施教学时，教师也要充分结合教学内容，设计严谨性高的问题情境，有意识地培养学生分析问题和解决问题的能力。

(4) 利用教学资源，保持独立思考。

信息技术的发展促进了教学资源的丰富和传播，学生能够轻易获得各类数学学习资源，但这些资源有好有坏，而且无法保证里面没有任何问题，这时教师和学生就应保持独立思考，辨别真伪，取其精华，去其糟粕。为了培养学生的独立思考能力，教师应将独立思考能力的培养贯彻到数学教学中，比如，设置一些探究性较强的问题或选择性问题，并让学生展开分组讨论，自主决断。另外，教师也要给予学生个人展示的舞台，引导学生多思考、多表达、多辩证，在一次次磨砺中提升学生的综合能力，使其树立起正确的道德价值观。

(5) 重视课堂反馈，促进批判质疑。

课堂反馈是数学教学的重要环节，是教师了解学生学习状况的主要途径。在实际教学中，往往存在一些学生对教师教授的内容理解并不透彻或是存在疑问的情况，此时教师应怀着包容的心态与学生共同分析、探讨及解决问题，只有这样学生才能真正解惑。一旦教师重视课堂反馈，学生自然就会愿意表达自己的问题，教师才能第一时间发现问题和解决问题，教师的这种尊重批判质疑的态度也会得到学生的认可，进而促进师生互动的良性循环。

(6) 结合生活实践，培养应用意识。

数学源于生活，数学教学应以生活实践为依托，教师不需要闭门造车，需要的是开拓创新，这就要求教师和学生都具有应用意识。学生的应用意识需要教师的培养，因此无论在教学还是交流中，教师都应帮助学生树立正确的数学学习意识。数学是一门应用学科，考试只是学习数学的一个考核环节，不是学习数学的最终目的。

（二）"解一元一次方程"教学设计

该课选自《数学》人教版八年级上册。

【教学目标】

(1)会利用等式的性质对一元一次方程进行变形。

(2)理解移项的概念并会移项。

(3)会按照移项、合并同类项及系数化1等步骤简洁规范地解一元一次方程。

(4)培养学生的观察能力、探究精神及自主学习意识。

【教学重难点】

(1)准确无误地移项。

(2)按要求解一元一次方程。

【教学过程】

环节一：课程引入

运用等式的性质解方程：$x+2=1$。

开始上课后，教师抛出问题，引导学生利用等式的性质1将方程变为等号左侧未知数、等号右侧常数项的形式，解方程过程中还会运用之前所学的合并同类项知识，以便让学生初步形成"变形解方程"的意识。

学生思考并回答教师提出的问题。

【设计意图】创设情境，营造氛围。利用等式的性质将等式变形引入，让学生快速了解本节课要学习的内容，并且联系前面学过的有关知识点，在教师的带领下解决问题。通过教师创设的情境，学生很容易意识到解一元一次方程需变形，进而激发出对接下来要学内容的兴趣。

环节二：引出移项

(1)PPT展示两个方程：$4x-15=9$，$2x=5x-15$，让学生自己求解，再次巩固解一元一次方程时使等号左边变为未知数、等号右边变为常数项的变形思想。

教师：解 $4x-15=9$，$2x=5x-15$ 这两个方程，第一步是什么？这样做的目的是什么？

学生抢答或集体回答。

【设计意图】巩固思想,引发探究。通过设计学生自己解方程让学生思考变形的原理和意义,为移项的引入打下基础。教师所问的问题与学生的最近发展区相贴近,学生经过思考即可解决,有利于提高学生对解方程的自信心,调动学生听课的积极性。

(2)引导学生将变形思想简单化,进而引出并归纳移项的概念和注意事项。

教师:将 $4x-15=9$ 变成 $4x=9+15$,将 $2x=5x-21$ 变成 $2x-5x=-21$,有没有发现它们的共同之处?

学生讨论、思考并回答教师提出的问题。

【设计意图】小组讨论,追求本质。以小组讨论的方式开启本堂课的合作学习。鼓励学生在讨论中解决问题,促进生生互动,进而将课堂氛围再次升华。

(3)注重课堂反馈,通过齐答检验学生对移项的理解程度。

教师提出问题,学生共同解决。

①$3x-4=5$,如果要达到我们最终移项的目标,它应该变成什么?

②$4x=-x+10$ 应该变成 $4x+x=10$,$8x-5=3x+1$ 应该变成什么?

学生思考并一起回答。

【设计意图】促进批判质疑。教师提问、学生快答,能让教师快速抓住学生的困惑点,以便教师及时调整教学方法和教学进度,同时提高学生的批判质疑能力,尽早纠正错误认知及解决困惑。

环节三:识别移项

(1)通过判断正误,引出移项解方程和化简多项式的区别,进一步弄清移项。

教师:(PPT上出示例题)判断下列移项是否正确。

学生思考并齐答。

【设计意图】去伪存真,笃实严谨。进一步提升学生对移项的理解,发现多项式化简和解方程移项的不同,使学生学习正确且规范地解题。

(2)通过练习巩固解题步骤。

教师:(示范解题过程)这样的话,大家有没有发现,解一元一次方程就变得简单了?请同学们按照这个过程做一下练习四。

学生做练习。

【设计意图】巩固解题思路，规范解题步骤。让学生按照自己的领悟解方程并简洁规范地书写步骤，为双侧变形打下基础，提升学生的解题技能。

（3）提出移两项问题，让学生借助所学知识解题，完成举一反三。

教师：请根据前面所学，通过移两项完成练习五。

学生做练习和教师讲评。

【设计意图】引发学生独立思考，进一步深化解题规范。让学生在练习中发现问题并思考如何解决问题，引出对分数系数方程的求解思考。

（4）演示不同求解方法。

教师提出问题，引出两种解题方法，一种方法为采用通分的方式整理成分数系数正常求解，另一种方法为先变成整数系数再求解。

学生思考并回答问题。

【设计意图】拓展思路。此环节是帮助学生树立一题多解的意识，并激发学生寻找最合适方法解题的探究意识。

环节四：总结归纳，适当拓展

（1）总结移项注意事项。

教师：移项最重要的是要跨过等号，跨过等号要注意什么？

学生回忆并一起回答问题。

【设计意图】引发反思，促进学生独立思考。总结归纳是教师教学的关键一步，做好这一步可起到画龙点睛的作用，能够促进学生对知识点的内化。

（2）引出"楚河汉界"，让学生记忆深刻。

教师最后朗读《项王赋》一首，引发学生思考，让学生品味其中的奥义。

学生对数学学习做反思。

【设计意图】跨界融合。教师以诗开启总结，形式新颖，内容与解一元一次方程相匹配，读起来朗朗上口，进一步帮助学生升华了本堂课的收获。其中，"等号置于楚汉界"把本节课所讲的移项总结得淋漓尽致，而"并项化一生死决"这一句，让人感触颇多，即使明白了合并同类项和系数化1，但若中间稍有差池，最终也会导致解错方程，引发学生对数学学习的思考，即数学学习应秉承着细心、耐心、脚踏实地、敬畏规章的态度，做到这些就能学好数学，以此激励学生，师生共勉。

(三)"解一元一次方程"课堂实录

(四)"解一元一次方程"教学反思

本堂课紧扣"解一元一次方程"这一主题展开,一方面帮助学生更好地理解和运用等式的性质,另一方面借助移项简化解题步骤,训练学生化繁为简、一题多解及举一反三的能力,同时促进情感德育目标的实现。

1. 多次情境设计,营造情感德育氛围

本堂课中紧扣单元主题"解一元一次方程——移项",教师共设置了三次情境。第一次在课程引入时设置,让学生在利用等式的性质解方程的过程中发现规律,进而引出"移项",促进学生对移项的理解与探究。第二次在移项的注意事项处设置,让学生关注移项的目的和作用,并思考方程移项和多项式化简的区别,进一步理解移项的意义和价值,从中体现追求本质的情感德育。第三次在分数系数和整数系数区别处设置,让学生自己寻找最恰当的解题方法,不拘泥于一种方式,体现批判质疑的情感德育。三次紧扣主题的情境创设,都充分结合了学生的情感需求,让学生在不自觉中培养起正确的数学学习态度和学习方法。

2. 解题巩固练习,关注学生学习的深度

解一元一次方程的方法和技巧很重要,教师在授课过程中适时地停下来,留给学生充足的时间做练习,既是让学生对所学内容的巩固,也是掌握学生学习深度的有效方式。在具体实施过程中,教师还让学生在黑板上解题,给予学生展示自己的舞台,激发学生的应用意识和奋斗意识,教师也能及时指正学生的问题,让学生感受教师对自己的情感灌注。值得注意的是,通过练习,学生能发现自己目前存在的问题,教师能清楚下一步教学的重点,两者相互碰撞更容易产生新的教学火花,进而实现学生独立思考、笃实严谨及追求本质的情感德育目标。另外,在整个教学过程中,教师都充分考量了学生之前所学知识与当前所学知识之间的联系,以浅显易懂的方式引导学生不断加深对移项的理解,并配以练习和讲评起到事半功倍的效果,满足了学生的情感需求和对知识的渴求。

3. 做好课堂收尾，实现情感德育深化

课堂收尾工作也是数学学科情感德育的重要环节，其不仅是对当堂内容的总结，也是引发学生思考的关键步骤。教师在教学收尾过程中首先引发学生对"项"的思考，然后念了一首自己写的诗，学生初听感觉诗就是在讲刘邦和项羽的故事，但随着教师的引导和自己的细细品味，就会发觉它可以跟所学的解一元一次方程联系到一起，是在讲移项和移项的注意事项，也在讲一元一次方程的解题步骤和做数学题的严谨性，"并项化一生死决"一句结尾妙不可言，发人深省，起到画龙点睛的作用。教师在整个收尾部分，给学生的感觉是积极向上的，无论教师还是学生都感悟到笃实严谨的重要性，哪怕一点小问题，都会导致最后功亏一篑。整堂课下来，从课程引入到课程讲解，再到课程收尾，教师都处理得恰到好处，教学设计上环环相扣，难度步步提升，学生的参与度很高，使得学生在解一元一次方程这一部分的知识体系不断完善，同时感悟学习数学的快乐，即体会到探索精神、独立思考、追求本质、笃实严谨及灵活应用的重要性，促使情感德育进一步得到落实。

三、英语学科情感德育实践示例[①]

（一）英语学科情感德育概述

1. 英语学科开展情感德育的价值

德育是现代教育核心价值的重要组成部分。英语作为当今世界广泛使用的国际通用语言，是国际交流与合作的重要沟通工具，是思想和文化的重要载体。《普通高中英语课程标准（2017 年版）》（以下简称《新课标》）指出，学习和使用英语对汲取人类优秀文明成果、借鉴国外先进科学技术、传播中华文化、增进中国与其他国家的相互理解与交流具有重要的意义和作用。

随着时代的不断进步与发展，学生接受不同文化、不同信息、不同声音的渠道和资源也越来越丰富，中学生如何对这些文化的取舍、认同做出批判性的思考与判断？如何取其精华去其糟粕并将优秀的中华传统文化发扬光大？英语课程的学习可以帮助学生实现这一目标。《新课标》还指出，英语课程帮助学生树立人类命运共同体和多元文化意识，形成开放包容的态度，发展健康的审

---

① 本案例撰写：葛婷婷。

美情趣和良好的鉴赏能力，加深对祖国文化的理解，增强爱国情怀，坚定文化自信，树立正确的世界观、人生观和价值观，为学生未来参与知识创新和科技创新，更好地适应世界多极化、经济全球化和社会信息化奠定基础。

2. 英语学科中的主要情感德育元素

学科核心素养是学科育人价值的集中体现，是学生通过学科学习而逐步形成的正确的价值观念、必备品格和关键能力。英语学科素养主要包括语言能力、文化意识、思维品质和学习能力。英语学科核心素养的发展，对培养具有中国情怀、国际视野和跨文化沟通能力的社会主义建设者和接班人有重要的意义和作用。

紧扣英语学科核心素养与课程目标及情感态度与文化意识，英语学科中实施情感德育的主要元素可概括为以下几点。

(1)表达能力。学生应具备一定的语言基础和语言知识，可以看懂、读透语篇的含义，教师应鼓励学生理解语篇背后的深层含义，了解作者的写作意图。学生在理解语篇的基础上，学会交流与表达，能够准确概括语篇内容并倾听他人的想法、表达自己的观点，形成良好的人际沟通能力。

(2)文化自信。语言是文化的载体，学习语言必将学习其背后的文化。对于获取的文化知识，学生应会理解、比较并进行判断，形成正确的文化价值观。要有坚定的文化自信，并具备传播优秀中华传统文化的能力，学会使用英文讲好中国故事，具备在世界的舞台上传播中国声音的能力。

(3)合作精神。学生对于语言和文化中的具体现象可以思辨地思考，具备分析、推理、判断的逻辑思维能力。学生应学会自主学习、合作学习、探究学习，在交流与合作中成长，并培养批判性目光、发展多元思维，学会创造性地表达观点、解决问题。

(4)爱国意识。学生应了解外国文化的精华和中外文化的异同，提高文化鉴别能力。教师应帮助学生树立民族自尊心、自信心和自豪感，促进学生形成正确的人生观和价值观，在教学中积极渗透爱国主义教育、社会主义核心价值观教育、中华传统美德教育以及民主与法制教育。

(5)国际视野。学生通过英语学习更好地了解世界，学习其他国家的科学文化知识，形成开放、包容的性格，促进思维的发展，为提高国家的国际竞争力和国民的国际交流能力奠定基础。

3. 英语学科中实施情感德育的路径与方法

(1)在情境设置中提升表达能力。

学生要学会对英语语篇的理解与感悟，学生所接触的语篇不是孤立的、破碎的、没有情境的语篇，而是连贯的、与生活密切相关的、有生命力量的语篇。这样语篇的理解与感悟就一定是在真实情境中发生，并不断发展的。教师的情感德育课堂就是一个真实情境下的充满生活气息的课堂。在这样的课堂中，学生学会倾听，在倾听中思考；学会表达，在表达中不断改进自己的观点，在与同伴的互助和碰撞中获得更多成功的乐趣，从而实现表达能力的提升。

(2)在思辨培养中坚定文化自信。

学生在语言学习活动中学习理解文化内涵、比较文化异同、汲取文化精华、坚定文化自信。教师应注重对学生思辨能力的培养，关注思维深度的训练，帮助学生提升文化的学习、鉴别能力。情感德育课堂也是学生逻辑思维能力培养的课堂，学生通过分析、推理、判断，建构关系，形成新的知识结构，逻辑性、批判性和创造性的思考得到不断的训练和提升。多元思维的训练不仅帮助学生掌握了创造性地解决新情境问题的技能，更促使学生坚定了文化自信。

(3)在合作探究中增强合作精神。

英语学习的过程不仅是学生个体参与，而且通过小组活动的形式将自主学习、合作学习和探究式学习融入英语学习课堂，激发学生的学习兴趣，提高学生课堂参与度，促进师生间、生生间合作交流，实现课堂上学生与他人的情感沟通和交往。在小组合作形式的学习探究中，学生获得知识、培养技能，同时增强合作精神。

(4)在跨界融合中拓宽国际视野。

英语的学习不仅是语言知识和语言技能的学习，在知识和技能不断提升的过程中，也涉及音乐、艺术、体育、历史、地理、科学、社会、劳动、生活常识等方方面面不同领域知识的学习。在英语课堂中，需要将这些知识巧妙地融合在英语的学习中，将其有机整合，这为学生开阔视野、丰富阅历从而拓宽国际视野起到积极的作用。

(二)"Unit 6　Task Giving a helping hand"教学设计

该课选自《英语》(译林版)八年级下册。

Teaching Aims：

(1)To gather ideas about your writing.

(2)To organize clear structure.

(3)To write and show us your compositions.

(4)To help others and remember：sunshine for all.

Teaching Difficulties：

(1)To master the skills of writing.

(2)To write the students' own composition.

Teaching Procedures：

Step 1：watch a video

(1)Watch a video and think about how we can help them.

T：At the beginning of the class, I'd like to show you a video. In the video, two of my students are in trouble. Watch it and think about the way to help them.

Ss watch the video and think.

【设计意图】设置语境。借助班级同学的对话视频，视频中谈论需要帮助的课堂主人公，将学生带入真实情境。通过真实情境的设置，帮助学生找到情感共鸣点，激发学生的学习兴趣。

Step2：read the sample

(1)Discuss what we can write about in a letter of asking for help.

T：In order to write a letter of asking for help, what should be written in the letter?

Ss discuss and answer the question.

【设计意图】小组讨论。采用小组讨论的形式，开启本堂课的初次合作探究。鼓励学生在探究中，生生互动，营造课堂氛围。

(2)Draw the structure of the letter with the help of mind map.

T：You've got good ideas. Now let's try to organize your ideas and make a clear structure.

Ss draw the mind map.

【设计意图】思维培养。学生展开与文本的情感交往。分析文章的脉络，找出问题，理清层次，并通过思维导图的绘制，理清结构。

(3)Read the sample.

T：Here's a sample about the letter. Read it and think over three questions：

①Try to comment the structure of the letter. Is it a good one? Why?

②Try to find out some good sentences in the letter. Why do you think it a good one?

③What writing skills can you get from the sample?

Ss read，think and discuss.

【设计意图】思维培养与合作探究相结合。教师鼓励学生通过独立思考、合作探究的方式，自己发现问题，并尝试去解决问题，注重对学生学习能力和写作策略的培养。

Step3：prepare for your writing

(1)Think about the people we can help and confirm a topic.

T：Many people in the world need our help. How much do you know about them?

Ss share ideas.

【设计意图】小组合作。在小组讨论中积累素材，碰撞观点。

(2)Watch a video about deaf and dumb children.

T：Let's watch a video about deaf and dumb children. While watching think about the following two questions：

①What problems they may have?

②What can we do for them?

【设计意图】再设情境。为学生创造新的问题、新的情境。为下一教学步骤中鼓励学生实现新问题的解决和技能向素养的转变做铺垫。

(3)Organize your ideas.

T：Let's talk about the writing. First，let's gather some good ideas.

Ss discuss and share their ideas.

【设计意图】逻辑训练。收集素材，做充分的写作准备。通过独立思考和小组讨论的方式，对收集的材料进行分析和取舍。

(4) Show your ideas orally.

T：I'll invite some of you to come to the front to show us your oral composition.

Ss present.

【设计意图】踊跃展示。此环节即是写作前的充分准备，也为学生搭建了自我表现的平台。学生将小组讨论、搭建提纲过程中已准备的素材在全班同学面前进行展示、交流和表达。

Step4：write the composition

(1) Write.

T：Now it's your writing time.

Ss write.

【设计意图】自主探究。写作的过程是学生与自我沟通的输出过程。学生静心写作，没有紧张、焦虑的情绪，在前期充分的知识储备下，进入了自我内化、自我提升的环节。

(2) Evaluate.

【设计意图】跨界融合。教师点评，帮助学生进一步升华本堂课的收获。点评不仅仅停留在对学生写作技巧和策略的指导，同时关注了本堂课主题的提升，即在英语课堂中激发学生对他人的关爱，讨论帮助他人的方式并将这些方式具体落实在真实生活中。

（三）"Unit 6　Task Giving a Helping Hand" 课堂实录

（四）"Unit 6　Task Giving a Helping Hand" 教学反思

本节课是一堂紧扣单元主题的英语写作训练课，在训练学生写作能力的同时也实现了情感德育目标。

1. 真实情境创设，初设情感德育之境

本节课中紧扣单元主题"Sunshine for all"，教师共设置了两次情境。第一次情境的设置是为了让学生学习范文，提取范文中的写作技巧。教师以观看一段讨论范文主人公小伟困境的对话开启，激发学生的学习兴趣。在完成了范文学习和写作方法总结之后，进行第二次情境设置，让学生观看一段聋哑儿童在校日常生活的视频，为学生做好了充分的情绪铺垫，激发了学生的写作灵感和写作意望。两次紧扣主题的情景创设，都是从学生的情感需求出发，营造整堂课情感德育目标实现的氛围。

2. 写作技能训练，关注学生深度学习

作为一堂写作课，写作技能与技巧的提升是课堂的主要教学目标之一。与这一教学目标相匹配的对学生的思辨培养、逻辑训练、自主探究等情感德育目标的培养也在无痕实现。在写作技巧的学习过程中，教师一直鼓励学生尝试自己发现问题、解决问题，而不是通过直接告知的形式展开学习与讨论。这样的课堂模式给予学生更多深层思维的训练机会。学生的逻辑能力、批判能力和创新能力也得到了锻炼和提升。

3. 燃升单元主题，浇灌情感德育之花

写作课作为每个单元最后一个课时，不仅是一个单元学习成果的检测，更是学生单元学习成果的达成和展示。本堂写作课服务单元主题，紧扣单元主题。从小伟的困难说起，到如何帮助小伟；再从聋哑儿童的苦难说起，到如何帮助聋哑儿童；最后号召关注更多的需要我们关爱的群体，点明主题"Sunshine for all"。整堂课的设计环环紧扣，步步提升。学生的情感态度价值观即课堂的德育目标：奉献爱心，关爱他人，让每一个群体都在阳光下快乐成长，实现自然迸发，学生心中的情感德育之花也教师的精心浇灌之下悄然盛开。

四、政治学科情感德育实践示例[①]

（一）政治学科情感德育概述

1. 政治学科开展情感德育的价值

党的十九大报告明确指出："要全面贯彻党的教育方针，落实立德树人根本任务，发展素质教育，推进教育公平，培养德智体美全面发展的社会主义

---

① 本案例撰写：沈蓓蓓。

建设者和接班人。"高中政治课承载着党的教育方针和德育目标,在立德树人教育中发挥着重要作用。

近年来,经济、科技迅猛发展,社会生活日新月异,面对新时代社会主要矛盾的转化和新时代对提高全体国民素质和人才培养质量的新要求,高中政治课堂要以社会主义核心价值观为统领,加强情感德育建设,培养学生良好思想品德,激励学生向上向善、孝老爱亲、忠于祖国、忠于人民,激发学生形成善良的道德意愿、道德情感,培育正确的道德判断和道德责任,提高学生道德实践能力尤其是自觉践行能力,追求守公德、严私德的生活态度。

《普通高中思想政治课程标准(2017年版)》指出,高中思想政治课程具有学科内容的综合性、学校德育工作的引领性等特征,与初中道德与法治、高校思想政治理论等课程相互衔接,共同承担立德树人的根本任务。作为直接指向学生道德生长的德育课程,高中思想政治探索情感德育,有利于引领学校整体德育工作,有利于更有效地培养学生良好的个人品德,有利于促进师生情感道德的双向生长。

2. 政治学科的主要情感德育元素

(1)法制观念。公民必须尊法、学法、守法、用法,自觉参加社会主义法治国家建设。学生要树立法治观念,培养法治意识,在生活中依法行使权利、履行义务,严守道德底线,维护社会公平正义,做社会主义法治的忠实崇尚者、自觉遵守者和坚定捍卫者。

(2)公共精神。高中思想政治课要培养公民的公共参与意识。高中政治实施情感德育,培养学生有序参与公共事务,勇于承担社会责任,积极行使人民当家作主的政治权利。培养学生公共精神,有利于他们了解民主管理的程序、体验民主决策的价值、感受民主监督的作用,增强公德意识和参与能力,追求更高的道德境界。

(3)家国情怀。高中政治课堂通过情感德育增强公民的政治认同,使学生自觉拥护中国共产党的领导,坚持中国特色社会主义道路,认同中华民族、中华文化,弘扬和践行社会主义核心价值观。

(4)规则意识。习近平总书记指出,注重培育人们的法律信仰、法治观念、规则意识,法律要发挥作用,首先全社会要信仰法律。要加强法治宣传教育,引导全社会树立法治意识,使人们发自内心信仰和崇敬宪法法律。捍卫以法律和公序良俗为基础的规则文明,是中国现代化进程的一道必答题。

加强情感德育，让学生发自内心地以规则为自己的行动准绳，遵守校规、遵守社会公德、遵守法律，让规则意识成为每个学生必备的意识。

(5)科学精神。当代中国正经历广泛而深刻的社会变革，正进行宏大而独特的实践创新。在这一社会变革和实践创新的过程中必须要发扬科学精神，坚持辩证唯物主义和历史唯物主义，领会习近平新时代中国特色社会主义思想，解放思想、实事求是、与时俱进、求真务实。

3. 政治学科中实施情感德育的路径与方法

(1)充分挖掘教材内容中的法治教育元素。

要培养学生的法治观念，必须授予学生规范的、系统的法律知识。公民的政治权利与义务、维护权利的合法途径与手段、如何正确处理个人与他人之间权利与义务的关系等理论知识都蕴含在我们学科教材中。从教学文本中充分挖掘法治教育元素，培养学生法治意识，使其自觉树立法治观念。

(2)在实践活动中培养学生的公共精神。

我国公民的公共参与指有序参与公共事务，勇于承担社会责任，积极行使人民当家作主的政治权利。《普通高中思想政治课程标准(2017年版)》中指出高中思想政治应是一门活动型课程。教师通过精心设计活动，让学生在实践活动中感受知识的力量，培养有序参与的公共精神。

(3)在时事政治中培育学生的家国情怀。

时事政治是某个时间段内发生的重大时政新闻事件，既能让学生对国际局势的发展有一定的了解，又能引导学生关注国内的一系列方针政策。对学生进行时事政治的教育，有利于培养学生忠于祖国、热爱祖国的家国情怀。

(4)在情境设置中培养学生的规则意识。

"没有规矩，不成方圆。"规则意识既是一个人内心修养必不可少的一部分，又是建设法治国家的基石。高中思想政治课堂上教师应该精心设计情境材料，选择贴近学生生活、贴近社会的真实案例，将学科知识置于真实情境之中，让学生在情境中学习如何处理自己与他人、与社会的关系，约束自己、规范自己。

(5)在问题冲突中培养学生的科学精神。

学生所身处的学习生活和社会环境是复杂的，经常会遇到道德认知与道德行为不一致的矛盾冲突。这种冲突可能发生在个体与个体之间，也可能发生在个体与群体之间或群体与群体之间，而适度的冲突有利于增强学生道德概念、道德判断和道德抉择的能力。高中政治课堂可以设计道德问题冲突，组织学生展开讨论，促进学生道德成长。

（二）"政府的权力：依法行使"教学设计

该课选自高中思想政治必修二《政治生活》（人教版）第二单元。

【教学目标】

（1）政治认同：通过学习本课知识，学生理解政府依法行政的意义和要求，认同中国特色社会主义制度，理解并支持政府的决策。

（2）法治意识：学生通过理解政府依法行政的意义和要求以及政府依法决策等，树立法治意识。

（3）公共参与：学生学会理解政府依法行政的必要性和重要性，理解政府依法决策、科学决策、民主决策的制度，作为公民能够主动参与对政府的监督。

【教学过程】

环节一：观看"温岭最牛钉子户"视频，了解事件背景

2012年11月21日，一组"浙江温岭最牛钉子户"的图片走红。楼房位于浙江温岭火车站前未开通的大道上，四间楼房巍然矗立在路中间，其中两间还住着居民，经过这一路段的车辆，都得绕着房子通行。中间两间为同一户人家，属温岭市大溪镇下洋张村。有两间住户已同意拆迁，政府考虑中间两间住户安全，遂没有全部拆除。附近居民称，住户因补贴的钱未能达到他们的要求，没有签署拆迁同意书。

该拆迁户是大溪镇下洋张村罗某某，全家6人，有两栋砖混结构五层楼，面积618平方米。2011年，铁路新区组织实施站前大道建设工程，涉及拆迁房屋37户56间。中介据机构评估后，36户已签订拆迁协议并完成拆屋腾地。

问题设计：

如果你是大溪镇政府拆迁办公室工作人员，你会怎么做？

活动要求：小组讨论、合作探究。

【设计意图】通过选择发生在学生身边的社会热点问题，激发学生对社会问题的关注。真实情境的设计，能够促使学生产生情感共鸣，引发学生的好奇心，驱动学生参与问题的探究。

环节二：新闻追踪

记者采访罗某某一家发现，面对罗某某的坚持，大溪镇政府拆迁办工作人员并没有强来。罗某某一家的水、电甚至有线电视也还是通的，基本生活并没有受到很大影响。

问题设计：

政府为什么要采取这样柔和的解决方式？

【设计意图】呈现出的新闻追踪内容，与学生在上一个环节中产生的结论以及他们在日常生活中对此类事件产生的惯性认知形成了强烈的冲突。此举能够进一步引起学生的好奇，激发学生深入探究。

环节三：新闻反馈

政府的最终解决方案：

方案一：在26万元的拆迁补贴基础上加分3套房（按市价小计250万元）。

方案二：在26万元的拆迁补贴基础上加分2间可交易的国有划拨地基。

不论选择哪种方式，罗某某一家的家庭总资产都增值很多倍。

罗某某最终接受了政府的拆迁补偿方案。对于政府而言，所有拆迁政策，对450多户村民一视同仁，并未因某一户而政策有所松懈。

问题设计：

温岭市大溪镇政府在该次拆迁工作中是否做到了依法行政？

【设计意图】呈现时事新闻—新闻追踪—新闻反馈，一例到底的形式能够满足学生探究事物的欲望。学生在真实的案例中从好奇到理解再到认同政府的行为，情感的变化上升为具有知识基础的理性认识。

环节四：观点辨析

网友说："政府多给老伯一点物质利益，此事不就能早点解决了吗？"

网友认为，罗某某在路中房子里生活了一年多，这是拆迁工作涉及的相关部门（房管局、拆迁办、交通局、土管局）看到这颗难拔的"钉子"，相互推诿而造成的。

(1) 问题设计：你是如何看待网友的观点的？

温岭市大溪镇政府拆迁方案的由来：大溪镇下洋张村铁路站前道路改造项目拆迁补偿方案中每平方米补偿275元的标准是由温岭市政府制定的。由于该村大多数居民都是在外经商，收入较为稳定，因此最初的拆迁补偿方案中并没有考虑到像罗某某一家只靠租种几亩土地获得生活来源的特殊情况。

(2) 如果你是温岭市政府该拆迁项目负责人，你认为应该怎样制定拆迁补偿方案才能避免"钉子户"问题?

【设计意图】这一活动可以说是对前三个探究活动进行的事后反思。通过具有思辨性的观点冲突,学生学会站在不同立场去思考问题,在辩论的过程中去理解公民与政府,进而意识到当个人利益与国家利益相冲突时,国家应该如何尊重公民个人的正当利益,而公民又应该如何服从和服务于国家的整体利益。由此产生的理性认知能够使学生更好地理解政府的决策。

环节五:商业街的"黑白招牌"

某市政府即将迎来"文明城市创建"工作小组的检查。为整理市容,提升城市整体形象,该市城管部门决定将商业街沿途所有商户原有的各自制作、颜色不一的商品招牌统一更换为黑底白字样式招牌,费用则由政府和商户共同承担。更换招牌后的商业街充满了"清明节气氛",不仅没有了往日的热闹,而且大大减淡了商户们的生意。如此"整理市容",直让商户和市民大呼"伤不起"。

问题设计:

(1)结合本课所学知识,请你对该市城管部门的行为进行评析。

(2)如果你是城管部门负责人,怎样才能做到既整理市容又维护商户利益?

【设计意图】这一活动的设计旨在考查学生迁移本课所学知识的能力。选取贴近学生生活的真实案例,让学生产生"我要参与""我有想法要表达"的情绪,在道德情感的生长中促进道德判断和道德行为能力的提升。

(三)"政府的权力:依法行使"课堂实录

(四)"政府的权力:依法行使"教学反思

本课是一节围绕"政府权力如何正确行使"的主题而展开的课堂,在引导学生理解政府权力的行使过程中也实现了情感德育目标的达成。

1. 创设真实情境,激发学生探究欲望

本节课,教师选择了两个真实案例,一主一辅。案例一是发生在学生身边的社会热点问题,激发学生探究的欲望。在层层拨开事件的真实面目上的面纱的过程中，学生从一开始的自以为是(习惯性地认为政府会进行强拆，其中表达的是对政府的不信任之感)，到看到政府真实做法时的好奇，再到理解政府解决问题的措施，从而认同政府的做法。从不信任到信任，不仅实现了知识的增长，更实现了对政府的信任，实现了对中国特色社会主义制度的内在认同。

2. 巧妙设计问题，引发学生情感冲突

如果说真实的情境能够把学生带入其中，那么真正激发学生探究欲望，促使学生理解政府决策的，应该是问题的设计。设计问题时，教师没有始终站在公民的角度，而是不断变换立场："如果你是温岭市政府拆迁办工作人员……""如果你是罗老汉……""如果你是网友……"问题思考的角度既包括当事的政府和公民，也包括与该事件没有切身利益关系的普通公民。问题角色的转化促使学生学会站在不同立场去思考同一个问题。一方面会使学生产生道德情感上的冲突，另一方面这种情感上的冲突也有利于学生更好地理解政府的行为。

3. 引导学生反思，提升学生道德理性

教师引导学生反思整个案例，并且通过设计辅助案例来促进学生对第一个案例的认识。在小组合作探究的过程中，学生最真实、最直接体会到的是自身对政府情感上的变化，但是这种变化是浅显的、零散的、暂时的。如何让这一积极的情感稳定下来，需要学生对整个事件进行反思，理清事件的来龙去脉，全面、辩证地认识问题、分析问题，反思消极情绪产生的原因，学会转换立场，将本课形成的道德情感上升为正确的道德判断和道德理性认知，最终在本节课的教学过程中有效地培养了学生的学科核心素养，实现了学生的道德生长。

五、历史学科情感德育实践示例[①]

(一) 历史学科情感德育概述

1. 历史学科开展情感德育的价值

历史学科是在一定历史观指导下叙述和阐释人类历史进程及其规律的学

---

① 本案例撰写：周晓慧。

科。历史学是人类文化的重要组成部分,在传承人类文明的共同遗产、提高公民文化素质等方面起着不可替代的重要作用。《普通高中历史课程标准(2017年版)》(以下简称《新课标》)指出,中学历史课程承载着历史学的教育功能。普通高中历史课程是运用历史唯物主义观点,以社会形态从低级到高级发展为主线,展现历史演进的基本过程以及人类在历史上创造的文明成果,揭示人类历史发展的基本规律和大趋势,促进学生全面发展的一门基础课程。学生通过高中历史课程的学习,进一步拓宽历史视野,发展历史思维,提高历史学科核心素养,能够从历史发展的角度理解并认同社会主义核心价值观和中华优秀传统文化,认识并弘扬以爱国主义为核心的民族精神和以改革创新为核心的时代精神,具有广阔的国际视野,树立正确的世界观、人生观、价值观,为未来的学习、工作与生活打下基础。

《新课标》明确指出,以立德树人为历史课程的根本任务,坚持育人为本、德育为先,使历史教育成为形成和发展社会主义核心价值观念的重要途径。发挥历史课程立德树人的教育功能,使学生能够从历史的角度关心国家的命运,关注世界的发展,成为德智体美全面发展的社会主义建设者和接班人。《新课标》强调,坚持正确的思想导向和价值判断。历史课程要以唯物史观为指导,对人类历史发展进行科学地阐释,将正确的思想导向和价值判断融入对历史的叙述和评判中;要引领学生通过历史学习,认清历史发展规律,对历史与现实有全面、正确的认识,形成实事求是的科学态度以及正确的世界观、人生观、价值观;要增强学生的历史使命感,不断增强学生对伟大祖国的认同,对中华民族的认同,对中华文化的认同,对中国共产党的认同,对中国特色社会主义道路的认同;增强学生的世界意识,拓宽国际视野。

2. 历史学科中的主要情感德育元素

历史课程要将培养和提高学生的历史学科核心素养作为目标,使学生通过历史课程的学习逐步形成具有历史学科特征的正确价值观念、必备品格与关键能力。历史学科核心素养包括唯物史观、时空观念、史料实证、历史解释、家国情怀五个方面。通过对学生诸素养的培育,达到立德树人的要求。

紧扣历史学科核心素养与历史课程的价值追求目标,历史学科中实施情感德育的主要元素可概括为以下几点。

(1)科学态度。学生要透过历史的纷杂表象认识历史的本质,掌握科学的历史观和方法论，将唯物史观运用于历史的学习与探究中，并将唯物史观作为认识和解决现实问题的指导思想，对历史有全面、客观的认识。学生不仅要将历史概貌描述出来，还要揭示其表象背后的深层因果关系，不断接近历史真实。

（2）民族自豪。学生能树立正确的历史观，从历史的角度认识中国的国情，形成对祖国的认同感和正确的国家观；能够认识中华民族多元一体的历史发展趋势，具有民族自信心和自豪感；认识中华文明的历史价值和现实意义。

（3）文化认同。学生要形成对中华民族的认同感和正确的民族观，了解并认同中华优秀传统文化、革命文化、社会主义先进文化，认同社会主义核心价值观，树立中国特色社会主义道路自信、理论自信、制度自信和文化自信。

（4）世界眼光。学生了解世界历史发展的多样性与多元化，理解和尊重世界各国、各民族的文化传统，增强历史洞察力，汲取人类历史智慧，拓宽国际视野，树立正确的文化观，陶冶关爱人类的情操。

（5）家国责任。学生学习和探究历史应具有价值关怀，要充满人文情怀并关注现实问题，能够确立积极进取的人生态度，塑造健全的人格，树立正确的世界观、人生观和价值观，以服务于国家强盛、民族自强和人类社会的进步为使命。

3. 历史学科中实施情感德育的路径与方法

以上情感德育元素可通过下列路径与方式得以实现。

（1）在史料研读中形成科学态度。

史料研读，即把史料作为学生学习历史的基础及探究问题的背景，以激发学生学习兴趣、培养学生历史素养。经典史料是深入了解教科书内容的密码，也是连接历史知识和情感态度价值观的桥梁。情感德育课堂本着"千教万教，教人求真"的宗旨，学生在教师的指导下，共同研读史料、分析鉴别史料，去伪存真，运用史料重构、解释与分析历史，探寻历史发展的规律，从而以实证精神和科学态度对待历史与现实问题。

（2）在情境设置中增强民族自豪。

正如李付堂老师所说，历史课的温度，36.5℃，也就是人的温度。[①] 那么

---

① 参见陈国峰、李付堂：《夜话"素养"——西安夜摊上的延伸探讨》，载《中学历史教学参考》，2016(9)。

用什么方式调控历史课堂的温度呢？情感德育课堂借情境为载体，凭借学习内容情节的生动、表现形式的多样性、教师高超的教学艺术带领学生"神入"辉煌灿烂的中华文明古现场，让学生在"适宜的温度"中深刻地体验心灵的震撼、感受身为中国人的自豪，从而将对这片土地深沉的热爱镌刻进灵魂深处。

(3)在感悟反思中增进文化认同。

在当今经济全球化的时代，作为民族认同和国家认同的重要基础——文化认同成为综合国力竞争中最重要的"软实力"。情感德育课堂要发掘中国历史各阶段积极向上的民族精神，并通过与世界各国文化差异的比较，鼓励学生独立思考，引导学生思维活动的深度发展，在感悟中认同祖国的发展道路与基本价值取向，在反思中疏导学生思想和心理上的偏激，将对本国文化的强烈认同化为国家自立于世界的伟大精神力量。

(4)在比较探究中树立世界眼光。

情感德育课堂培养的青少年不但具有中国灵魂而且具有世界胸怀。教师通过引导学生横向中西对比，就会比较清晰地感知同一时期中国和世界的发展脉络并总结其中的经验教训，探究出人类发展的康庄大道。情感德育课堂让学生放眼世界各国的发展情况、国际关系及世界发展面临的问题，采取灵活的教学模式让学生尝试自己去寻找解决问题的方法，以主动的姿态走向世界，以海纳百川的胸襟构建人类命运共同体。

(5)在踊跃展示中担当家国责任。

情感德育课堂是学生走向人生大考场的演练场，教师通过组织学生开展角色扮演、辩论朗诵、歌曲吟唱等活动，踊跃搭建展示平台。学生在小组中承担任务、组织讨论、交流分享，其课堂学习行为本身就是勇于担当的体现，有助于学生责任意识和集体荣誉感的养成。在这样的课堂生态下培育出来的学生，必定会以国家民族的发展为己任，明确自己的责任和义务，从平凡走向伟大，成为一个大写的人。

(二)"统一多民族国家的捍卫者康熙帝"教学设计

该课选自高中历史选修四《中外历史人物评说》(人教版)第一单元。

【教学目标】

(1)了解康熙帝巩固统一多民族国家的主要措施，感受康熙帝的雄才伟略和坚定信念，分析和评价这些措施在当时所起到的作用以及对后世的影响。

(2)知道康熙帝对巩固统一多民族国家的伟大贡献，增强维护和促进民族团结、祖国统一和国家主权的历史责任感和使命感。

（3）通过对所学知识的回顾整合，中西比较分析社会转型期的时代特征，探究掌握正确评价历史人物的一般方法。

【教学重点】

康熙帝巩固统一多民族国家的措施。

【教学难点】

如何评价康熙帝的历史贡献。

【教学过程】

环节一：一部字典讲述历史的故事

向同学们展示并介绍《康熙字典》。

【设计意图】历史很遥远，我们无法触及她吗？我从图书馆里翻出了这本厚重的《康熙字典》，让同学们随我一起触摸历史，从中感受康熙对汉文化的热爱与贡献和促进满汉交融的诚意，同时也惊骇于由这本字典引发的王锡侯血案，深刻体会君主专制的罪恶和民主宽容的美好。通过教具的巧妙使用，让学生感到历史并不遥远，她的背影时时刻刻映照在我们的生活中。

环节二：一个人物演绎人生的传奇

解密康熙个人小档案，剖析出康熙一生的"几个最"。

【设计意图】在课程资源的选择与运用上，我们要处理好与必修课程的关系。注意做到与必修内容的平稳过渡和顺畅连接，并适当深化，避免同一水平上的简单重复或过于加深。在必修部分，我们已经学习过康熙的相关知识点，但只是侧重于其在历史发展过程中的作用。我们看不到康熙的时代机遇，看不到他的成长历程，也无法体会他作为千古一帝的不凡气度，所以在选修部分我们有必要彰显人物的活动，凸显人生的厚度。与此同时，我们要联系必修部分人物活动的舞台，做出必要的整合，在更为广阔的康熙时代中感悟康熙的伟大与悲伤。

环节三：一方教室化身大清的疆土

以教室的方位将学生分成西南、东南、西北、东北等小组，通过小组展示阐述康熙帝在各地施行的巩固国家统一的举措及影响。

【设计意图】情感的课堂离不开学生的全情投入。如何调动学生的积极性？我以为，"身临其境"是最好的方法。将教室化身大清的辽阔疆土，把学生迅速带入历史现场，他们自然成了守卫这一方平安的将士。高中生的角色扮演往往比较生硬，而且局限于几个表演的学生。而这种分组合作不是角色扮演胜似角色扮演，学生们全员投入、娓娓道来，措施影响的得出水到渠成。

环节四：一番反思激荡世界的风云

呼应之前提出的国内国际背景问题，分析当时中国社会转型的有利因素，放眼全球，比较康熙在位时的东西方，引导学生评价康熙帝，进而掌握评价历史人物的一般方法。

【设计意图】通过播放纪录片，让学生放眼全球，了解康熙在位时正好处于世界范围工业革命历史性大变动、大转折前夕，引导学生分析中国社会内部孕育的新经济因素和萌动的民主思想，体会一代帝王面临的前所未有的历史机遇，启发学生思考在社会转型的关键时刻，号称英明神武的康熙帝，是抓住机遇、力行改革，还是因循守旧、固步自封。学生通过对东西方政治、经济、思想、外交等诸方面的情况分析，感受封建社会最后一个盛世如落日余晖般的辉煌与没落。深度剖析康熙的阶级属性带来的局限性，从对康熙的不同角度的评述掌握对历史人物的全面、辩证、客观的评价方法。学生们透过一个人窥见王朝的潮起潮落、放眼全球的风云变幻，培育变革精神、开放意识和全球视野。

（三）"统一多民族国家的捍卫者康熙帝"课堂实录

（四）"统一多民族国家的捍卫者康熙帝"教学反思

在学生情感素养的培育中，高中历史选修模块"中外历史人物评说"评说的既是历史也是人性，其中蕴含着太多的可供思维与情感创生、发展的资源。本课围绕康熙的评价展开了教学设计实例研究，充分挖掘此专题的教学价值，利用偶像崇拜心理激发学生的学习热情，使学生感受到历史人物的脉搏并将其作为自己学习和效仿的榜样，促进学生的成长与成才，推动学生发展与完善自我，理性审视个人与历史的关系，引领学生从无趣的故纸堆中开辟一条激情四溢的道路。

1. 走进历史人物，感受体验中想象人物传奇

本课用人物生平大事年表让学生感受人物生命的成长轨迹，将散落在教材各个章节中对人物的叙述，或以时间推移为顺序、或以地域转化为线索将之串联，还可以配之以当时国际国内的历史大事和其他人物状况，形成对比，客观地展现历史人物发展变化的全程，并对其历史活动进行阶段性的概括和评点，让学生在其中想象人物的传奇一生。特别在专题教学而非通史教学中，针对学生历史空间概念容易错乱的情况，教师使用这种方式，有利于科学概念的建构。

此外，多媒体手段的使用也在这节课上展示出了现代技术的魅力，《康熙字典》的引入、历史感十足的歌曲渲染、大清疆域地图的多次巧妙使用，给学生以极强的感官冲击，为学生体验历史人物当时的情感、模拟历史人物当时的表现、加深对历史问题的理解提供物质材料。

情感德育成为一种有效的教学策略，情感活动促进了学生对空间观念和基本史实的记忆和理解，从而促进了认知能力的提升。

2. 学会评述人物，思维碰撞中客观评价事物

高中的课堂不同于初中的课堂，选修内容的教学也要区别于必修内容的教学。人物的故事与细节固然让学生感到有趣，但是教师不能仅仅止步于让学生感官上获得愉悦，那样历史课堂会失去历史这门厚重学科的独特魅力。教师应进一步培养学生的深刻的学习体验，强调情感温度并不是要放弃深度，思维碰撞出的璀璨火花反而让学生产生"心灵的高峰体验"。

在本课中，一个重要目标就是评述人物，教师要引导学生跳出对某一个人的考察局限，思考人物与时代的互动，把康乾盛世放在全球大转折的背景之下考察反思，形成开放的国际视野。通过鼓励学生深度学习和独立思考，不断变换全新角度，让课堂更显深度思维的张力，让学生迸发创新思维的火花。

相信经过一段时间的教学，学生会逐渐养成爱动脑筋的习惯。情感德育课堂致力于在学生思维能力形成的关键时期，增强他们全面看待问题、深入分析问题的能力。

3. 汲取人生智慧，展示分享中收获生命成长

在传统的课堂教学实践中，示范展示是一大难题。本课设置了多次投屏环节，活动单的投屏展示方便快捷，能够迅速地把学生的活动成果向全班展示，大家针对某些同学的作业，马上进入一个共同质疑、研究、提高的氛围。

在传统的课堂，由于教师牢牢掌控课堂话语霸权，学生在课上交流的机会微乎其微，学生的人际沟通能力及团队协作精神长期得不到提升，使得个人和集体的发展受到限制。本课设计的小组合作交流环节，小组讨论时间达到了十分钟，成为课堂的重要组成部分，教师旨在通过小组内及小组间情感、态度、思想、观点的交流，培养学生建立良好协作关系的能力。

小组讨论完以后，迅速跟进的是全班范围内的分享交流。在教师的引导下，竞争机制发挥了神奇的作用，曾经怯生生的学生的精神风貌发生的巨大的变化。他们积极争取机会与老师、同伴交流，发言时声音清晰洪亮，能将小组讨论的结果用自己的方式诠释。更为喜人的是，很多学生学会了"倾听"，他们认真倾听同学的表述，及时将教师及同学的各种归纳性小结记录下来，丰富完善自己对这节课的认知，随着课堂的推进完成知识体系的建构。

情感德育课堂带给学生的不仅仅是成绩的提升、见识的积累、感受的丰盈，更是道德智慧的增长、人格心灵的成长，为学生踏上广阔的人生征程、实现巨大的社会价值积聚能量。

六、地理学科情感德育实践示例[①]

（一）地理学科情感德育概述

1. 地理学科开展情感德育的价值

情感在人们的生活和工作中是一种能够起到极大作用的内在力量。拥有高级情趣的人懂得生活、心胸宽广、知足快乐，人际关系和社会交往更加和谐；拥有良好情感意志的人即便面对困境的时候，也能够积极面对，用较强的信心来战胜困难。高中地理知识拥有非常明显的育人价值，既包含人文素养，又有理性思维。在高中地理学科开展情感德育，还能够挖掘课程标准的内涵，使课程内容变得更加丰富。就学生个人发展来说，学过的地理知识可能会忘记，但是在学习过程中接受的情感德育，将会使他们获得丰富的情感体验，形成健全的人格，使情感和认知和谐发展，为他们的身心健康发展奠

---

① 本案例撰写：葛学军。

定良好的基础，终身受益。

2. 地理学科中主要的情感德育元素

(1)地理兴趣。教师通过对高中地理教材的深挖，扩展地理素材，渗透情感德育，将教学内容结合学生实际生活经验，激发学生的求知欲望和好奇心，从而使学生产生浓厚的地理兴趣。

(2)家国情怀。家国情怀是"家是最小的国，国是千万家"的情怀，地理学科在家国情怀的培育方面能够有效地发挥独特的作用，增强学生爱家、爱国的情感，进而使他们自觉意识到自己身上所肩负的责任和义务。

(3)民族自信。人无自信则不立，民族无自信则不强。自信是一个民族赖以长久生存的灵魂，唯有拥有民族自信，这个民族才能够在历史的洪流中始终屹立不倒，才能够始终奋勇向前。在高中地理学科中，教师通过讲述中国的北斗计划、奔月计划等新中国成立以来的各种重大建设成就，来帮助学生树立民族自信。

(4)全球意识。在高中地理学科中，许多内容其实都带有全球性，比如海底资源的开发与保护、太空资源的开发与保护、生物循环、地质循环、水循环、洋流、大气运动等，这些内容都有利于培养学生的全球意识。通过学习这些知识，学生能够形成全球眼光，能够拥有更加开阔的视野，从而更加理性地去认识和把握世界。

(5)环保习惯。目前生态环境问题已经成为人类共同面临的问题，向人类的生存和发展敲响了警钟，增强全民环保意识、养成环保习惯已经成为刻不容缓的大事。高中地理学科本身的诸多特点，使得其在环境教育方面有着其他学科无法比拟的优势。比如，运用空间观点来阐述生态环境问题的严重性，运用人地关系来分析生态环境问题的产生原因，运用可持续发展观点来分析养成环保习惯的必要性，等等。

3. 地理学科中实施情感德育的路径与方法

(1)转变教师教育理念。

教师应当拥有情感德育的先进理念，即在高中地理教学中应当充分认识到实施情感德育的重要性和必要性，懂得如何运用情感因素来促进地理教学，使学生高级社会性情感得到有效培养，从而更好地实现新课程标准下的高中地理学科教育教学目标。教师主要可以从以下几个方面来实现教育理念的顺利转变：一是多接触和学习教育学、心理学、情感教学心理学、教育心理学等相关理论，比如《人类情绪》《情感教学心理学》《情感教育论纲》等，从这些专著中吸收更多的先进教育教学新理念，认识情感的特点和规律，知道如何利用情感德育来促进教育。二是多反思自己实施情感德育的过程。反思是教师得以有效成长的重要途径。在繁忙的工作之余，教师应当抽些时间静下心来思考自己实施情感德育的整个过程，通过不断的总结、反省使自己的教育理念不断更新，提高自己的情感德育素质，发展自己的情感德育能力。

(2) 创设情感德育情境。

人的情感具有现实性、客观性、情境性等特点，创设情感德育情境，是对学生实施情感德育的一条有效途径。情感德育情境的创设要求教师紧密联系学生的生活实际，抓住教学内容、学生生活实际、学生兴趣点之间的联系点来实施情感德育，这有助于创设一种快乐、积极、主动的情绪氛围，更好地激发学生的学习热情与兴趣，进而助力情感德育目标的实现。比如，教师可以根据教学内容的不同，通过游戏、实验演示、角色扮演、辩论等形式创设情感德育情境，使学生的积极情绪经过多次的积累体验，顺利转化为内在稳定的情感，并在这份情感的驱动下形成强烈的地理学习兴趣，从而大大提高情感德育效果。

(3) 制定健全评价体系。

教学评价对情感德育具有导向、调控、激励等功能，但是对于情感德育的评价如果没有完善的评价方式、具体的量化指标，那么在实际教学中必定是难以操作的。所以为了使情感德育取得良好的效果，使情感德育目标不至于流于形式，制定健全的评价体系来促进情感德育是非常有必要的。具体而言：一是要明确评价的指标和内容；二是要克服盲目量化倾向，避免过于追求功利目的；三是采用学生自我评价、同学评价、教师评价相结合的多元化评价方法。要能够通过评价来找到情感德育实施过程中存在的不足，以便及时进行相关调整，使情感德育得到更加完善的发展。

（二）"洋流"教学设计

该课选自人教版高中地理必修一。

【课标要求】

用地图归纳世界洋流分布规律，说明洋流对地理环境的影响。

【学习目标】

(1)读世界表层洋流分布图,画出不同海区、不同纬度洋流分布状况,归纳世界洋流的分布规律。

(2)根据洋流分布规律绘制世界洋流分布模式简图。

(3)阅读有关地图和材料,分析洋流对地理环境的影响。

【教学过程】

导入新课:哥伦布带领船队两次穿越大西洋,走了 A、B 两条路线。

(1)哪条线路长?

(2)走哪条线路所需的时间多?

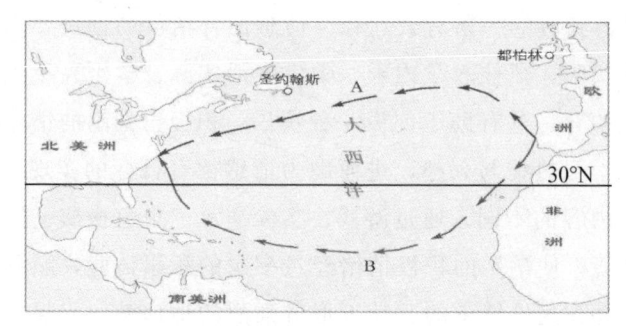

图 2-1　哥伦布穿越大西洋的两条路线

审图号:JS(2004)01-024 号

环节一:我观察,我知道

老师指导学生读图中 A、B 线路所在的纬度位置。

【设计意图】培养学生的读图意识,树立学生的全球意识。通过让学生动手在图中画出 A、B 线路,比较得出走距离较长的 B 线路所需时间短的原因,锻炼学生的综合思维和迁移能力。

环节二:我参与,我收获

(1)大西洋中除了北半球中低纬度大洋环流,还有几个环流?太平洋呢?

(2)根据图 2-1 及相关的资料,分别画出大西洋、太平洋海区的洋流环流情况。

(3)观察图 2-1 中印度洋中赤道以南和赤道以北的洋流分布情况。

【设计意图】通过学习大西洋的洋流分布,让学生自己动手、动脑学习其他大洋的洋流分布情况,锻炼学生的举一反三能力,培养其学习地理的兴趣,提升学生的自信心。

环节三：我总结，我提升

根据不同海区洋流分布情况，总结洋流的分布规律。

【设计意图】及时总结课堂学习成果，将碎片化的知识体系化，形成学科规律。锻炼学生的语言组织能力和综合思维能力。

环节四：我动手，我会学

根据洋流分布规律，画出简单的洋流模式（暖流用实线箭头，寒流用虚线箭头）

【设计意图】根据分布规律，将实际状态下的洋流分布图转化为洋流分布模式图。培养学生的图文转换能力、实践力和全球意识。

环节五：我合作，我探究

根据洋流的分布，分析洋流对地理环境的影响。

【设计意图】通过分析洋流对地理环境的四个影响，包括影响气候、影响渔业、影响航海、影响海洋污染，使学生培养地理环境整体性意识，树立全球意识、环保习惯，锻炼地理实践力。在分析渔场时让学生了解我国也是一个海洋大国，拥有丰富的海洋渔业资源，激发学生的家国情怀，培育学生的民族自信，使学生从小树立环境保护意识，养成环境保护习惯。

环节六：我学会，我应用

虚构的故事，哪些可能是真的呢？

【设计意图】通过航海家"有意义的元旦"的故事设计，利用故事情境，及时运用刚刚分析的洋流对地理环境的影响解决问题，进一步培养学生地理兴趣。

环节七：我理解，我总结

学生自主总结课堂学习知识，完善课堂笔记。

【设计意图】通过总结课堂知识，完善课堂笔记，培养学生的综合思维能力。

环节八：我掌握，我自测

【设计意图】通过学测原题的练习，锻炼学生的思维能力，考查学生的学习效果，提升学生的自信心和责任感。

(三)"洋流"课堂实录

(四)"洋流"教学反思

本节课是一堂必修的新授课,在学习新知的同时,保证学生的情感德育目标也得以实现。

1. 情境创建,设立了情感德育的"场"

本堂课紧扣课程标准,设置了历史上的哥伦布航海路线的选择、航海家"冰冷的元旦"奇遇等情境。情境的创设主要是为了提升学生学习地理的兴趣,对海洋有一个完整的区域认知。在情境问题的解决中使学生树立全球意识,培养学生的自信心和合作意识。

2. 小组合作,创设了情感德育的路径

本堂课学习过程中多次需要学生独立思考后的小组合作学习。通过举手抢答、踊跃展示等课堂形式,学生从枯燥的、离生活较远的知识的学习中获取浓厚的学习兴趣。本堂课使学生养成竞争意识、合作意识,从而提升"场"的温度。

3. 动手提升,点燃了情感德育的火花

本堂课通过填表、绘图等方式,激发学生的全球意识。通过分析洋流对地理环境的影响,进一步树立学生的全球意识和环保意识。在分析西北太平洋的洋流和渔场时,通过了解我国是一个航洋大国、渔业大国,激发了学生的民族自信和家国情怀。学生从而萌生了好好学习地理知识,为进一步建设海洋大国、海洋强国献计献策的崇高理想。

七、物理学科情感德育实践示例[①]

(一)物理学科情感德育概述

在重视发展创新教育的今天,教学过程已从"教好、教明白"向"教得有价

[①] 本案例撰写:江宁。

值"发展，教学目标中的情感态度价值观得到了很好的提升。以往，过度重视知识传授的物理教学只是片面地在知识与技能方面完成了教学任务，师生情感态度价值观的培养在教学做合一过程中并没有得到重视，学生只是充当了一个智能受控"机器人"的角色，师生都是为了考试分数在被迫地完成教和学，最终教学会走向应试的死循环。

真正的育人过程不过度强调知识传授的高效和学习技能的提优，而是通过教学做合一过程中的情感德育来促进生命成长，通过教学做合一的操作来促进师生情感的交流，使认知和情感在教学做合一的氛围中得到呵护和发展，最终让师生共享在知识与技能、过程与方法和情感态度价值观方面所获得的成果。

以德育人的物理教学的目的是让学生在教学做合一过程中，通过自我的正面感悟来激发学习兴趣和求知欲，积极地思维，在参与探究的过程中形成积极正面的情感态度价值观，从而达成课程育人的目标。

1. 物理学科开展情感德育的价值

历史发展到今天，人类在掌握知识的同时，更渴求情感态度价值观的正向发展，因此"填鸭式"的"要我学、被迫学、人为己"肯定会被"育人式"的"我要学、主动学、己为人"所取代。

通过情感态度价值观的升华，让"价值观"来激发学生的学习动机和兴趣，变学生"要我学"为"我要学"；让"情感态度"来促进教学过程中的师生交流、生生交流，使学生知晓学习的最终目的，变"被迫学"为"主动学"；让"德育情境"帮助学生在轻松、民主的学习氛围中接受教育，变"人为己"为"己为人"。而教师在实施情感德育的过程中，逐渐理解育人的真谛，从而用"情感德育"来带动教学相长。

2. 物理学科中主要的情感德育元素

（1）科学态度。全面提高学生的科学素养是物理课程的核心理念，中学生正处在三观逐渐定型的阶段，教师在教学做合一的过程中渗透情感德育的操作，可以促进学生严肃认真、独立思考、谦虚谨慎、实是求是的科学态度的形成，提升学生的情感体验。求真思想的传承让学生的三观向真善美的方向发展。

(2)合作意识。顺应时代发展潮流，当代的教育必须引导学生走自主合作探究之路。教师在教学做合一的过程中实施情感德育的操作，是为了让学生养成合作学习、共同探究的习惯，在主动参与学习的过程中发挥主人翁精神，通过合作来提升与他人共同解决问题的能力，从而促进学生的协调发展。

(3)创新意识。学生在教学做合一的过程中学习，再将学习的知识转化为探索的金钥匙，动手能力、实践能力同步提高，伴随着情感德育在教学中的融入，新的认知和感悟促进了创新意识的成长，学生主动从学习者变成了创造者，创新能力有了新的突破点。

(4)科技伦理。科学道德能督促人类在发现新知、发展科学的同时保障人类的切身利益，使人类社会可持续发展。情感德育注重认知的形成过程，它使教学过程在促进"知"与"智"的同时，注重学生对科技伦理的感悟，学生在发展智力的同时更端正了品德，培养了基本技能的同时还提升了情感态度价值观。

(5)实践精神。创新需要通过实践才能实现，积极的实践精神是教学过程中的价值取向，也是情感德育的核心内容之一。情感德育的氛围营造了积极向上的情感场，学生在教学做合一的过程中动手真"做"形成实"情"，通过动脑、动口、动手、动眼，在完成学习任务的同时孕育自己的情感态度价值观，敢于质疑、勇于实践，使享受成功成为可能，价值取向的确立使学生不断求真、健康成长。

(6)社会责任。有用于社会、服务于人类是每一个学生在学习过程中必须要形成的意识，它将促使学生将来采取积极行动去回报社会。在急功近利的教育氛围中，培养的学生将成为功利主义者；情感德育让学习过程成为培养学生优秀品质的载体，感恩意识、造福理念在育人的环境中逐渐萌发。

3. 物理学科中实施情感德育的路径与方法

教师用"以德育人"为目标来实施教学设计脉络，培养学生的物理学科核心素养，目的是为物理教学提供设计和实施的育人路径，以促进学生更好地学习物理、理解物理和应用物理。

基于情感德育思想的教学做合一是物理教学设计的精髓，充分注重师生在"教学做合一"过程中情感在物理情境中的变化，本着图2-2的思路，根据学生的知识基础、兴趣爱好、时间精力和优势特长等来思考教学方式和方法，尽量发挥鼓励与表扬的正向作用，让知识与技能、过程与方法、情感态度价值观都能在师生情感交往的过程中达成教学目标。

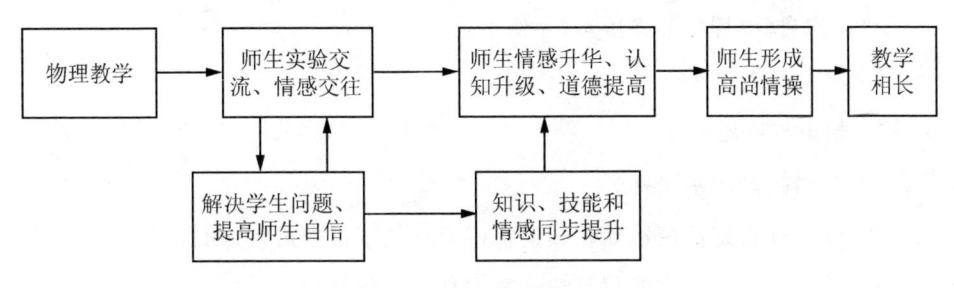

图 2-2　物理教学做合一

从知识教育层面上，基础教育要注意培养学生宽阔的学科视野，不同学科的人知识结构、思想方法及看问题的角度都是不一样的。从技能层面上，要注意培养学生从不同角度深入细致的观察能力，要注意培养学生实践和动手能力。而从情感层面上来讲，知识教育层面和技能层面上所经历的殊途是为了最终价值取向的同归：物理观念的形成、科学思维的生成、科学探究的达成和科学态度与责任的养成。

在教学过程中，教师要关注学生的个性发展和品质创新，不断地开发学生的潜能，从而全面地关注学生的学习方法、智慧生成和情操养成。首先，在物理教学中实施"情感德育"要指向物理核心素养，教师要结合学习内容来确定单元内容、制定单元教学目标、分解制定课时目标；其次，教师要把握物理教学的基本特质，设计"思维载体——问题链""资源载体——实验"及"认知载体——情感"，组织实效教学；再者，在组织教学的过程中，教师要把握好知识结构、形成概念，设计好探究行为、保障学生的感受经历，着眼学科思维的培育，使学生掌握物理研究的科学方法；最后，教师要倡导以"以德育人"为原则的学科评价，并关注学生的人格完善和生命成长，促使每个学生的不同智慧才华在合理的评价中都能得到增长，真正实现教、学、评的一致。

情感德育不能在教学过程中进行片面的说教，它与知识的学习和技能的掌握是同步进行的,它需要通过教师的巧妙引领,使学生在学习过程中自我感悟。下面,以初中物理"运动的相对性"一节的教学设计为例,来谈谈教学中情感德育的渗透。

（二）"运动的相对性"教学设计

该课选自《物理》(苏教版)八年级上册。

【教学目标】

1. 知识与技能

(1)知道运动的绝对性。

(2)知道什么是机械运动,知道机械运动是宇宙中最普遍的现象。

(3)理解运动和静止的相对性,掌握什么是参照物。

2. 过程与方法

(1)通过列举文学、摄影、音乐、美术等作品中描述运动的例子,让学生掌握运动是永恒的。

(2)通过多媒体、实验与讨论,让学生理解运动的相对性。

(3)让学生学习用对比法、归纳法、列表法等科学方法来分析物理问题。

3. 情感、态度、价值观

(1)通过播放各种精美、有趣的视频,提高学生的学习兴趣,培养学生抽象思维的能力。

(2)教学生从多个学科角度来分析物理问题,同时拉近师生之间的距离。

(3)培养学生实事求是的科学态度。

(4)对学生进行爱科学、爱国主义、反恐怖教育。

【教学重点、难点】

重点：运动与静止的相对性。

难点：合理选择参照物,并根据参照物判断物体的运动情况。

【教学媒体】

教师：教学课件

学生：两辆小车

【教学过程】

环节一：联系生活实际，引入课题

教学内容	运动是绝对的	
活动对象	教师	学生
活动内容	(1)诗人展现的运动：播放李白的诗《早发白帝城》。 (2)摄影家展现的运动：介绍一组奥运健儿的图片，同时说明拼搏精神。 (3)音乐家展现的运动：声画同步播放《野蜂飞舞》。 (4)美术家展现的运动：介绍凡·高的《星夜》和原子核式模型。 (5)总结：运动是永恒的，即运动有绝对性。 (6)提问：我们现在是运动的还是静止的？请学生判断无背景的缆车是运动还是静止，向什么方向运动。《闪闪的红星》插曲片段："小小竹排江中游，巍巍青山两岸走。"青山为什么是运动的？ (7)点出课题：《运动的相对性》。	在进行艺术欣赏的同时感知运动的绝对性，同时产生学习猜想：如何判断运动与静止。
设计意图	由李白的诗句从声、光过渡到运动，并从多个学科来说明运动的绝对性。让学生对脑海中已知的关于运动和静止的知识产生认知冲突，从而为讲解运动的相对性埋下伏笔。	

环节二：创设教学情境，完成探究

教学内容1	运动的定义	
活动对象	教师	学生
活动内容	(1)播放几个片段：运河中行驶的船、公路上的行驶的汽车、轨道上行驶的火车。根据什么来判断它们的运动和静止？ (2)请学生回忆曾经在声学中学到的归纳法的应用。 (3)请学生归纳运动的定义，并补充：机械运动简称运动，是自然界最普遍的现象。 (4)定义参照物。	观看视频，根据已有的经验判断运动与静止，归纳出机械运动的定义，并再次认识归纳法。

续表

教学内容 1	运动的定义	
活动对象	教师	学生
设计意图	让学生学习如何从多个事例中归纳出共同的物理特征,并初步学会如何确定标准来进行合理比较。	
教学内容 2	分析运动和静止的相对性	
活动对象	教师	学生
活动内容	(1)向学生提问四个问题: A. 运河中行驶的船、立交桥上行驶的汽车、火车运动的参照物是什么? B. 看到的玩具、茶杯、饮料瓶是运动的还是静止的? C. 坐在石块上的小女孩看来,编号为多少的小孩运动了? D. 分析飞机运动与静止的相对性。 (2)从并排飞行的飞机的运动中分析运动与静止的相对性,同时分析静参照物和动参照物。 (3)分析飞行员能用手抓子弹的原因. 并分析飞机撞鸟后造成机毁鸟亡的原因。 (4)重看开课时播放的缆车运动,说明没有参照物,就无法判断运动和静止。	根据"参照物"的定义,分析刚才四个事例中所选的参照物,并运用所学的运动与静止相对性的知识,有目的地选择参照物来判断机械运动。
设计意图	将运动与静止的相对性概念逐层深入。让学生学会选静参照物,同时也会选动参照物,并会根据参照物来判断机械运动。最终让学生知道,没有参照物就无法判断运动和静止。	
教学内容 3	运动和静止相对性的实际运用	
活动对象	教师	学生
活动内容	(1)讨论:为什么平时静止的树木、建筑好像动了起来? (2)分析坐在汽车里的乘客、司机和路旁的人们所讨论的相对运动:坐在车里的人到底有没有运动? (3)在天空中进行的加油方式在怎样的条件下才可进行? (4)更换参照物来观察运动:分别以速度不同的大小飞机、云来做参照物,看其他物体的运动情况。 (5)选择不同的参照物时,所判断的结论是否相同?	更换参照物变换角度来分析运动,从水、陆、空三个方位来分析运动的相对性。并从中知道,参照物选择不同时,所得结论可能不同。

续表

教学内容3	运动和静止相对性的实际运用	
活动对象	教师	学生
设计意图	让学生学会更换角度来思考问题，同时知道此结论也适用于其他学科。	
教学内容4	用实验与习题再现运动和静止的相对性	
活动对象	教师	学生
活动内容	(1)布置实验：学生完成相对运动和相对静止的实验，实验内容为：A. 物体相对静止；B. 物体相对靠近；C. 物体相对远离。每个实验至少设计三种情况。 (2)课堂练习：某绅士在河岸上向东行走，某警察站在树下，某游客坐在向东行驶的船上，绅士运动比游船快。分别用图中物体做参照物，分析其他物体的运动情况。如是运动，写清运动方向。	自己动手实验，用两辆小车来感知运动和静止的相对性，针对每个实验，都完成至少三种情况。实验后，通过用列表法来更换参照物，并判断其他物体的运动与静止的情况。
设计意图	让学生通过实验，加深印象，然后通过习题来巩固所学的知识。	
教学内容5	与运动和静止相对性相关的物理学史	
活动对象	教师	学生
活动内容	(1)分析"地心说"与"日心说"的原因。 (2)分析同步卫星的同步原理，播放神舟八号与天宫一号对接视频，同时对学生进行爱科学和爱国主义教育。 (3)总结有关参照物的几点说明：参照物可以任意选取，根据不同的参照物所得运动的结论可能不同。参照物的选取应尽可能方便问题的研究。通常选大地做参照物。参照物本身也在运动。	分析"地心说"和"日心说"的原理。同时针对同步卫星的知识，知道静止是以地球为参照物，运动是以太阳为参照物。
设计意图	让学生了解物理学史，知道产生"地心说"和"日心说"的原因，结合我国的卫星技术和神舟八号与天宫一号对接，对学生进行爱科学和爱国主义教育。同时让学生知道：世界上根本没有完全静止的物体。	

环节三：复习教学内容，总结概念

教学内容	总结概念	
活动对象	教师	学生
活动内容	(1)世界上所有物体都在运动，这就是运动的绝对性。 (2)古人对运动相对性的描述：介绍宋词《浣溪沙》。 (3)现代物理学中，把一个物体相对于另一个物体位置改变的过程叫机械运动，简称运动；我们把这里所说的"另一个物体"，即事先选定的标准物体，叫参照物。 同一个物体是运动还是静止，取决于所选定的参照物，这就是运动的相对性。	集体朗读《浣溪沙》："满眼风光多闪烁，看山恰似走来迎。仔细看山山不动，是船行。"然后在教师的讲解下，集体回忆所学概念。
设计意图	巩固所学的物理知识，同时让学生对中国古人的智慧产生敬意。	

环节四：布置课后作业，巩固提高

作业内容	在电视剧《西游记》中，同学们经常欣赏到孙悟空腾云驾雾的场景，扮演孙悟空的演员真有那么大本领吗？课后查找有关资料看看是如何实现的，并加以解释。
设计意图	让学生理解相对运动，同时促进学生理解教材上关于摄像机、运动员、墙、地板之间相对运动的描述。

环节五：归纳所学知识，拓展应用

教学内容	电影片断欣赏	
活动对象	教师	学生
活动内容	播放配汉字字幕的英语电影《真实的谎言》中与相对运动有关的两个片段。	在欣赏精彩电影的同时，稍分析片中是如何展现精彩的运动和静止的。
设计意图	巩固所学的物理知识，激发学生的求知欲，让学生学以致用，并对学生进行反恐怖教育、自救教育。	

(三)"运动的相对性"课堂实录

(四)"运动的相对性"教学反思

本课以"运动的相对性"为主线,充分结合课内外事例,巧妙地以多媒体的形式将学习内容展现给学生.学生在视觉和听觉上都受到了一定的冲击,并在轻松愉快的氛围中完成了学习。

本课学科综合性强,英语、美术、音乐、语文等知识都在课中进行了有效融合,学生在分析问题时能感到物理并不是单独存在的学科,从而知晓了"大物理"的概念,同时也感受到物理和其他学科存在异曲同工之妙。

课堂中教师注意对学生进行思维提升的训练,由于问题的设计是递进式的,学生的思维容易随题进阶。通过从多角度对问题的分析,学生的思维得到了有效的发散,从课堂学生的踊跃发言来看,学生没有被抽象的概念所难倒。

虽然教材中没有规定让学生进行实验,但教师借助生活情境,利用小车等常见的生活情境设计了学生实验,学生分组分析了运动相对性的多种情况,并成功地完成了教师布置的任务。在教师"做"的示范引领下,学生在关爱、和谐和合作的氛围中进行了"运动的相对性"的探究,进一步提高了观察物理现象的能力,提问、猜想、设计、实验和处理信息的能力也因此得以提升;通过对运动与静止中参照物的分析,学生体验了自然现象与自然规律间的和谐与统一;通过密切联系实际,学生关于将科学技术应用于生活和社会的意识有所提高;通过方法学习,学生还知晓了归纳法、对比法、列表法等科学方法的应用,同时学生在欣赏影视片段的过程中还接受了爱国主义、爱科学、反恐怖等教育;通过分组的公开展示与比拼,学生感受到了学习的成功,教学三维目标得以成功达成。正所谓,趣味引导着学生学习的渴望,活力让课堂充满生机,实效让课堂教学充满容量,民主和谐最终让学生享受到学习的成果。

在信息爆炸的网络时代,学生已不再满足于课本中事例的介绍,本课的成功之处就在于课堂容量大,古今中外的演绎、时空穿越的对比,让学生能够将各种信息进行分类组合，但也造成了教师语速较快，学生思维时间不够充分的缺点。在以后的教学中，教师对课件中的内容可以做适当的取舍。

陶行知先生曾经说过："千教万教，教人求真；千学万学，学做真人。"情感作为人们精神生活中的一种特殊心理体验，情感德育的实施将会给学生以刻骨铭心之情、感人肺腑之感，所以在教学过程中实施情感德育的最终意义在于通过学生认识、学习知识的过程使道德转化为人的德性，并最终指导学生的行为。正所谓"行道而有得于心之谓德"。

学生正处于情绪感受性最敏感的时期，处于道德情感形成的最佳期，若没有情感德育的实施，学生在教学过程中所达成的智与能就缺少了精神上的支柱，道德就无法完整地表现，更无法发挥其真正功能。在教学过程中对学生加强情感德育，能促使学生道德情感的发展和美好心灵的形成，情趣、情愫和情操将趋优发展。正如朱小蔓教授所希望的，让学生"在道德情感教育的哺育中，去感受、体验人间的温馨，去创造人生的幸福和追求美好的理想"[①]。

八、化学学科情感德育实践示例[②]

（一）化学学科情感德育概述

1. 化学学科开展情感德育的价值

党的十九大报告明确提出："要全面贯彻党的教育方针，落实立德树人根本任务，发展素质教育，推进教育公平，培养德智体美全面发展的社会主义建设者和接班人。"德为立人之本，培养学生的道德有多种途径，但是学科教育一定是其中最为主要和重要的途径之一。事实上，在过去一段时间内，特别是应试教育的背景下，学科教学过多强调知识技能的传授，而忽视学生道德成长的问题。所谓"好"学生的标志仅仅是学习成绩好，这种评价方式显然是片面乃至极端的，需要尽快得到纠正。当前，这个问题得到了社会的广泛关注，也正在逐渐得到改观，全国上下都开始重视起学科教学本应具有的德育功能，将其视为学生道德教育的主阵地。例如，南通市就专门制定了《关于加强全市中小学学科德育工作的指导意见》并全面设立各学科的学科德育基地，这些现象是可喜的。

---

① 朱小蔓：《情感教育论》，79页，北京，人民教育出版社，2005。
② 本案例撰写：张弛。

在2017年教育部制定的《中小学德育工作指南》(以下简称《指南》)中，中小学德育的总体目标是：培养学生爱党爱国爱人民，增强国家意识和社会责任意识，教育学生理解、认同和拥护国家政治制度，了解中华优秀传统文化和革命文化、社会主义先进文化，增强中国特色社会主义道路自信、理论自信、制度自信、文化自信，引导学生准确理解和把握社会主义核心价值观的深刻内涵和实践要求，养成良好政治素质、道德品质、法治意识和行为习惯，形成积极健康的人格和良好心理品质，促进学生核心素养提升和全面发展，为学生一生成长奠定坚实的思想基础。《指南》在"实施途径和要求"方面特别强调了"课程育人"，要求充分发挥课堂教学的主渠道作用，将中小学德育内容细化落实到各学科课程的教学目标之中，融入渗透到教育教学全过程。就化学等理科而言，则指出数学、科学、物理、化学、生物等课要加强对学生科学精神、科学方法、科学态度、科学探究能力和逻辑思维能力的培养，促进学生树立勇于创新、求真求实的思想品质。

化学作为中学主要学科之一，在国家教育方针、政策的指引下进行学科德育工作是必须的，是责无旁贷的。而且，化学诸如化学史、化学探究活动等本身就是很好的学科德育的载体、途径。在最新版(2017年版2020年修订)的《普通高中课程方案》中，关于课程标准的说明，特别强调了新课标更新了教学内容，教师要结合学生年龄特点和学科特征，课程内容充分反映习近平新时代中国特色社会主义思想，全面落实社会主义核心价值观的基本内容和要求，提升道德修养，有机融入中华优秀传统文化、革命文化和社会主义先进文化等教育内容。毫无疑问，这其中相当部分都是指向学科德育问题的。

2. 化学学科中的主要情感德育元素

化学是理科，是一门基于实验的自然科学，它有其理科、自然科学的鲜明特点，但是，化学也同时兼具一些文科的特点，例如，化学语言的理解和表达、化学反应现象的记忆和描述等，于是，这也在一定程度上决定了化学学科可实现的学科德育的内容多、范围广、途径多。首先，经分析概括，我们认为，化学学科实施情感德育的主要内容包括以下几个方面。

(1)探索精神。化学研究的对象是物质，化学的世界是物质的世界。因为有了化学，我们对客观的物质世界才有了更深刻、更科学的了解，从而也就可以利用不同物质的性质服务于我们的需求，提高我们的生活质量，造福全人类。然而，目前人们所认识的物质世界还只是很小的一部分，有太多未知需要我们继续探索，太多的设想在被事实证实之前都不一定是可靠的，正因为这样，化学才是一门以实验为基础的科学，只有通过实验探究等实践手段才能真正揭开未知世界的神秘面纱。近年来，被发现的新物质的数量快速增长，这也说明，有一大批具有探索精神的科学家正夜以继日为之努力工作着，而探索物质世界的方法、技术也越来越先进和高效。可以说，化学就是一门日新月异的科学，是极其强调和依靠探索精神的科学。当然，这里的探索精神也应是一个广义概念，它不仅是指探索未知的物质与精神，也包含了探索中所应具备的各种能力和素养，如创新意识和能力、求实态度和品质、合作意识和能力等，如果用《指南》中的语言来描述则主要是科学精神、科学方法、科学态度、科学探究能力和逻辑思维能力以及勇于创新、求真求实的思想品质。

(2)社会责任。社会责任是每一个合格公民所应具备的基本素养，是个体对群体应有的担当，它同时也是化学学科所需特别培养的重要道德品质。在这里还须特别明确，化学的诞生，从其根本目的上讲是要改善生活、造福人类。作为学生，立志学好化学，就是为了利用所学化学知识做一个对社会有用的人，而非去制造污染、放大毒性，反之，还应尽自己之力帮助他人远离污染、规避危险。

(3)安全意识。由于某些化学药品和实验具有一定的危险性，所以安全意识特别重要，这既是对自己生命负责任，也是对他人生命的关照、爱护。虽然在诸如德育课、劳动课等课堂中也会进行安全教育，但是没有素材的教育会让人觉得抽象，而以化学的知识和实验操作等为载体进行安全教育则明显要直观得多，学生更易于了解和重视，再通过一定的跨学科迁移，学生可以具备更广泛的安全意识，让生活更加趋于安全。

(4)可持续观。当今社会特别强调绿色的、可持续发展的观念，这也符合我国提出的科学发展观。资源是有限的，环境破坏了是很难复原的，所以我们不断地发展化学科学，就是为了更科学地利用自然资源，更合理地加以开发利用，并且能够更好地适应未来社会的需要，让整个社会的运转是健康的、可持续的。这也是对全人类和后代子孙的关爱与责任。

(5)辩证观念。化学是辩证的，在化学中存在着对立统一，例如酸碱、放热和吸热、化学平衡等，它是自然的辩证，而非人为设定的。化学中还有诸如量变到质变(如物质的浓度与毒性问题)、内因与外因(如决定和影响化学反应速度的因素)、特殊与普遍(如一般强酸制取弱酸,但有时也能反过来)、运动与相对静止(平衡的动态性)等,这些都是涉及哲学层面的辩证问题。

(6)审美情趣。生活需要美,生活中也处处存在美,关键在于有双善于发现美的眼睛,而这有赖于教育的引导。也许人们会认为只有艺术学科才能进行审美情趣的培养和教育。其实,化学学科也可以,而且有其特殊的优势。因为化学的世界是缤纷的,无论是丰富的色彩,任何颜色都有其对应的物质;还是多样的形态,物质世界有各种美观的状态和外形;抑或是奇妙的结构,微观物质世界令人称奇、赞叹。学生爱化学在很大程度上就是源自对美的欣赏和追求。此外,化学还具有语言美、形式美、结构美、简约美、逻辑美、宏观美、微观美、现象美、内涵美等诸多不同层面和角度,可以被发现和感受的美。

(7)共性道德。笔者想在这里特别指出,化学等学科教学中除了要进行基于学科、适合学科特点的道德教育外,还不能疏漏那些具有共识性的、社会普遍需求的共性道德品质,这些道德品质的培养不拘泥于特定的学科但又可以广泛渗透、融合于各科教学中。当然,这些共性道德品质的培养对于教师非学科教学的素养要求更高,特别是取决于教师自身的道德品质、情感素养、心理素质、教育情怀和意识等。共性道德应包括了诸如平等、尊重、友爱、同情、团结、合作、谦让、是非感等我们常说的道德品质,当然也应涵盖社会主义核心价值观、中华优秀传统文化、革命文化和社会主义先进文化中的主要观念和精神。所有这些,都是可以在多种门类、途径的教育教学过程中得以诠释、体现和强化的,化学教学只是其途径之一。总之,我们所培养的学生除了应具有高智商、高技能,还必须具备相应的更高的道德品质、情感态度等素质,其实,这也就是朱小蔓教授情感德育的基本思想和目标价值,这里的德育是广泛的德育,道德是人类所需的全面道德。

3. 化学学科中实施情感德育的路径与方法

以上所列诸多德育元素往往都不是仅能通过唯一路径得以实现的,反过来,某种路径也往往不是只能实现某一种德育目标的,故以下所列路径有共性的也有个性的,且不指向唯一德育元素,枚举如下。

(1)依托教师的情感素养全面实现德育目标。

我们的德育理念与其他德育理论的基本区别在于它是基于情感的德育,它把情感作为德育、学科德育的基本发生和持续作用机制。教育的实施者是教师，教师的教育活动能否顺利实现其所制定的德育目标，这非常依赖于教师自身所具备的情感素养和基于人的情感需求的教育方式。大体来说，教师的情感素养包含三个方面的能力。第一，情感觉察能力。即能及时发现学生的情感状态，到底是积极的还是消极的，如果是积极的则思考如何去保持，如果是消极的则要快速诊断出导致原因，并做出积极干预使之做出调整，否则无论是知识传授还是道德培养，都将是无效的或者低效的。第二，情感表达能力。为什么有的课学生爱上，有的教师的话学生就爱听且能听进去？这在很大程度上源于教师情感的丰满程度高以及他们在表达上能让学生觉得舒服，有共鸣，触动心灵。如果教师总是采用冷漠的、无情的表达方式，用填鸭、灌输的办法来进行道德教育，学生必然会感到无味甚至厌烦，教师有再高的德育诉求，在学生的感受中就只是说教。第三，情感调适能力。有时，教师自己可能情绪情感状态不佳，从而把这种情绪情感传递给了学生，造成学生心里的不安和畏惧，此时教育效果就很容易打折扣。若教师能及时自我认识，并及时进行自我调适，尽快让自己的身心状态进入最佳，则能够大大扭转低效、消极的局面。

(2)在教师的身体力行中实现学科德育。

中国自古就有亲其师信其道之说，这个"道"既包括了知识教学，也包含了道德教育，从某种意义上，可能更偏重于道德教育。毕竟，知识的习得尚可通过灌输，而道德教育只能通过引导和示范，不能用强硬和逼迫。教师身正，学生才能相信为人要正；教师尊重学生和同事，学生才知道尊重的意义和价值；教师的一举一动充满爱心和关怀，学生才能随之生起爱心，才会有主动关心、爱护他人的意识；教师勇于承认自己的不足和错误，学生也会有勇气去悦纳自己、大胆承认和改正自己的错误……总之，一切德育的前提除了情感的力量，还有教师的身体力行、以身示范。道德需要榜样，需要仰望和追寻。

(3)在探究性学习活动中培养。

化学是一门非常适合开展探究性学习活动的学科。从理论上说，开展探究性学习活动可以培养学生的合作意识、协作能力，培养他们团结、互助的道德品质，同时也能培养他们的探索精神。从实践来说，有的活动指向物质探究、实验方法等，在这些活动中，学生需要强化安全意识，主动学习、掌握和体会与安全有关的知识，从而提高相关能力；在这些活动中，对于环保问题的关注、有毒物质的处理，都能有助于提升学生的绿色意识，形成可持续发展观，同时也形成对他人负责任的态度，培养社会责任感；在这些活动中，学生能够观察到美丽的色彩、形态，感受化学之美，教师再适当加以情感的抒发，这有利于培养学生的审美情趣；有的活动是关于化学学科本身性质特点的探究，在这样的探究活动中，学生可以更清楚、深刻地认识化学，从中学到辩证观、可持续发展观等诸多思想观念。

(4) 在创设情境中加以熏陶。

情感的传递需要媒介，道德的发生亦如此。教师言行的表达是一个方面，情境的创设也很重要。例如，利用音乐和视频，渲染所需要的氛围，给学生身临其境之感，相关的德育诉求往往在不经意之间就实现了。再如，进行科学史教育，讲述科学家报效祖国的感人事迹，介绍他们探索未知、废寝忘食的精神，加以教师满满的情感，学生的家国情怀、社会责任、探索精神等诸多品质都能得到提升。

(5) 在对比学习中强化观念、意识。

对比是化学学习常用的方法之一。教师有意识地引导学生进行对比学习，例如让学生比较用通常文字和化学符号语言分别表达同一个化学反应，学生会明显发现化学语言的简练、快捷，从而对化学形成语言美的感受，如此则培养了他们的审美情趣。再如，将生活中的平衡现象与化学中的平衡问题进行对比，学生除了更形象地了解了化学平衡，还进一步提升了辩证观念和能力。

(二)"化学辩辩辩——化学究竟什么样"教学设计

说明：该课为借班上课，授课对象为所在学校高一学生，此时为高一下学期期末，学生即将面临高二分科。课题"化学辩辩辩——化学究竟什么样"。

环节一：课前准备阶段

分组：根据教室的布局，学生分为六个组。

播放视频音乐《记得吗，你还学过化学》。

【设计意图】课前播放歌曲有利于让学生安静下来，逐渐让身心走入课堂。《记得吗，你还学过化学》这首歌直接关联化学，契合今天所讲的主题。歌曲曲调优美，歌词以回忆的方式，把化学的趣味、一些经典的知识进行了回顾，又以校园和化学实验等画面为场景，呈现了学生曾经熟悉、生动的师生活动过程，非常容易触动学生的内心。

环节二：引入

由歌曲联想到毕业时节，再回顾已学化学的历程。面对这些即将面临高二分班的学生，以举手的方式调查了解学生在分班选科时是否会选择化学。并进行辩论，正方的观点是化学是一门具有正面性的学科，反方的观点是化学是一门具有负面性的学科。大家先一起做反方，尽情地数落化学的负面性，之后再转变角色，一起做正方，论证化学是具有正面性的。

【设计意图】从歌曲的情景迁移到毕业季，可以激荡起学生的校园情感，营造一种充盈着温情的课堂氛围。应景再播放《让我欢喜让我忧》的音乐片段，这种方式在一些现场对话的电视节目中经常出现，学生们也喜闻乐见。选择辩论赛的模式则是因为形式活泼，有利于调动学生参与的积极性。至于教师不希望出现一方胜而一方负的局面，转而让全体学生先做反方再做正方，则是为了体现教育者的教学机智和平等关爱的思想。和谐、平等、公正等理念追求是社会主义核心价值观的重要组成部分，它不是化学学科所独有，而是可以也应该在各科教学中得以体现和诠释的，是对"共性道德"的一种培养。

环节三：共同扮演反方角色

一起探讨，用关键字列举化学的负面性，当学生不愿意说、不敢说时，鼓励他们"没关系，尽情吐槽"。进而利用投影和黑板板书写出几个关键字：繁、难、险、毒。宣布分工，分为六组，前四组分别论证其中一个关键字，第五组作为一、三组的后援团，先独立分析，再参与到一、三组的讨论中。第六组类似，做二、四组的后援团。每组由一位同学做记录，记录在所给答题纸上。

之后，每组选一个代表到讲台汇报，教师借助实物投影仪等给学生做助手。提醒大家，如果觉得发言学生说得好，请给他热烈鼓掌，但作为礼貌，对所有上台学生也都应给予掌声。

学生代表一一上台发言，之后教师做适当概括和补充。其中，学生表示，对于涉及物质的量的计算和多步计算问题觉得繁和难，对于繁多的知识点记忆觉得比较困难。教师又描述了一个许多学生都熟悉的场景：化学老师拿着一沓纸走进教室环视四周后让学生安静下来，准备默写。再附加一句：没办法呀，这是一种必要的督促手段嘛。关于"难"的论证部分，当学生形成诸多列举之后，教师叹息："化学真的这么难吗？我也感叹哪。"

【设计意图】让学生当面列举化学的负面性，学生可能会因为畏惧教师的威严而不敢说,所以教师及时表态"没关系,尽情地吐槽",这是给学生减压,"吐槽"二字更是学生中常用、流行的语言。提醒学生无论发言者讲得好不好都应给予掌声,这既是从情感层面对发言学生的关怀,同时也是对所有学生的教育和引导,因为学会尊重是所有人人生的必修课。对于化学默写场景的描述,则是一种生活再现,虽然对这个场景学生心理上有些"小阴影",但是对于教师的表述方式学生还是觉得有趣的,所以现场能看到他们会心的一笑,而教师及时的一句"这是一种必要的督促手段嘛",话虽不多,却已在如何看待的问题上做出一定的暗示,这也为后文的客观分析做出铺垫。至于教师对于化学之难的感叹,则是为了进一步与学生形成情感共鸣,让他们感到教师真是"自己人",这为后面的观念和方法引导进一步打下情感基础。至于教师现场做学生的助手,帮他们概括、总结化学的负面性,则也是为了达到先抑后扬、"欲擒故纵"的目的。

环节四:转换角色为正方

让学生稍微平息一下,转换角色,一起站到正方的角度,举例论证化学是具有正面性的。首先,对照上面的几点(繁、难、险、毒),站在正方的角度,再用几个关键字对化学的正面性进行概括。学生讨论结果为:简、易、美、奇、用。教师再问化学知识、原理有没有规律性,学生说有,那么既然有规律,也就说明化学是讲道理("理"字)的,问学生"对吧",学生齐声答"是"。这也暗示,学生已经开始有认同了。投影并在黑板写上六个字:理、简、易、美、奇、用。

明确辩论任务:首先要证明自己的观点,然后还要与刚才的反方观点进行对辩。还是分六组,每组完成对其中一个观点的论述。教师巡视、参与讨论。之后,各组学生代表一一上台汇报,教师协助和概括。并且,教师事先准备好素材,在每组学生汇报好后都针对性地再做补充和讨论。

观点一:化学是讲道理的。

学生先汇报,教师鼓励。再举例,根据以下两个反应比较 CH_3COOH 和 $HClO$ 的酸性:$2CH_3COOH + Na_2CO_3 =\!=\!= 2CH_3COONa + H_2O + CO_2\uparrow$;$H_2O + CO_2 + Ca(ClO)_2 =\!=\!= CaCO_3 + 2HClO$。学生依据强酸制弱酸的原理,分步推导得出正确结论,体会其中的逻辑性、规律性。教师指出,除了物质的性质比较,物质的结构等问题也可进行类似的推导,例如半径比较。再举例所谓比较难的多步计算问题:已知有 $2mol\ CH_3COOH$,经以下连续两步反应后，最终能生成多少 HClO？$2CH_3COOH+Na_2CO_3 =\!=\!= 2CH_3COONa+H_2O+CO_2\uparrow$ 和 $H_2O+CO_2+Ca(ClO)_2 =\!=\!= CaCO_3+2HClO$。学生讨论后很快得到答案，并表示并不难，从中他们又体会到了化学问题的逻辑性，教师适时阐发情感：逻辑性也是一种美呀，这就是逻辑之美。指出，今后多步计算问题也不用怕，只要找到其中的规律，化学是讲理的。

再讨论：如何看待化学的危险性和所出现的事故？为什么会发生事故？该如何面对？事故是否是不可避免的？

【设计意图】通过具体实例让学生感受化学的理性和规律性，发现其中的逻辑之美，这既是生动即时的美育，借此培养学生的审美能力和情怀，又是对化学学科本质问题的一次探索，培养学生的探索精神、推断能力。呼应、讨论之前关于如何看待化学危险性的问题，可以让学生站在客观、理性的角度去认识化学，学会一分为二辩证地看待问题，形成利用所学知识趋利避害的意识。这同时也是对学生应具"安全意识"的培养。

观点二：化学是简便的。

学生代表从化学语言的简便性角度进行了分析，同时也指出这其中具有逻辑性，大家体会到，很多时候，化学知识的表述和记忆都并非很烦、很难。以 $H_2+F_2 =\!=\!= 2HF$ 为例，它用汉字语言描述要 23 个字，相比较，显然是化学方程式来得更直观、简便。此外，再从化学物质的分类、化学反应的类别来说，管它物质和化学反应有多少种，物质的分类、化学反应的归类也就那么几种，通过形式看到本质后就觉得简便了，好理解也好记忆了。

【设计意图】用对比的方法让学生体会诸如化学式、化学方程式等学科语言的意义、价值，从而也让他们愿意接受和喜爱这门学科。这些在本质上都是学科语言的美，既是语言表达之美，也是形式简约之美，此处是进行基于学科特点的审美教育。之后再指出杂乱纷繁的化学物质、化学反应经过归类后也就那么几种，则可以让学生又一次体会到化学的简约之美。

观点三：化学是容易的。

学生代表先发言，谈及化学方程式、化学计算、化学原理等对象。教师总结，还是那句话，只要掌握了规律就变得容易了。现场做个活动：请尝试记住以下字母和数字：C，1，2，2，K，I，2，K，C，1，I，2，教师现场计时。学生表示很难，此时教师再展示方程式：$Cl_2+2KI =\!=\!= 2KCl+I_2$，学生顿时醒悟，原来刚才的字母数字可以组合成有意义的化学方程式，这样一下子就好记了！教师再问，当大家掌握了反应、公式等的含义及相关规律，还怕记不住吗？还怕默写吗？学生都摇头。顺着这个反应完成计算：若已知氯气有1mol，则最多能生成多少碘？学生通过观察化学计量数之间的关系很快得出了答案。于是教师再追问，涉及物质的量等的计算问题，真的很难吗？学生说不难了！

【设计意图】此处是再次用对比法，让学生比较采用死记硬背的方法和在掌握化学原理、规律之后再尝试记忆哪个更容易。采用游戏的方式让学生记字母、数字，学生会感受到形式新鲜、有趣，而经过对比之后，又会产生强烈的认知冲突，从而再次对化学的价值产生深刻的认同，消除以往的抵触、畏难心理。这其实也是再次凸显化学的语言美、规律美。而根据方程式中的化学计量数进行物质的量的相关计算，学生能够做到"眼睛一看答案就出来"，明显感受到涉及物质的量的计算有时是非常快捷的，这是对之前观点的呼应，学生通过理性实践后有所反思，化学计算一定是难的吗？此处有效帮助学生建立起了对化学学习的信心。

观点四：化学之美。

学生代表从颜色、形态等方面阐述化学之美，列举了一些生活实例、实验现象等，也表达了他对化学的欣赏、喜爱之情。教师鼓励大家再相互补充、碰撞。而后教师又做拓展：首先，刚才大家已发现了化学的逻辑之美，而如刚才学生所说，我们可以在化学的物质世界里看到种种美丽的颜色（展示如七色光谱般各色齐全的物质图片），可以看到种种美妙的外观，比如水晶、雪花（展示图片），还可以将天然钻石等物质切割成人类所需要的任何形状，使它们更加美观（展示图片），以上这些都属宏观之美。另外还有微观之美，展示碳60分子，氯化钠、石墨等晶体，观察微粒排布的规律性和美观性。再举例，我国科学家利用扫描电子显微镜，在硅晶体表面写出两个字——中国，教师问："化学里有我的中国心，民族的情感此时也融于其中，是不是呀？"学生肯定地回答：是！最后再一起体会，有规律的排列是美的。

【设计意图】让学生与生活相结合，阐发自己所喜爱的物质、现象，无疑，这其中包含着丰富的化学"元素"，容易引起学生的情感共鸣。关于化学的美，学生其实可以一下子罗列出许许多多的实例，他们是有真实感受的，而这种列举、碰撞的方式，可以增加他们的认同感。此处，共论述到化学的逻辑美、现象美、结构美等多个角度的美。另外，讲述我国科学家在硅晶体表面写出

"中国"二字的故事，则是巧借"美"这个主题进行爱国主义教育，让学生在积极的情感状态中升华自己的爱国情怀。

观点五：化学是奇趣的。

学生说到化学的各种神奇之处，提及多种有趣的化学反应。教师顺着话题往下说：千变万化的化学世界，有太多值得我们探究的东西，也可以满足同学们天生的好奇心，其实，它也能满足包括成人在内的全人类的探索欲望。展示趣味视频，将饱和醋酸钠溶液（暂不告知）倾倒在器皿中，瞬间结晶并成长为一座"小山"，学生惊喜地欢呼。再现场演示利用暖宝宝取暖的实验（把里面的金属片一掰就温度升高），讲述放热原理，指出与前一个实验同原理。展示图片，医生利用喷剂给运动场上受伤运动员即时止痛，然后现场进行演示，让学生亲自体验。演示实验，将一小片泡腾片放入水中，观察现象并让学生品尝，探究其中的反应原理。再展示"沸腾可乐"的图片，讲述原理，给学生介绍，教师曾经带领自己的学生做过这个实验，学生所写文章还得以发表（展示杂志），鼓励在座学生，若有兴趣，自己也可以尝试，教师可以给予帮助。

【设计意图】关于化学的"奇趣"，笔者所用的笔墨是较重的。这是因为，化学本身就是神奇的，这是其魅力所在。人天生就有好奇心，喜欢探索未知，从其中寻找乐趣和真理，通过视频、图片展示等媒体手段结合现场实验演示，学生能够进一步真实体会到化学的奇趣，产生探究的欲望，乃至立志学好化学，从事更多更有意义的探究活动。还需一提的是，虽然化学课一般强调药品不能品尝，但是泡腾片本身就是可食用的。

观点六：化学是有用的。

学生提及化学在生活、工业、农业、航天业等方面的应用。教师结合学生所讲进行概括。教师再讲述我国成功攻克"圆珠笔笔头之问"的例子，介绍材料化学。再举例，之前有学生说有的化学物质有毒，例如二氧化硫，可是葡萄酒里偏偏就需要添加一些二氧化硫。讨论，如何看待化学物质的毒性？讨论，化学是不是为了制造危险和污染？适当指出，化学武器不是必需的，是应该禁用的。再问，化学是不是为了制造危险、制造恐慌？共同得出结论，化学的初衷是探索未知，更好地造福人类。进而讨论，除了具备化学知识，从人文学的角度来说，我们还应该具备哪些基本素养？学生说到道德。教师认可。又举例，三名英国的学生发明了可食用水包，体会化学在不断进步，诸如塑料这样的材料，将来一定都变得可降解甚至可食用，是非常安全的！

【设计意图】这部分以对话、哲思为主。讲述"圆珠笔笔头之问"既是适时进行爱国主义教育，又是强化学生的责任意识，为祖国在某些方面科技水平还不够强大而难过，立志于将来为祖国的科技事业发展贡献智慧、力量。而有毒物质因量的不同而性质和用途不同的实例可以让学生形成辩证看问题的思想，包括如何看待"是药三分毒"的问题。讨论化学是不是为了制造污染、危险，可以帮助学生反思化学的本意，突出化学的正面性，与本科的主题相应。明确人类强调掌握了科技的同时，还需具备相应的道德素养，则是结合实例让学生思考在现实中道德的价值意义。列举的学生发明实例则是给现场学生一种触动，人家在学生时代就能有所发明，自己也应该能，从而激发他们的科学探究欲望。展望未来塑料等材料的发展，则是对化学发展方向和价值的再思索，它要造福人类，它要更加绿色，它要可持续发展！

环节五：**阐述化学的中心地位**

化学与生活、生产、科技等诸多领域有关，化学也是许多科学的基础，比如生物、材料、物理学等。学好化学对于学好其他科目有帮助，而学习其他科目也有利于化学的学习，从某种程度上来说，化学也是一门中心科学。

【设计意图】再次凸显化学学科的地位、价值，让学生能够更深刻认识它，产生情感上的认同感。

环节六：**总结提升**

教师回顾：今天我和学生一起做了反方，论证了化学的负面性，又转换角色到正方，论证了化学的正面性。我边讲述边板书，把正面性指标一一用箭头指向负面性指标，请学生解释其中的关系、含义，再做总结。学生掌握了规律和方法，就可以避免化学的许多负面性，可以实现化难为简、变废为宝、化险为夷。虽然不否定它也存在一些负面问题，但不能阻止我们探索和前进的脚步。最后我问学生，现在你觉得我们更应该站在哪一方？学生回答：正方！

教师点评和激励：化学具有正面性，我们需要"正面化学"，化学有人文的一面，大家对化学拥有了积极和热爱的情感，老师称之为"情感人文化学"。最后号召大家一起加入"正面化学"和"情感人文化学"的大家庭。

教师赠语：理性让我们睿智、清醒，充满智慧；人文性让我们情感丰富，生活美满；化学无所不在，无时不在，不可替代，谁也离不开！

在学校原创情感人文音乐的音乐声中结束本堂课。

【设计意图】学生通过先后扮演反方、正反角色，对化学的负面性和正面性有了更全面、深入的思考，走出了原本盲目否定或肯定的不理性状态。通过自我辩驳，最终学生又主要站在了正方的立场，愿意用更加积极的心态去认识、看待化学，这是本堂课主要的意图所在。最后大家都是赢家，皆大欢喜，学生获得了成功的喜悦，也懂得了要尊重每一个人，哪怕是所谓竞争对手，他们会发现，其实尊重他人也是尊重自己。这里体现出了尊重、公平等诸多道德元素。教师顺势提倡"正面化学"和"情感人文化学"则是教师趁机对自己教育主张和情怀的一个阐释，此时已经能够取得很大的认同和共鸣了，也为将来学生能正确认识化学、应用化学、发展化学、造福人类奠定了思想和情感基础。而教师的赠言则是对化学更辩证、客观的评价，让学生学会辩证地看待问题，并再次对化学学科升华了情感。

（三）"化学辩辩辩——化学究竟什么样"课堂实录

（四）"化学辩辩辩——化学究竟什么样"教学反思

本堂课教学内容不属于具体哪个章节，针对许多学生对于化学没有正确的认识、理解，心中存在抵触、畏惧的现状，教师决定以一种特殊的对话、辩论的方式与学生共同完成一节活动性质的课"化学辩辩辩——化学究竟什么样？"，期待通过这堂课让学生能够更加客观、全面地认识化学，特别是了解其正面价值、意义，在情感上形成认同乃至热爱。这节课也是教师"正面化学"和"情感人文化学"教育主张的一个实践案例，是基于情感的机制设计的一堂观念性引导、教育性彰显同时又兼容知识传授的综合性的课。这样的课也特别适合实施多维度的学科德育，且情感因素更易于渗透和产生作用，可以作为学科情感德育的专题实践案例。

本堂课基本涵盖了化学学科主要的德育元素，包括探索精神、社会责任、安全意识、可持续发展观、辩证观念、家国情怀、审美情趣、共性道德等。其中，探索精神的培养主要体现在让所有学生理性思考、深入分析和探究化学的负面性和正面性，不仅要求其列举观点，还要求他们能够进行具有说服力的论证，而且为了胜任辩手的角色，学生不得不投入、深入思考。社会责任和家国情怀二者的培养主要依托科学史教育和科技前沿介绍的方法，例如其中的"圆珠笔笔头之问"，学生为国家曾经科技的落后和发展不均衡而不甘，也为祖国已取得的科技进步而由衷高兴，同时产生了强烈的责任感，希望通过自己今天的努力成为未来的人才，为国家科技发展贡献智慧和力量。安全意识的教育则是通过先抑后扬再引导的方法实现，即学生先列举化学的危险性，再通过理性分析和深入辨析，发现只要遵循规律、注重方法、掌握实验守则和工农业生产等的操作规范，危险是可以避免的，即便发生也是容易控制的。可持续发展观的培养主要是通过与学生展望人类生活和科技发展的未来的方法，让他们能感受到，未来所期待的是更加绿色、环保，需要的是可持续发展，而不是涸泽而渔、破坏生态、掠夺资源；同时学生在与教师讨论中，自主得出了结论，化学的初衷不是要制造污染、危险，而是更好地造福人类，要达到这个目标，必须坚持可持续发展的观念。辩证观的培养，从本堂课的宏观架构来看，它就是一堂辩证主题的课，"化学辩辩辩"，辩什么？就是辩化学的负面性和正面性，二者都客观、辩证地存在着，取决于你怎么看待。从课的流程来看，每一个环节的对辩都是在进行辩证分析，诸如简对繁、易对难等。从更微观来看，许多问题的讨论也是辩证主题的，例如，如何看待事故？是不是有危险就不要化学了？如何看待有的物质有毒但却还可以用在食品领域？"是药三分毒"的理念就是辩证。审美情趣的培养，这也是化学学科独特的优势，通过让学生阐发化学世界中随处可见的美，教师再辅以直观图片的方法，学生为之震撼、因之陶醉。其实，连大科学家们都感叹，自然世界为何如此美丽神奇，莫非是上帝的杰作？当然，这个"上帝"其实就是大自然。关于共性道德，这堂课则是多处有意识地加以培养。让所有学生都能获胜，不让一个人因为失败而失落，这既是教师的教育情怀和人文关怀，也是对公平、尊重等道德感的诠释和引导，而对爱护自然和科学发展观念的引导、要求学生为所有上台同学鼓掌、强调科技再发展也不能离开道德的约束等，都是教育者情感性道德教育的表达和诠释。此外，道德也是美的，教师也是有意识进行着道德与美相结合的教育，只要遵守道德，充满爱心和责任心，有人文情怀和审美意识及能力，你会发现，化学是美的，漂亮的，善良的，诚实的，安分的，无害的！

九、生物学科情感德育实践示例[①]

（一）生物学科情感德育概述

1. 生物学科开展情感德育的价值

情感德育是教育过程的一部分，它关注教育过程中学生的态度、情感、情绪以及信念，以促进学生的个体和整个社会的健康发展。生物科学是学生在中学阶段接触的一门自然实验科学，是自然科学中发展最为迅速的科学之一，生物科学正向着更加关注人类自身的方向发展。同时，生物科学在解决人口增长、资源危机、生态环境恶化、生物多样性面临威胁等诸多问题方面发挥的作用越来越大，有力地促进了现代社会文明的发展。生物教学更加关注学生已有的生活经验，更强调学生的主动学习，并增加实践环节。生物课程教学的目标是，学生通过学习生物，能够对生物学知识有更深入的理解，能够对今后的职业选择和学习方向有更多的思考，能够在探究能力、学习能力和解决问题能力方面有更好的发展，能够在责任感、合作精神和创新意识等多方面的情感能力上得到提高。

2. 生物学科中的主要情感德育元素

（1）家国责任。家国责任包含社会责任和家国情怀，社会责任是作为一个社会人所必须遵守和执行的一整套行为思想和行为规则。生物学科学习中的社会责任要求学生参与基于生物学科认识和能力的社会事务的讨论，能够做出理性解释和判断，并具备解决生产生活实际问题的能力。社会责任要求学生具有高度的家国情怀，关心国家发展，具有公民意识、民族自豪感和强烈的爱国主义，关注社会问题、关心他人，并尝试提出解决问题的思路和方案。生物学科学习中的家国责任要求学生了解我国的生物资源状况和生物科学技术发展状况，爱祖国、爱家乡，有振兴祖国和改变祖国面貌的使命感与责任感，关注与生物学科有关的社会问题，初步形成主动参与社会决策的意识。

（2）珍爱生命。学生正确认识生物和人体的生命现象及其活动规律，掌握生物学基础知识，逐渐形成辩证唯物主义的自然观。认识生命的活动规律，认识到生命来之不易，爱生命，爱父母，爱朋友，爱自己。

（3）自然关怀。培养学生对自然的密切关注，浓厚的生态意识和生态关

[①] 本案例撰写：周敏。

怀，对大自然的热爱，对社会与自然世界之间关系的深刻洞察，以及对人类与自然前途命运的忧患意识，关注人类自身命运，关注自然与人的关系，关注生物与周围环境的关系。

（4）环保意识。具有关心、保护环境的意识和行为是九年义务教育重要的培养目标。在自己生活经验的基础上，了解自然环境与人类生活的关系，初步树立关心周围环境、珍惜自然资源、爱护自然界生物的意识。

（5）生活热情。对生活表现出来热烈、积极、主动、友好的情感，愿意通过努力更了解生活让生活变得更美好的态度。关注生活与生物学的关系，能把知识和生活有机联系起来，从科学的角度去认识生活，解释生活，并尝试服务生活，丰富生活，改善生活，从而更加热爱生活。

（6）探索精神。有主动地研究、发现生物界的某些规律、联系、属性等的心理倾向，乐于探索生命的奥秘，具有实事求是的科学态度和创新意识。敏于从观察中提出问题并筛选出有价值的问题，善于主动查找资料弄清实验原理，长于自主选择合适的实验材料，敢于尝试改进实验，勇于自己设计实验。

（7）健康生活。有良好的生活与卫生习惯，确立积极、健康的生活态度。理解生活方式的概念，认识到生活方式对健康有影响。能尝试综合评价自己的健康状况，关注健康问题。全面理解健康的定义，并且认识到心理健康对个体健康的意义。学会调节情绪的技能，保持心理健康。

（8）合作能力。生物学习包含生物科学知识、领悟科学研究方法而进行的各种活动。初中生物教材共有84个学习活动，并且在每一章的前面都有学习要点和活动提示，试图通过学生的活动来达成目标，这些活动的完成需要小组学习，需要在小组中正确地表达，需要与人交流和合作。

3. 生物学科中实施情感德育的路径与方法

（1）适时渗透，厚植家国责任。

生物科学实验、农业生产、遗传现象、人体健康等与生活、生产实践相结合的事例、我国生物科学研究的成果和进展等，可以在真实的情境下培养学生的家国责任意识。例如学习人体的激素调节时，穿插介绍"世界上首例具有生物活性的结晶牛胰岛素的人工合成"这一我国科学家取得的巨大成就。学习遗传变异时，介绍我国科学家率先成功应用体细胞对非人灵长类动物进行克隆，获得了两只克隆猴——"中中"和"华华"。学习传染病相关知识时，介绍我国的中医药对此次抗击新冠肺炎疫情的重大贡献。让学生真实体会到我国科学研究的重大成就及领先水平,提高学生的民族自豪感和认同感。

关注社会问题,关注公民的健康,并提出科学的解决办法,这也是一种重要的家国责任意识和能力。比如,在学习植物分类时,引导学生思考军山南麓植物物种的调查与保护问题;学习单细胞生物时,引导学生探究濠河水污染的生物学解决方案;等等。

(2)创设情境,促进生命珍爱。

生命观念是生物学科中对生命现象和生命活动规律的认知结论和认知方式的统一,在生物学科核心素养中处于中心位置。生命观念主要包括生命的物质观、结构与功能观、系统观、能量观、信息观、稳态与调节观、遗传与变异观、进化与适应观、生态观等多个观念,每个观念都有丰富的内涵,分别由一系列的重要概念支撑。生物教材中有着丰富的生命教育资源,教师可以在生物教学中创设情境,适时渗透生命教育,帮助学生通过认识自然、认识自我活动,体验生命来之不易,学会关爱生命,关注自身健康和发展,激发对生命的热爱,增强生存意识,提高生存能力,提升生存价值。

在生物教学中,通过营造与教学内容相适应的或悲或喜的课堂情感情境,促进学生产生积极学习生物学知识的内驱力。

比如,在"人的生殖"教学设计中,教师可以运用悲剧视频引入课题,学生的害羞等不良心理是这节课教学的最大思想障碍。用悲剧的故事引入,能极为有效地扫除这个障碍。悲恐中的深思会激励学生充满责任心地去努力学习相关的知识内容。

教师可以让学生通过观察图片和显微切片,来了解两性生殖细胞的结构,理解它们的功能;教师可以让学生通过组内交流、组间交流、师生交流,不断释疑解惑,形成关于生殖系统的全面、准确的基础知识;教师可以在数字实验室的交互平台上,利用视频、动画、超清显微照片等素材的提供,帮助学生自主地直观了解胚胎发育过程中的变化、母亲分娩过程的艰辛和生命的顽强。

在生物教学中,教师可以采用多种手段、多样化的形式对学生进行"生命孕育、生命发展"等教育,促使他们正确认识生命,端正对生命的态度,学会尊重、爱惜、欣赏、热爱自己的生命,进而学会尊重、关怀、欣赏他人。

(3)以美求真,唤醒自然关怀。

美好的事物能诱导人产生审美情感,激发学习的内驱力。生物是一门关于生命现象、生物结构、功能、生物活动规律的基础科学，里面蕴含着自然美、生命美、科学美、人格美、和谐美等，生物教学要让学生更好地体会到生物课堂的美、生物科学中的美，用生物科学之美唤醒自然关怀之心。

为此，教师要善于挖掘教材内容之美，比如结构和功能的适应之美，生物与环境和谐之美，生物科学史的逻辑之美。例如，即使初看觉得丑陋的蟾蜍，其实也有它与环境颜色的一致之美、爬行动作的协调之美。

在课堂教学中，适度利用诗词，或者诗意的语言，使科学知识情境美化，也可以渲染气氛，比如用"不经一番寒彻骨，怎得梅花扑鼻香"帮助学生理解自然界中的非生物因素对生物的影响；用"种豆南山下，草盛豆苗稀"解释自然界的生物之间的竞争关系；讲解微生物的分解时，可用"落红不是无情物，化作春泥更护花"来表示自然界生物成分中分解者的重要性。

在唤醒学生的自然关怀之心的教学中，我们要帮助学生理解"人类和地球上其他生物""人类活动和生态系统"之间的关系，学会尊重自然发展规律，树立人和自然和谐相处的观念。

(4)定点切入，深播环保意识。

生物教材中蕴含着大量环保教育的内容，它在帮助学生探索大自然奥秘的同时，也肩负着对学生进行环保教育的神圣职责。

在生物课堂上深播环保意识，要选择好最佳切入点，才能事半功倍。

在学习了关于食物网、食物链的知识后，启发学生去发现，每种生物都与其他很多种生物有联系，一种生物的灭绝会导致一系列物种的消亡。

在学习碳氧平衡时，引导学生学习发现，植物的光合作用是唯一给生物圈增加氧气的环节，是维持碳氧平衡不可或缺的一环，使学生深刻地意识到绿色植物的光合作用是地球上一切生命生存、发展和繁荣的前提，理解为什么要大力植树造林，了解我国的基本国策"退耕还林（草）"的重要意义，理解"绿水青山就是金山银山"。

在生物教学中，还可以充分利用有关的环保纪念日为切入点对学生进行环保教育，如，3月21日世界森林日、3月22日世界水日、3月23日世界气象日、4月22日世界地球日、5月31日世界无烟日、6月5日世界环境日。

(5)学以致用，发掘生活热情。

让源于生活的生物知识和技术，通过学生们的探究、思考和练习，更好地为现实生活服务，为生活增光添彩。让学生爱上生物，爱上生活。

学习植物分类时，可以带领学生识别校园植物，记录和欣赏校园里的花开花落，了解当地的野菜和特有品种的功效。比如，南通的蘘荷有什么作用；了解当地的植物特产美食，比如蒿团是用什么植物的汁液制作的，冷蒸又是什么。

学习酵母菌的知识时，带领学生亲手发面制作一次馒头。

学习细菌的知识时，鼓励学生尝试利用乳酸杆菌制作酸奶。

学习种子的结构时，布置学生亲手萌发一批绿豆芽。

学习植物的生殖和发育时，引导学生思考和尝试繁殖学校里的古楸树。

学习叶片的结构时，跟学生一起制作美丽的叶脉书签。

学习昆虫的知识时，让学生观察彩蚕。

(6) 构建模型，体悟探索精神。

在生物教学中，科学探究和科学思维互为倚重，科学探究是科学思维的实证过程，科学思维是科学探究的内在本质，无论是进行科学探究还是科学思维，学生都能体悟到探索精神。

提高科学思维的方式之一是搭建模型，是人们认识自然界的一种重要方式。搭建物理模型可以直观地表达对研究对象的特征的认识；构建概念模型可以使学生深入理解基础知识，辨析知识点之间的联系与区别，使知识结构化，同时有利于培养学生的归纳、概括和语言表述能力。在生物学教学中，如果学生能在教师的引导下，在一定的情境中通过自己动手，探索、交流和学习，建构相关模型来学习生物知识，将会非常有利于他们对相关知识的掌握。从直观到抽象，从感性到理性，学生在掌握模型建构的方法的过程中，也体悟到探索精神和生物学研究的逻辑思维之美。

探索精神的培养，不仅有利于调动学生的积极性，变被动学习为主动学习，更能培养和提高学生的学习兴趣，探知更为广阔的生物世界，全面提升学生的各方面能力和生物素养。

达尔文说："我之所以能在科学上成功，最重要的一点就是对科学的热爱，坚持长期探索。"

(7) 了解健康知识，学会健康生活。

生物学帮助学生准确理解健康的概念，健康不仅仅是没有疾病和不虚弱，还要有完整的生理、心理状态和良好的社会适应能力，有道德修养和建立家庭后的生殖质量。帮助学生养成良好的作息和饮食习惯，不吸烟、不酗酒、不吸毒。帮助学生理解免疫和传染病的基础概念，掌握如何预防传染病相关知识，了解各类疾病的危险以及预防对策，并具备一定的安全用药常识，等等。

(8)搭建平台，提升合作能力。

合作能力要在合作活动中提升。生物学习中有许多小组活动，特别是分组实验需要合作完成。活动中学生要有明确的学习任务，才能避免小组合作学习的盲目性，提高小组合作学习的效率。进行小组划分后，在每个小组中确定小组长，其主要职责是分工、协调、督促、检查、反馈。小组长要合理安排组员的分工任务，让小组中的每个成员共同参与，保证人人都有事可做。

小组合作活动要安排展示交流环节，为学生提供尽情展现的舞台，激发他们合作学习积极性和热情。学生在课堂展示中表述自己的观点，得到其他同学的认同，从而获得学习的成就感，学生在展示中表露自己的想法，可能会使其他同学产生怀疑，出现思维的碰撞，从而共同提升。展示时教师要多指导学生，把自己当作课堂互动的一员，鼓励合作展示，对学生的展示适当给予点拨与评价，鼓励学生进行自我评价和自我矫正。

教师在进行评价时应把小组评价和学生个人评价相结合，可以让他们意识到正是有了他们每个小组成员的共同参与、团结协作，自己的小组才能很好地完成实验任务。

（二）"多种多样的生态系统"教学设计

该课选自《生物》(人教版)七年级上册。

【教学目标】

1. 知识目标

(1)概述生态系统的概念。

(2)概述生态系统的组成及其在生态系统中的作用。

2. 能力目标

(1)通过观察池塘生态缸，构建生态系统的概念，发展观察能力和合作学习的能力。

（2）通过分析身边常见的生态系统，发展分析问题和解决问题的能力。

（3）通过搭建生态系统模式图，提升动手能力。

（4）通过完成对池塘生态缸各种成分的分类和关系分析的口头展示，依托磁性概念图卡对本组构建的生态系统概念图的展示，依托白板和磁性图片对本组搭建的生态系统模式图的展示与讲解，以及展示之后的互评，发展表达能力、质疑能力、自我矫正能力，促进对生态系统这一重要概念的建立、理解和应用。

3. 情感态度与价值观

体验观察等科学探究过程，感受生态系统内各成分之间密切相连的关系，树立生物成分与非生物成分之间是一个不可分割的整体的观念，确立保护生态系统就是保护人类自己的观念，加深对家乡、祖国、地球的热爱。

【教材重点】

生态系统概念及组成。

【教学难点】

生态系统概念的构建。

生态系统各组成成分之间的有机联系。

【所用教具】

白板、磁性图片等。

【教学过程】

教学环节	教师活动	学生活动	设计意图
教学引入	展示学校莲花池的图片，引导学生观察其中的成分。	学生思考。	诗意的语言、家乡美景、熟悉的校园场景唤起对家乡和母校的热爱，激发学生的学习热情，引起学生关注和回忆，引发学生的思维活动。

续表

教学环节	教师活动	学生活动	教学策划与设计
活动一 观察池塘生态缸	(1)提出观察池塘生态缸的要求和注意点。 (2)评价和引导总结。 (3)提出分析各成分关系的问题。 (4)引导学生思考生态系统内部生物成分和非生物成分的联系，生物各成分之间的联系。理解生态系统的构成是各成分的有机统一。 (5)引导学生从各成分的作用过渡到生产者、消费者、分解者概念内涵的理解。 引导学生理解生态系统概念的内涵。	(1)辨认池塘生态缸中的各种生物，分类填写在表格中。 (2)找出池塘生态缸中的非生物成分，填写表格。 各组汇报展示观察结果。 (3)思考非生物成分和生物成分之间存在着的密切联系。 (4)联系已学过的自然知识，思考绿色植物在生态系统中的作用。 (5)思考池塘中的动物与植物之间的关系。 (6)思考在池塘生态缸中，动植物的遗体和它们排出的废物都到哪里去了，这与哪些生物有关。 汇报展示交流。	在课堂上给学生创设能充分获得对生态系统的感性认识的情境，唤起自然关怀。 导学单上的各成分的分类表格和屏幕上按照学生汇报次序逐步点开显示的图文资料，让学生小组合作能力的提高有支架、有依托。
活动二 构建生态系统概念图	提出构建生态系统概念图的要求。	分析生态系统、生物成分、非生物成分、生产者、消费者、分解者各概念之间的关系，重新排列这些概念，并画出连接线，构建生态系统概念图。 汇报展示交流。	学生尝试构建生态系统的概念图，构建模型是生物学习方法之一，建立特定的模型有利于帮助学生更好地掌握知识之间的联系，更好地理解一些抽象的知识。也使得小组合作更有深度和逻辑性。 磁性概念图卡的设计，让生态系统概念图的构建、展示等的合作有了更强的可操作性。

续表

教学环节	教师活动	学生活动	教学策划与设计
活动三 模式图搭建	提出让学生分析并搭建生态系统模式图的要求。巡回辅导。	分组观察给定图片中的各成分，尝试选择合适的卡片搭建它的模式图，分析这个生态系统的组成和特点。汇报展示交流、自我矫正。	搭建模式图的活动，将抽象的知识形象化，有效地帮助学生对已形成的概念进行了辨析。在活动中提升对自然生态的理解，提高合作能力。白板和磁性图片的设计让各组的合作与互评有了可依托的支架，能有效发展学生的合作和自我矫正能力。
教学小结	(1)回忆课堂教学的进程及梳理知识的结构。(2)照应开头。	(1)和教师共同完成本节课的教学重点知识框架的构建。(2)应用本节知识理解保护生态系统就是保护我们人类自己。	(1)理清学生思路，建立新知识的框架。(2)联系实际，激发学生保护生态系统的情怀

（三）"多种多样的生态系统"课堂实录

（四）"多种多样的生态系统"教学反思

1. 教师"让学"，激发责任与热情

"让学"就是把课堂的时间、空间、话语权等尽可能让位给学生，尽可能让学生自己主动、深入地学习。教学犹如"植树"，树木是自己长的，别人替代不了它的生长。学生学会任何东西，最终都是学生通过自己的内化掌握的。

本节课，除了情境创设、适度引导、适量点评外，其余活动都由学生来完成，根据分析，教师讲授的总时长仅为17分钟。

2. 精心设计活动，促进学生合作学习

小组合作学习，有利于提高学生的学习兴趣和自信心，也有利于培养学生的探究能力和合作能力。本节课教师精心设计了系列小组活动，让学生在活动中体验合作、学会合作。

感性知识的获得过程最能激发学生的学习热情，教师要尽可能地给学生提供感性材料，引导学生通过观察和实验来丰富和积累感性知识。在教学中，教师设计了一个观察池塘生态缸的活动。以往分析池塘生态系统，一般会使用图片，由于缺少生动活泼的情境，教师只能通过语言对池塘进行描述，形式单一。本次教学中，教师从濠河精挑细选了淤泥、长满绿藻的大石块、小虾、小鱼、水绵、浮萍等，设法还原了真实的池塘生态系统，使学生看得到，摸得着，如临其境。现场，每个同学都动起来了，他们很投入地观察，为分类上的分歧热烈地争论。教师补充的显微图片，进一步给学生提供了感性材料，有效地帮助学生建构了浮游植物、浮游动物和微生物的知识。

建模是理论思维发展的重要方式，教学中，如果能让学生在一定的情境中通过自己动手，探索、交流和学习，建构相关模型来学习生物学知识，将会非常有利于学生对相关知识的掌握。本节课设计了两类建模活动：(1)概念模型，概念图构建，可以使学生深入理解基础知识，辨析知识点之间的联系与区别，使知识结构化，同时有利于培养学生的归纳、概括和语言表述能力。(2)物理模型，模式图搭建，可以更直观地表达对研究对象的特征的认识。

本节课的小组活动这几点做得比较好：(1)有明确分工，而且人人参与；(2)每次活动都有明确的、有一定深度的任务；(3)小组中，互助互动气氛浓厚。

3. 搭建多种平台，促进学生展示交流

展示是激发学生学习内驱力的手段，是培养和提高学生表达能力的方式，是学生发展的生长点。精心搭建展示平台，能提升展示效果，让展示更精彩。

本节课搭建了多种平台，有效地促进了学生的展示交流。(1)投影展示。这种方式可以及时呈现学生活动状态，有层次地、大容量地展示学生合作学习的成果。(2)磁性黑板展示。这种方式，可以清晰地在全班同学面前动态地展示构建概念图的过程，便于同学质疑、补充、矫正。(3)磁性小白板展示。磁性小白板便于各小组同时开展活动，缺点是展示内容有限，所以适合于对某一切口小的关键问题进行展示。

4. 充分利用课堂生成，让意外演绎精彩

课堂生成资源是在师生、生生合作中，在知识与情感的碰撞中现时生成的。超出预设的新问题会因处理的不同而呈现出不同的价值，处理好课堂生成会使课堂更精彩。教师精心设计活动、搭建多种平台、适度引导，成功"让学"，学生互动有序，合作有效，交流展示精彩纷呈。每个同学情感上都非常投入，也非常快乐。

十、音乐学科情感德育实践示例[①]

（一）音乐学科情感德育概述

《中国教育改革和发展纲要》指出："教师应当把德育贯穿和渗透到教育教学的全过程中，并以自己的楷模作用，促进学生的全面成长。"音乐教育是整个教育体系中不可或缺的一部分，也是道德教育一种特殊、不可替代的手段。在音乐课堂可通过优美的旋律、鲜明的音乐形象、生动的教学内容，达到情感德育的目的。根据《义务教育音乐课程标准（2011年版）》和《普通高中音乐课程标准（实验）》，结合教学实际，制定的《中小学音乐学科德育实施指导纲要（试行）》指出：音乐是人类最古老、最具普遍性和感染性的艺术形式之一。音乐是人类最简单、最通俗易懂的表达思想情感的艺术方式，是人类精神生活的重要组成部分。

1. 音乐学科开展情感德育的价值

音乐学科实施情感德育主要通过聆听、感受、演唱、鉴赏、实践创编等音乐活动，来培养学生的人文素养、审美兴趣、实践能力及创造性思维。

（1）人文价值。音乐课堂中蕴含着许多人文价值和内涵，以其独特的艺术魅力影响着人类历史的发展进程。音乐课程中的许多优秀的、经典的音乐作品，都涵盖了不同时代、不同背景、不同国家、不同风格、不同情绪的内容，是世界各个民族的民族性格、民族情感和民族精神的展现，具有鲜明而深刻的人文价值。

（2）审美价值。"审美"作为音乐课程中最核心的基本理念，其目的就是培养学生的欣赏美的能力。音乐课堂要体现以审美为核心，教学的过程和形式是区别于其他学科的。在音乐课堂中以审美为核心，就要使学生在音乐学习

[①] 本案例撰写：钮玥。

过程中建立良好的审美观念和情趣，让审美渗透在音乐课堂的每一个环节和整个过程。让学生们能真正感受到音乐作品带来的美感，包括旋律的美、情绪的美、歌词内容的美、形式的美、音乐风格的美等。作品的学习能够让学生受到感染、熏陶、影响。引导学生对音乐表现形式、基本要素、乐理知识的学习，学生将在演唱、演奏、聆听、实践中，进行音乐审美的体验，从而提高音乐素养，陶冶情操，丰富精神世界。

（3）实践价值。在音乐作品学习的过程中，通过聆听、演唱、演奏、综合性艺术表演、音乐沙龙、音乐创编等多种实践形式，积极参与音乐实践活动，挖掘并培养学生的演唱能力、鉴赏能力、审美能力、表演能力、表现能力等，通过着一系列的实践活动，音乐教育中的情感德育功能才得以实现。

（4）创造价值。在音乐实践与创编的过程中，学生需要亲身参与其中感受领悟音乐的内涵，通过演唱、演奏、编写、舞蹈等不同的表现形式，不断地提高自身的创造性思维与能力。学生还可以通过音乐课堂的学习，感受和表现音乐作品的主题思想内容，分析和体验音乐是如何运用各种要素表现主题的，发展想象力，增强创造意识等。

2. 音乐学科中主要的情感德育元素

(1)高尚情操与积极态度。

在音乐教学的过程中，学生能够学习到许多的高尚情操与积极态度，比如朝气蓬勃、奋发向上的精神风貌，热爱生活、珍惜青春、热爱音乐、热爱人生的人生态度等，如在学习七年级上册第六单元"欢乐颂"时，学生在音乐艺术实践中理解人类互相关爱的高尚情怀，在音乐中享受欢乐，感悟关怀人类的美好情感，懂得以积极乐观的态度面对人生。又如在学习八年级上册第一单元"花季如歌"时，学生通过音乐作品的学习，感受新时代少年朝气蓬勃、奋发向上的精神风貌，激发热爱生活、珍惜青春的美好感情。

(2)民族意识和爱国主义情怀。

对戏曲音乐、民族音乐、民间音乐作品的学习，如七年级上册第二单元"中国龙吟"，八年级上册第二单元"草原情曲"，能够激发学生对中国戏曲音乐、民族音乐、民间音乐的兴趣，拓展学生的艺术视野，深化学生对我国民族音乐艺术的理解与热爱，增强民族意识、继承优秀传统文化的意识和爱国主义情感。例如，学习八年级下册第一单元"乐鸣江河"时，学生通过对音乐作品的学习，领略祖国山河大地音乐文化的风采，加深对祖国挚爱的情感，培养爱国主义情怀，同时从充满民族神韵的音乐中，受到美的熏陶与启迪。

(3)音乐文化多样性。

许多国家和地区都拥有着灿烂的文化和丰富多彩的民族民间音乐，学生通过对国外音乐作品的学习，如八年级上册第五单元"欧美览胜"，七年级下册第一单元"春天的旋律"，感受其音乐风格与艺术魅力，探索相关音乐文化，拓展音乐文化视野，理解音乐文化的多样性，增进对多元文化的了解与认同，激发其了解世界优秀音乐文化的愿望与兴趣。优秀的经典的音乐作品是没有国界的，是永恒的，是一个人成长过程不可缺少的精神养料。不同国家有着不同形式的音乐作品，比如交响曲、民族管弦乐、西洋管弦乐、歌剧、音乐剧等。通过对这些音乐作品的学习，学生可以了解更多的世界音乐文化，开阔视野，提高个人素质修养、丰富文化内涵。

(4)集体合作精神。

在音乐教学过程中，合唱是一项重要的教学内容，学生对合唱这种较为熟悉的演唱形式也颇感兴趣。在初中的音乐学习中，学生涉及了许多的演唱形式，比如合唱、重唱、轮唱、齐唱……这些演唱形式都是一个学习合作的过程，所以教师在教学过程中，要特别强调集体合作的重要性。例如七年级上册第一单元的"欢乐的啦啦歌"，在教学难点中就突出轮唱的教学内容。轮唱这种常见的演唱形式在学生中实施还是比较困难的，一是他们本身接触得少，二是作品的难度较大，这时就涉及了情感德育中的集体合作精神。学生在学习演唱的过程中自觉地感受到合作的重要性，这也是一种无形的学习过程。

(5)审美能力与情趣。

音乐课程学习和参与丰富多样的艺术实践活动，引导学生不断地探究、发现、感受、领略音乐的艺术魅力，培养他们对音乐的审美能力与情趣，并在不断学习的过程中，掌握一些必要的乐理知识和基本演唱、演奏、鉴赏音乐作品的技能。例如八年级下册第三单元"清明雨花"，学生就可以通过音乐作品的体验，读懂音乐的语言，知道如何从音乐的侧面来认识大千世界，认识音乐作品中深层的含义，从而提高自身的审美能力。又如八年级下册第六单元"交响时空"，学生通过对交响乐作品的学习，进入交响乐的殿堂，揭开交响乐神秘的面纱，感受它的音乐价值、魅力，体会其中的思想内涵和高度的艺术性，开阔音乐文化视野，形成基本的音乐素养，丰富精神内涵，自身的审美能力和情趣能够得到大大的提高。

3. 音乐学科中实施情感德育的路径与方法

在义务教育学段中，音乐学科的教学内容主要分为感受与欣赏、表现与实践、活动与创造这几个方面的内容。以下分别从高尚情操与道德品质、增强民族意识和爱国主义情怀、理解音乐文化多样性、集体合作精神、审美能力与情趣这五个情感德育元素的角度，结合教学内容，分析探讨在教学过程中应当如何实施情感德育。

(1)高尚情操与道德品质的实施方法。

通过聆听、感受、演唱、欣赏等活动中积极体验与感受，学生从音乐作品中了解作品的创作背景，作曲家的创作风格，掌握不同国家、民族、时代相关的文化知识，并从音乐作品中体会旋律、歌词内容所要表达的情绪情感，从而培养学生的高尚情操与道德品质。

(2)增强民族意识和爱国主义情怀的实施方法。

教师要注意创设与歌曲表现内容相适应的教学情境，挖掘作品所蕴含的音乐美及思想情感，拓展课本以外的图片、音频、视频。比如，播放一些大型的国家性活动：奥运会、阅兵仪式等的视频，让学生通过身边真实的事情充分了解到课程的主题内容或思想情感，丰富学生的情感体验，使其情感得到进一步的升华，熟悉并热爱中华民族音乐文化，增强民族意识，培养爱国主义情怀。

(3)理解音乐文化多样性的实施方法。

音乐文化的多样性包括不同国家的音乐文化、不同时代的音乐文化、不同风格类型的音乐文化等。学习不同的音乐作品，理解音乐文化的多样性，能够激发学生对音乐学习的兴趣，引导学生以开阔的视野走进音乐世界，加深对祖国及世界音乐文化的理解与热爱。不同国家的音乐文化除了我国本民族的音乐文化，还有欧美音乐文化、非洲音乐文化、拉丁美洲音乐文化等；不同时代的音乐文化包括巴洛克时期音乐、古典时期音乐、浪漫主义时期音乐、印象主义时期音乐、现代主义音乐等，这些都说明音乐文化具有多样性。除此以外，还可以结合乡土音乐进课堂，如南通本地的《海门山歌》，让这些非物质文化遗产得到更好的传承与发扬，这也是一种理解音乐文化多样性的方式。

(4) 集体合作精神的实施方法。

在实践与创编的活动过程中，需要通过小组合作的方式，先引导学生进行探究、发现、创造等，调动他们主动学习的积极性，培养他们强烈的创作欲望，使其积极参与到创作活动中，并发掘创造性思维能力，各抒己见、集思广益。还可以在合唱、综合性艺术表演等音乐实践活动中培养学生与他人充分交流、密切合作、互相尊重的意识，增强集体主义精神。

(5) 审美能力与情趣的实施方法。

学生通过聆听、演唱、演奏不同的音乐作品，感受体验音色、强弱、速度、力度、节拍、旋律等各种音乐要素在音乐中的作用，逐步培养良好的音乐感受能力和欣赏能力。鼓励学生勇于表述自己的审美体验，提高学生的审美能力。还可以引导学生养成自信、感情充沛的良好演唱习惯，掌握不同类型风格的作品的演唱方法，掌握正确的音准和节奏，分析理解歌曲的思想意境，从而在此基础上培养学生的审美能力。

(二)"孤独的牧羊人"教学设计

该课选自《音乐》(苏教版)八年级上册。

【课时】第五单元第一课时。

【教具】课本、多媒体、钢琴。

【教学目标】

1. 情感态度与价值观

通过欣赏、演唱，接触欧美优秀的音乐作品，领略其独特的艺术魅力，增进对多元文化的了解与认同，激发对世界优秀音乐文化了解的愿望与兴趣。

2. 过程与方法

能够积极参与音乐实践活动，通过学习演唱《孤独的牧羊人》，尝试自己设计演唱形式或情境表演。

3. 知识与技能

能够用富有弹性的声音和幽默、活泼的情绪演唱《孤独的牧羊人》，掌握约德尔唱法，能够学会用真假声快速交替的方法演唱歌曲。

【教学难点】

能够用富有弹性的声音和幽默、活泼的情绪，采用约德尔唱法演唱歌曲。

【教学重点】

积极参与音乐实践活动，能够自己尝试设计不同的演唱形式。

【教学过程】

环节一：律动导入，激发兴趣

教师先播放一段视频，请同学们认真观看，感受歌曲的速度与情绪。思考该片段中的歌曲叫什么名称？选自哪个电影？

该曲名称为《雪绒花》，是电影《音乐之声》中的经典音乐片段。歌曲旋律抒情优美，速度舒缓。

【设计意图】选用同一部电影《音乐之声》中的经典作品，引导学生以开阔的视野走进音乐世界，让学生在律动中充分感受歌曲的情绪，体验音乐的魅力，激发学生对音乐学习的兴趣。

环节二：唱唱练练

雪 绒 花

1=C 3/4
♩=109

3 - 5 | 2̇ - - | 1̇ - 5 | 4 - - | 3 - 3 | 3 4 5 |

6 - - | 5 - - | 3 - 5 | 2̇ - - | 1̇ - 5 | 4 - - |

3 - 5 | 5 6 7 | 1̇ - 1̇ | 1̇ - - |

（第一遍唱谱练习；第二遍用"啊"进行开声练习；第三遍用跳音演唱。）

【设计意图】通过聆听、感受《雪绒花》片段，再通过演唱进行简单的开声练习，让学生在音乐实践中积极体验与感受欧美音乐作品的旋律与独特魅力，并为后面学习《孤独的牧羊人》大跳音程、约德尔唱法做准备。

环节三：新课教授

1. 初步聆听，感受歌曲

欣赏《孤独的牧羊人》并思考。

(1)歌曲的演唱情绪是怎样的？

(2)歌曲演唱有何特点？

(3)约德尔唱法是怎样的？

【设计意图】通过初步聆听，感受歌曲的音乐活动，体会歌曲演唱情绪和表达情感，进一步了解欧美音乐作品的文化内涵，掌握欧美音乐唱法上的独特技巧和基础知识。

2. 再次聆听，整体感知

(1)歌曲运用什么样的演唱形式？

(2)歌曲的结构分析，分为几个段落(部分)？

```
         A    +    B
    a  a1  a  a1      b  b1
    4  4   4  4       4  4
```

第一部分 A 段节奏紧促、密集，旋律连续出现多次八度上下跳进和七度、九度大跳，显得活泼而跳跃，加上每偶句辅以"来伊噢都"的衬词，增添了儿童情趣，展现了明快绚丽的色彩。

第二部分 B 段节奏稍拉宽、更舒展；旋律较平稳，歌词全部为衬词。

【设计意图】通过再次聆听，整体感知，渗透和运用音乐学科相关的基础知识，思考并分析歌曲的结构，培养学生独立思考的习惯与能力。

3. 歌曲学唱

(1)第一部分 A 段学唱：(注意打拍子)

A. 师生视唱 A 段歌谱；

B. 师填词演唱每句的前两个小节，生唱后两个小节(衬词部分)；

C. 提问分析：老师演唱的两小节旋律是否相同？(旋律完全重复)；

D. 生填词学唱前半句(可加入强拍击掌，感受 2/4 拍强弱规律，律动学唱)。

(2)第二部分 B 段学唱：(注意打拍子)

A. 师生视唱 B 段歌谱，注意♯4的演唱；

B. 师生填词共同演唱；

C. 反复记号的运用。

(3)完整地演唱歌曲：

女生演唱前两小节，男生演唱后两小节，B 段一起演唱。

【设计意图】通过肢体律动、师生合作学唱等教学形式，让学生成为学习的主人，并引导学生养成自信、有表情、有情绪的良好演唱习惯，掌握正确的音准和节奏，分析理解歌曲的情感意义，提高学生的演唱能力和表现能力。通过聆听、对比、模仿等教学手段，培养学生在学习歌曲时，善于发现问题、解决问题的能力。

(4)完整聆听电影片段中的音乐片段。

【设计意图】通过观看影片中含此歌曲的片段，学生更加透彻地了解和掌握歌曲的背景及情感内容，展开想象，开阔视野，了解欧美音乐文化的时代背景及风格，丰富情感体验。

环节四：音乐实践

(1)学生分组讨论，采用自己喜欢的形式演唱《孤独的牧羊人》，如：对唱，师生合作演唱。

(2)尝试做情境表演。(可以邀请七位学生和老师排成一队，配合音乐自行演绎)

【设计意图】 学生通过自行讨论出的演唱形式或情境表演，积极参与音乐课堂实践，对音乐的记忆更加深刻和长久，再次感受歌曲的情绪和特点。教师采用多种形式引导学生积极参与音乐体验与创作，增进学生的合作意识，培养学生合作探讨、交流的能力，提高学生的审美情趣。

教学拓展：

播放电影《音乐之声》中另一个经典片段《哆来咪》，请同学们欣赏。

【设计意图】 经典的音乐艺术感染力能够有效地提高学生的音乐素养，学生通过了解电影中的其他作品，体验音乐的经典美，丰富音乐体验，理解欧美文化的多样性，提高音乐审美能力。

(三)"孤独的牧羊人"课堂实录

(四)"孤独的牧羊人"教学反思

音乐学科的课堂内容主要分为演唱课和欣赏课，《孤独的牧羊人》是一节以演唱为主要内容的音乐课。通过本节课的学习，学生初步感受了欧美音乐文化中的"约德尔调"，并学会演唱歌曲，欣赏《音乐之声》中其他经典的音乐片段。本节课主要通过三个部分获得情感德育目标的实现。

1. 引导学生以开阔的视野走进音乐世界

首先通过播放电影视频，创设情境，引起学生兴趣，带领学生一起走进欧美音乐世界。通过聆听、欣赏感受欧美音乐的魅力与风格，激发学生音乐学习的兴趣，感受体验音乐要素，逐步培养他们的音乐感受能力和欣赏能力，以开阔的视野走进欧美音乐文化世界。

2. 集体合作的重要性

积极参与音乐实践环节，分组讨论合作，培养学生与他人充分交流、密切合作、互相尊重的意识，增强集体主义精神。教师运用不同的演唱形式或情境表演的方式进行歌曲的演唱，更大地提高了学生的积极性和参与度，使得本节演唱课更为精彩难忘。教学中应该做到求同存异，既要面向全体，又要尊重学生的个性差异，鼓励学生积极参与各种音乐活动，促使他们运用不同的形式表达个人情感，充分给予学生展示的机会和时间。

3. 理解音乐文化的多样性

通过欣赏电影片段中其他优秀经典的音乐作品等方式，开阔视野，了解欧美音乐的风格和艺术魅力，培养审美情趣与能力，更多地发现音乐文化的丰富性和多样性，加深对世界文化的理解与热爱。

十一、体育学科情感德育实践示例[①]

（一）体育学科情感德育概述

1. 体育学科开展情感德育的价值

情感是德育信念、原则性以及精神力量的核心和血肉，没有情感，道德就会变成枯燥无味的空话，只能培养"伪君子"。可见情感教育在道德教育中的重要地位。而体育与健康课程不同于其他课程，它是以身体练习为主要手段，以学习体育与健康知识、技能和方法为主要内容，以增进学生健康，培养学生终身体育意识和能力为主要目标的课程。"智育不好出次品，体育不好出废品，德育不好出危险品。"在体育与健康课程中开展情感德育具有重要意义。

体育作为学校教育中的一门重要学科，对培养学生具有强壮的身体素质、精湛的运动技能以及良好的道德情操具有积极的意义。我们不仅要发挥体育的健身价值，更要充分发掘其精神价值，尤其是深刻认识到体育的德育价值，不仅可以提高学校体育的教学水平和教学质量，更有利于学校道德教育的开展。

2. 体育学科中主要的情感德育元素

当下体育学科核心素养是对知识与技能、过程与方法、情感态度价值观

---

① 本案例撰写：何志龙。

的整合，是以学生发展素养为核心的价值追求。因此，在体育学科中实施情感德育的主要内容有以下几点。

(1)终身体育意识。《义务教育体育与健康课程标准(2011年版)》(下文简称《新课标》)将培养学生终身体育意识作为课程的基本理念，党的十八届三中全会通过的《全面深化改革若干重大问题的决定》也再次强调"强化体育课和课外体育锻炼，促进青少年身心健康、体魄发展"。学校体育是学生终身体育的基础，运动兴趣的培养以及运动习惯与参与意识的形成是促进学生自主学习和终身坚持锻炼的前提。在全面贯彻教育方针，落实素质教育，以提高学生身心素质为根本宗旨的今天，提高学生终身体育意识，是21世纪我国学校体育发展的趋势。所以，学校体育教育必然要主动地适应社会变化的这种要求，积极地去激发学生的运动兴趣，使学生更加自觉积极地进行体育锻炼，培养终身锻炼的意识。

(2)合作精神。日趋激烈的社会竞争，更要求学生在学校培养和建立良好的团队合作能力，拥有较强的集体荣誉感，形成良好的人际交往能力，以便将来更好更快地适应新的环境。学校体育的教学以集体练习为主要活动形式，并且具有一定的组织和原则。每一个学生在集体活动中需要相互交流与合作、配合与协助共同完成学习内容。学校体育作为素质教育的一个部分，要让学生感受集体荣誉感和集体大家庭的温暖。

(3)坚强意志。在长跑中，当你因出现"极点"感到心慌、气短、胸闷等一系列不适应现象而放弃时，怎会感受到"第二次呼吸"的动作轻松有力、呼吸均匀自如；当你因面对高高的横杆心生恐惧而放弃时，怎会领略到那腾空一跃的魅力与激情；当你因无法控制足球运球绕杆行走路线而懊恼、泄气时，怎会享受到那种"人球合一"的快乐与自豪。学校体育的练习处处有挑战，也处处有成功带来的喜悦与自信，所以学校体育的练习不仅升华了学生的技术与技能，更磨炼了学生敢于挑战的坚强意志品质。

(4)乐观进取。体育精神对体育实践活动起着导向作用，并规定着体育文化模式的选择。体育精神作为一种具有能动作用的意识，是体育行为的原动力。体育精神就是"健康向上"的精神，体育运动往往能反映出一个人不懈奋斗的精神。学校体育课程不仅要教会学生动作、技能，更要培养学生乐观进取的生活态度。教会学生无论是在学校体育的练习中还是在生活中——你可以是失利者，但不能是失志者。

3. 体育学科中实施情感德育的路径与方法

(1)激发运动兴趣，培养终身体育意识。

"激发学生运动兴趣，培养学生终身体育意识"是《新课标》的教学理念。教师要善于发掘学生学习兴趣所在，在教学中增加学生感兴趣的内容，并采用一些多元的教学方法，如设置一些技巧性、趣味性强的项目和利用挂图、多媒体教学手段等。这些方法使学生变被动锻炼为主动锻炼，不仅让学生体验到技能进步的快乐，而且还提高了对参加这些项目练习的兴趣，使学生今后持续进行此项锻炼的可能性增大。

(2)在比赛中，培养合作精神。

在体育教学中，学生之间存在着频繁的合作，如一场球赛、一次接力跑、一场游戏，如果同伴间没有合作意识就很难取胜。合作意识的培养，要紧密结合课堂内容，提出具体的要求。如在集体比赛项目中，要让学生懂得谁上场、谁替换谁、怎样配合进攻防守等。一场比赛的胜利，除了场上个人技能、技术的充分发挥外，还需要同伴间的默契配合，切忌"单斗"。在比赛中，由于各种原因，队友发挥失常都是在所难免的，在这种情况下，队员间更需要相互理解、鼓励与支持。体育比赛使学生充分认识到，人与人之间只有具备良好的合作意识，才能取得成功。

(3)激发斗志，培养坚强意志。

激发斗志就是通过激励，竞争等方式，激发学生内心深处要强、好胜、不服输的性格特点，激起学生的凝聚力和拼搏精神。在体育教学活动中，教师可以通过示范讲解"三步篮"的动作要领并进行示范，让学生借助技术、示范树立做好这一技术动作的信心。在长跑训练中可以通过"拆分式训练"的教学模式，把1000米的跑步训练分解为2个500米，对于身体素质差的学生，可以分解为4个250米。这样就会增强学生的信心，锻炼学生的坚韧性，培养坚强意志。

(4)在技术练习中，培养学生乐观进取精神。

在学生练习过程中，教师根据动作形成规律和学生的实际练习情况，逐步提出更高的技术要求，促使学生通过自己的不断努力，按教师提出的要求完成动作，否则，中途放弃努力，就无法完成下一个要求更高的练习。与此同时，教师对学生完成动作的质量进行评价，使学生能及时知道自己的练习结果，这样既能使学生练习有目标，力争把动作完成得更好，又能通过完成练习本身所需的不断努力来培养学生的乐观进取精神。

（二）"花样跳绳"教学设计

该课选自《体育与健康》(人教版)八年级下册"基本体操与体能练习"单元。

学习目标	①了解什么是花样跳绳，并能说出3～4种花样跳绳的动作做法。 ②掌握3～4种花样跳绳动作。 ③积极参与花样跳绳的学练，愉快合作，感受跳绳运动带来的乐趣。					
内容设计	**技能动作规格**：花样跳绳 **体能练习**："圈中跳跃"		**重点**：花样跳绳的技能技巧 **难点**：摇绳和步法的协调配合			
过程／时间	过程内容	教师活动	学生活动	运动负荷		
^	^	^	^	时间	次数	强度
激发兴趣 活跃情绪 8分钟	(1)课堂常规 (2)准备活动 ①跳绳慢跑 ②"绳彩飞扬"	(1)口令调动队伍、师生问好；宣布课的内容及要求；根据实际情况安排见习生；对学生进行安全教育，强调不要拿绳乱甩，以免打到其他人。 (2)组织学生进行跳绳慢跑，两路纵队一起行进。教师边领做边提示动作要领。	(1)体委整队并报告人数，学生认真听讲，明确本节课主要内容及目标。 见习生随堂听课。 明白安全学习的方法及要求。 (2)学生主动配合、认真投入。认真聆听并模仿老师动作，做出简单的花样跳绳动作。	1分钟 7分钟	多次	中
设计意图：在课始，通过跳绳慢跑、"绳彩飞扬"不但能充分活动学生们的身体，调动了学生们的积极性，还能让学生们在其中体会花样跳绳的魅力，激发学生对花样跳绳兴趣。							

续表

趣味游戏 发展能力 27分钟	(1)展板展示，自主先学： ①并脚单摇跳 ②开合跳 ③弓步跳 ④十字交叉跳 (2)发现问题，生成性教学。	(1)组织学生根据展板自主先学；巡视指导，语言提示，动作指导。 (2)限时讲授动作要领并示范；组织学生分组练习并巡回指导；组织学生展示动作。	(1)根据展板内容，自主先学；遇困难主动询问老师、同学，合作学习。 (2)认真聆听、仔细观察；认真练习、努力完善动作；踊跃展示。	10分钟 15分钟	多次 多次	中 大
\multicolumn{7}{l}{设计意图：这个环节根据本课的教学目标、重难点，设计了递进式的学练手段：展板展示、自主先学—发现问题、生成性教学，培养学生的相互合作、乐观进取意识；并步单摇跳—开合跳—弓步跳—十字交叉跳。响应南通市课堂教学改革12字方针的要求，力求提高课堂教学质量。}
组织练习 发展体能 5分钟	体能练习："圈中跳跃"。	(1)讲解"圈中跳跃"练习的方法并提出要求。 (2)播放音乐，组织练习。	(1)认真听讲体能练习要求，积极投入。 (2)随音乐跳动起来。	5分钟	多次	大
\multicolumn{7}{l}{设计意图：这个环节是在学生已掌握了花样跳绳动作技能技巧基础上的一个提升，动作不变，在音乐的伴奏中进行分组比赛，将课堂氛围推向高潮，比赛的强度加大不仅磨炼了学生坚强的意志品质，而且也培养了学生间的合作、拼搏意识。}
稳定情绪 身心放松 5分钟	(1)放松。 (2)小结、评价。	(1)带领学生随着音乐进行放松。 (2)师生共同总结本节课学习情况；布置课后练习；宣布下课；师生再见。	(1)与教师一起进行放松练习，尽情放松。 (2)认真听讲，对照自身的和同学练习情况进行自评和互评。 (3)记住课后作业，并主动完成。 (4)主动送还器材，与教师道别。	5分钟	多次	小

续表

设计意图：使用跳绳跟随音乐进行放松，能达到一种器材多种用途。同时，使学生们身心能够得到及时有效的放松。在本节课完美的结束中希望学生能够喜爱跳绳并一直坚持练习下去。			
安全知识技能教育： (1)做好准备活动。 (2)注意保持安全距离。	练习密度预计 50～60次及以上	平均心率 120～140次/分	所需场地器材： 篮球场、一人一根跳绳
课外锻炼作业：平板支撑 　男生：30秒/次×5次； 　女生：30秒/组×3次。		课后反思：	

（三）"花样跳绳"课堂实录

（四）"花样跳绳"教学反思

本节课以"花样跳绳"贯穿始终，由易到难，循序渐进地提高学生跳绳的能力，在学习过程中学生充分体验到运动的乐趣与运动后的愉悦。课堂气氛活跃，学习热情高，较好地完成了课时的教学目标。

在本节课中，学生善于观察，积极思考，在花样跳绳的过程中，学生通过动体—动脑—实践—体验，主动探究，在锻炼身体的同时，学会发现问题，解决问题。这种学习方式更主动，更积极，学生的学习兴趣更浓，思维也更活跃。学生在同学间的两次合作中，在教师的激励下，根据自己的能力和经验做各种跳绳的练习，不仅锻炼了身体的协调性、同时培养了善于动脑、敢于创新、大胆实践的优秀品质。

在以后的教学中教师更要重视学困生的身心健康，使每位学生都能在体育课中体验成功的快乐和喜悦。希望通过花样跳绳让学生们真正领略到体育快乐，掌握体育技能，提高身体素质。情感德育为学生提供了一个宽阔而又贴近的最适宜其成长的环境，以"情"为纽带，以"思"为核心，以"练"为手段，促使学生成为真正的学习活动的主体。

十二、美术学科情感德育实践示例[①]

(一)美术学科情感德育概述

1. 美术学科开展情感德育的价值

2000年国家修订《义务教育全日制教学大纲》教学目的为:培养儿童健康的审美情趣、初步的审美能力和良好的品德情操。《中共中央 国务院关于深化教育改革,全面推进素质教育的决定》指出:美育不仅能陶冶情操,提高修养,而且有助于开发智力,对于促进学生全面发展具有不可替代的作用。

美术教师在美术学科的课堂教学中渗透德育情感,会使学生在潜移默化中受到启迪和熏陶。因为每一件美术作品都倾注了美术家满腔的感情,善与恶、是与非、崇高与卑鄙等深沉的特质都在作品中被浓烈的渲染。

2. 美术学科中主要的情感德育元素

(1)欣赏名作,感悟生命情感。

美术学科的思想、理念以及知识体系中蕴含着真善美的情感因素,可以引发学生的情感共鸣,开发学生情感品质,提升他们素养和能力。情感态度与价值观关乎学生一生的发展,因此,教育中要特别注意学生能力和情感态度与德育方面的融合。

(2)体验笔墨,继承文化传统。

笔者选择国画作为美术课题的研究内容。因为它承载着中国传统文化的内涵,具有深厚的文化底蕴。

(3)创设情境,提升审美情感。

在美术教学中,通过创设生动的情境,不仅能激发学生学习的兴趣,还能陶冶学生的情操,并能够激发学生相应的情感,即"触景生情"。美术新课程标准倡导探究性学习,力图改变学生的学习方式,引导学生主动参与、勤于动手、积极思考,培养获取新知识的能力、分析和解决问题的能力、交流与团体合作的能力等,突出创新精神和实践能力的培养。在自主探究、体验的过程中,学生情感才能得到深刻激发。教师作为学生学习的领路人,引导学生逐步进行探究。教师对学生进行积极的多元化评价,唤醒学生内心的道

[①] 本案例撰写:姚霞。

德情感，从而促使学生更积极主动地参与探究。在这一系列过程中，师生有着情感的双向交流，情感德育自然而然地渗透。

3. 美术学科中情感德育的实施路径与方法

一是指向情感态度价值观。主要依据"三维目标"中的德育维度目标来确立教学目标，并进行个性化的整合、创设。

二是构建美术审美情感场。在美术课堂教学中构建出具有特质的审美情感场，培养学生更完善的人格。例如，从中国花鸟画作品中，理解托物言志，借物抒情的艺术特征。美术学科让我们感知一切生命可爱的灵性，学会感恩、保护、珍惜的优秀品质。

（二）"走进花鸟画的世界"教学设计

该课选自《美术》（苏科版）七年级下册。

【教学目的】

欣赏中国花鸟画国画作品，让学生了解花鸟画的艺术特点及不同表现形式，并尝试体验笔墨情趣。小组及师生合作，创作一幅水墨画。提高学生的审美鉴赏能力和合作能力，培养他们对生命的热爱和尊重，提升对生命情感德育的认知和感悟。

【教学重点】

本课重点在于让学生体会理解花鸟画的艺术特色，深入探索"梅兰竹菊"四君子丰厚的生命情感道德含义。

【教学难点】

师生体验笔墨情趣；掌握墨色变化和用笔关系。

【教学方式】

讲授式，探究式，启发式，示范式。

【教学过程】

1. 引入中国花鸟画课题

欣赏一段水墨动画视频，请学生说说听到了什么，看到了什么，它用什么方式表现题材。

【设计意图】生动有趣的水墨动画能够吸引学生的注意力，激发他们对国画的兴趣。花鸟画也正是学生所喜欢又容易接受的题材，一花一草、一虫一鸟就在我们的身边，有利于培养学生善于观察美的眼睛。将学生引入花鸟画的自然空间。

2. 了解中国花鸟画范畴

用古雅的古筝音乐引入本课的课题，PPT展示中国花鸟画的背景，用诗书画的形式将学生带入中国传统文人花鸟画的静雅空间意境。提问：中国花鸟画描绘的对象是什么？请学生欣赏中国花鸟画作品，了解花鸟画的范畴。

3. 熟悉中国花鸟画技法

欣赏一组荷花图，讨论：北宋《出水芙蓉图》表现手法是什么？与近代大师潘天寿的《映日》中荷花表现手法有何不一样？

【设计意图】通过启发式教学让学生了解花鸟画的表现对象的范畴，同时需要了解中国花鸟画的技法种类——工笔、写意和工笔兼写意的三种画法，并配以相应的花鸟画作品欣赏。

4. 掌握中国花鸟画特征

欣赏工笔花鸟画的代表作：五代黄筌《写生珍禽图》。分析：花鸟画的工艺以什么为基础？显著特征是什么？

【设计意图】本课的重点是让学生了解花鸟画的艺术特征。通过欣赏五代黄筌对珍禽异鸟的细致刻画，让学生了解花鸟画的首要特征是以写生为基础，丰富学生的空间想象力。

5. 探讨中国花鸟画寓意

(1)分析"梅兰竹菊"的各种品性。欣赏元代王冕《墨梅图》，体悟作品表达的思想感情；欣赏明代徐渭作品《墨葡萄图》，观察大自然中葡萄和画家笔下的葡萄的区别；欣赏八大山人的《荷花水鸟图》，感悟作品表达的思想感情；分析郑板桥"衙斋卧听萧萧竹，疑是民间疾苦声。些小吾曹州县吏，一枝一叶总关情"诗画中竹子的品质。

(2)欣赏了优秀的中国花鸟画作品，我们可以总结它的艺术特征是什么。

【设计意图】花鸟画的最重要的艺术特征为借物抒情、托物言志，这也是这堂课的重点。让学生从画中体验画家借物抒情内在的思想感情。首先让学生了解"梅兰竹菊"四君子不同的品质特征。

欣赏中国古代和现代的花鸟画作品，了解它的种类范畴、技法及艺术特征。而本课的难点所在，即如何让学生尝试学画中国花鸟画，体验笔墨空间游戏，把原来博大精深、高不可攀、触手难及的中国画进行推广，使之变得深入浅出，简单易学。

6. 学习中国花鸟画中的笔墨

了解文房四宝：笔、墨、纸、砚。

了解笔墨的关系即墨分五色：焦、浓、重、淡、轻。

了解笔锋的变化：中峰、侧峰、藏锋。从而为下面的学生活动做铺垫。

笔墨示范花鸟画的过程，学生学习体验中国花鸟画的笔墨乐趣。

【设计意图】了解笔墨关系及笔墨的变化。示范辅导学生画画，再配以视频讲解。和学生一起体验笔墨。播放古筝音乐，让学生在古雅的意境中寻找艺术的灵感，让美术情感得到释放和演绎。

（三）"走进花鸟画的世界"课堂实录

（四）"走进花鸟画的世界"教学反思

《义务教育美术课程标准（2011年版）》明确指出：美术学科课程目标涵盖的美术学知识、能力以及情感态度与价值观等方面的基本要求，是要通过每节课或每项活动来逐步完成的。道德情感和价值观关乎学生一生的发展。因此，要特别注意能力和情感态度与价值观方面的要求。

现代社会虽然科技发达、物质丰富，但精神失衡，很容易缺失对学生进行道德情感的教育。学生们处于身体和心理不断发展与成熟的阶段，需要对生命的人生观和价值观有更高更深的认知和感悟。因此，我们的美术教育的魅力不仅在于知识、技能的传授，更在于启迪、唤醒、感染等道德情感的传递。

在课堂中，学生们不仅了解了中国花鸟画的艺术魅力，还提升了对中国花鸟画中的四君子的审美情趣。更重要的是学生通过展示自己的国画作品，成就感得到体验、发展和提升。在课堂中，学生们对中国的传统文化的兴趣很浓，课堂气氛活跃，学生潜在的美术情感表达出来。例如，当玻璃水缸的金鱼在投影仪PPT展示时，师生们都惊叹不已。眼前就是一幅优美灵动的水墨画面。示范过程中以古雅的音乐作为背景，情景交融，审美情感得到升华。学生在激发、融入、感悟、体验、升华中情感不断提升，学生在欣赏体悟中国花鸟画的世界中，学会互相分享、互相合作，更懂得珍惜生命、尊重生命、感恩生命。

以"走进花鸟画的世界"的美术教学及案例研究为例，构建一种认知与道德情感不断和谐发展的、充满生命力量的美术课堂，营造美术教学生态审美情感场，以使美术课堂教情、师情、生情和谐共振，形成良好的道德生态磁场。并在当代审美的视角下，努力构建一个课程和育人的、认知和情感不断和谐发展的、充满生命活力的美术课堂。

第三章　情感德育活动课程概述

▶ 第一节　课程概述

活动课程又称为经验课程、学生中心课程。这个课程的提出者是著名教育家杜威和他的学生克伯屈，他们非常强调以学生从事某种活动的兴趣和动机为中心来组织课程。兴趣与动机都属于情感系列，因此从这个规定性上看，活动课程天然地属于情感德育课程。

活动课程的提出者和践行者杜威，在1920年到访过江苏南通，并在南通进行了参观与讲演。其在《教育者之责任》的演讲中提出，教育者作为领袖的责任，可以分为两个方面，一是知识，二是感情。杜威说："现在要到一个地方，这块地方是没有开发的荒郊，只有几条很弯曲的小路；那么，一定要有个向导。这个向导，必定要具有两种资格：一种是知识，一种是感情；就是一方面指示目的地和路径，一方面说明沿途的风景怎样，以引起他的兴趣和感情，并且要发生同情。能够这样，那么，游历的人沿途就不觉得寂寞、不觉得辛苦，很快乐地到达目的地，绝不会有半途而返的事情。"[①]

南通田中的情感德育活动，有三个基本主张，这些主张既建基于我们对于杜威活动课程的理解，也建基于我们对朱小蔓教授情感德育理论的掌握，此外还体现了南通田中自身德育实践的基本追求。

一、以学生情感培养为主线，展示学校德育的魅力

道德教育如何更有效地展开？首先要考虑一个前提，那就是学生是否有

[①] 单中惠、王凤玉：《杜威在华教育讲演》，429～430页，北京，教育科学出版社，2007。

学习道德的意愿。激发意愿一般有两种方式，一种是外部强制的方式，这种激发引起的是一种被动的意愿；另一种是激发内在的动机，这种激发引起的是一种主动的需求。在当今时代，无论是道德教育还是知识教育，人们发现，外部强制的方式越来越失去它原有的效用，而激发内在动机越来越成为一种必要。

为什么会有这样的变化？因为在物资相对匮乏的几十年前，灌注式的教育的确有效。那个时候学生们大多家境贫寒，基于一种改变生存境遇的本能，学生大多会努力地吸取外部知识，无论是数理化等学科知识，还是道德教育的思想。而在学习的过程当中，他们也很少去考虑教师采取的手段是否是合理的。但是在当今这个物质相对丰盈的时代，包括学生在内的各类人，对于个性和情感的追求日益增多。比如说，前几年有一位老师写过"世界那么大，我想去看看"的辞职报告，这在30年前是不可想象的。因为如果失去了工作，你的生活无着，怎么可能想离职就离职呢？现今时代物质丰盈之后，人们不仅追求学习，而且追求学习方式的多元，更追求以一种比较快乐的方式来学习。近些年来，无论是在网络上，还是在各种节目中，学习都出现了一种娱乐化的倾向。当然，如果教育娱乐化，那是一个非常值得警惕的事情，学习不可能用完全娱乐化的形式。

但是，学习的娱乐化倾向，也引起了我们的一些思考，或者应该让我们获得一些启示，即如果我们能够考虑到现时代学生的心理与感官上的需求，那我们在进行道德教育的时候，就要减少灌输，要用学生更乐意接受的方式来进行。举一个例子，传统学校德育有两种形态，第一种是晨会的讲话或者班会课老师的讲话；第二种是带学生参加学校或班级举办的小型德育活动，尤其是户外的活动，例如秋游活动、祭扫烈士墓的活动。显然第二种活动让人更难忘，因为户外有情境、有情节、有故事，能够让学生有情感体验。当然并不是说晨会的讲话不好，只是学生们对活动的形式更感兴趣，我们的情感德育活动正是基于此来设计的。

我们的情感德育课程设计上有三个要点。第一，在课程设计之前考虑学生情感的需求以及特点，尤其是中学生的情感比较善于伪饰，那么我们就要引导他们去合理地表达自己的情感。杜威曾经说过："许多人不幸福，内心受折磨，就因为他不掌握表现性动作。……在不掌握表现性动作的情况下，由于情绪冲突混乱而五内俱焚，在痛苦的内在分裂以后，会最终平静下来。"[1]也就是说，我们很多的情感痛苦是因为没有找到一种比较好的表达方式，如果你真的把它表达出来了，那你的痛苦就会减少很多。从这个意义上讲，这和宣泄也有一定的关系，我们要引导学生合适地表达情感。

第二，中学生的情感有两极性的特征，积极的时候特别积极，消极的时候又特别消极，情感容易大起大落。所以在设计活动的时候，我们要充分考虑到他们的这个特点，即在活动的过程当中，要充分与学生进行情感互动，且密切关注学生的情绪变化。在学科教学的过程中，教师更多的是一种工具性的角色，是传授知识的。但是在活动当中，教师更多的是情感性的，而不是工具性的，所以更受学生喜欢。我们的学校活动中有很多有德育价值的师生互动，比如立夏的时候教师和学生立鸡蛋；或者是春游的时候，学生鞋子湿了，教师回酒店后用电吹风将学生的鞋子吹干；在远足活动中，我们设计了一个学生们去找教师的活动，学生们好不容易找到教师之后，激动地和教师相互拥抱……这些温馨的互动，更多地体现了教师情感的一面和真实的一面，所以这些活动是学生们乐见的。

第三，在情感德育活动结束之后，要让学生进行回溯和反思，重温过程，进行情感沉淀、情感升华，比如让学生写活动感悟，或者给家长写一封信，给留守儿童写一封信，等等。这时候学生就置身于爱的传播者的立场，不仅仅通过这个活动感动自己，而且通过活动的后续（如写信）去感动他人。这样的活动，就可以达成我们所说的，通过情感培育去促进学生更多的道德生发。

二、以活动课程建设为架构，拓展学校德育的天地

德育活动课程与学科德育课程的内隐性、渗透性等特点不同，它具有外显性、直接性等特征，即是说一节德育活动课程的指向往往是非常明确的，直接指向学生的某种道德品质的发展或者道德能力的提升，课程所有的活动设计都直接为德育目标达成服务。

德育活动课程在学校一直存在，比如学校的晨会、班级班会等，还有各类的校内外社团德育活动等。当然，作为一种课程性的德育，其与非课程德育的区别在于，它具有目标系统性、内容系列性和操作规范性等特点。

---

[1] ［美］杜威：《艺术即经验》，高建平译，70页，北京，商务印书馆，2005。

1. 目标系统性

过去很多的德育活动课程中，教师的自由度比较大，同时也容易显得比较随意，导致目标要么重复，要么断裂。重复的例子，如责任感的培养，初一、初二、初三，不同的教师会出现重复，后阶段开展此类教育的教师不一定了解前阶段教育的情况；断裂指的是不系统，比如对于爱的培养，按照弗洛姆的研究，爱包括四个内容：理解、尊重、关怀和责任，而教师在培养学生具有爱心的时候，由于缺乏对于爱这一概念内涵与外延的充分把握，结果"爱的教育"简化成了"关怀教育"或是"尊重教育"，理解、责任等元素被丢掉了，这种教育就缺乏完整性。而课程化的德育活动则会整体考虑、统筹安排，因为无论是学校层面的情感德育活动，还是班级层面的情感德育活动，都由学校中的情感德育活动团队共同规划与设计。

2. 内容系列性

我们学校的情感德育活动课程，既然是设计团队的产品，那么主题与主题之间，同一主题内部，都会环环相扣，成组成套。这样就避免了活动的零散、无序。比如，学生情感素养活动课程，我们是按照道德感、理智感、美感、生活情感、人际情感与情感能力为纲，进行课程设计的。再如"诚信教育"，到目前为止已经形成了 12 项校本活动，包括了爱心雨披、诚信超市、自主刷卡、无人监考、我错我改、诚信故事、诚信之星、诚信大使、小手拉大手、诚信讲堂、流动图书馆和诚信原创歌曲（见第二节课程示例）。

3. 操作规范性

为了便于老师们的操作，学校德育活动研发团队为活动德育课程设计了流程图，甚至准备了活动中需要使用的工作纸、授课 PPT 等资料。

三、以自主建构为取向，提升学校德育的品性

学校层面的情感德育活动课程的目标设置、内容安排、教学流程等，由学校专门的教研团队进行，以校本课程的形式呈现，有的印制成操作手册发放，或者以学校文件形式发放。但是，学校的道德教育课程，无法完全由学校管理者或者由德育研发团队来包揽。涂尔干在其《道德教育》一书中反复强调："我们不能如此僵硬地把道德教育范围局限于教室中的课时；它不是某时某刻的事情，而是每时每刻的事情。我们必须把道德教育融合在整个学校生

活之中，就像道德本身卷入集体生活的整张网中一样。所以，虽说道德教育大体上保持着统一性，却又像生活本身一样色彩斑斓。不存在任何能够充分包含和表达道德教育的准则。"①

为什么学校无法将德育活动完全纳入既定规划或者限定轨道？一方面，外部环境和学生心理在不断变化，德育的主题与内容也就需要即时调整；另一方面，作为课程执行者的教师是具有教育力的实践主体，在课程操作时具有自主性。因此，我们尊重或者提倡实施者的自主性。具体而言，表现为以下几个方面。

1. 情感德育课程的自主应用

情感德育活动课程尽管有操作上的规范性特征，但是在具体的操作过程中，教师具有一定的自主建构空间。即在核心框架和基本观点不变的情况下，教师可以根据自身特点和学生特点，进行主题的选择和过程的设计。这种做法符合道德的特征，因为道德本质上是个体自主建构的过程，情感德育更应尊重授课者的自主选择性和自主创造性。

2. 与非系列性德育课程的配合

系列性课程德育的优势在于，有系统的目标架构、内容主题，乃至于教学流程规定，且都是经由学校情感德育团队研发出来的。但是德育并非都是可以预设的，德育活动也具有即时性的特点，面对与学生密切相关的一些突发道德议题，需要教师能够即时地开展自主性德育活动。比如本班同学考试焦虑情绪增多，或者早恋增多，或者班上同学生病了，等等，这就需要教师即时进行德育活动设计。

3. 与人际微情感德育课程的配合

学校一直致力于有温度的情感场建设。无论是学科德育课程，还是活动德育课程，乃至于环境德育课程，核心在于教师及其所建立的师生关系。我们提倡教师要有一种建构与不同学生的情感德育微课程的能力。这种人际情感德育微课程，与前面提到的学科情感德育、活动情感德育不同，它是一对一的课程，而非一对多的课程。人际情感德育微课程，实质就是师生之间能够有良好的情感互动。

我们所指的人际情感德育微课程，大多运用于纠正学生的品德偏差情境。

---

① ［法］埃米尔·涂尔干：《道德教育》，陈光金等译，92页，上海，上海人民出版社，2006。

这种课程的实施，我们非常关注两个要点。首先，强调师生日常情感交互。欧阳教研究发现，师生关系不同，深刻影响着德育效果。(1)深知深爱：师生之间具有高讲理高关怀的关系，能互尊互谅，深深介入德育的理性和情感的层次，这种德育方法与效果最好。(2)深知浅爱：高讲理与低关怀……易流为冷酷的道德原理辨析。(3)浅知深爱：低讲理与高关怀……易流为盲目的情感泛滥——溺爱或纵情。(4)浅知浅爱：易流为德育上的无知独断和寡情之恩。[①] 其次，教师能够展现对于学生的充分尊重。爱默生认为"教育成果的秘诀在于尊重学生"，作为充分体现主体意识性的道德教育活动，尤其需要体现尊重。尊重是可以操作的，一般包括四个内容：关注、遵从、积极评价、合宜的举止。关注，就是眼中有学生，教师不能在跟学生交流的时候，还在做其他事情；遵从，就是准确了解学生的基本心理状态；积极评价，指的是在交流中，更多肯定学生，而非一味指责；合宜的举止，指的是教师的语言和非语言不具有侮辱性或者挑衅性。

▶ 第二节　课程示例

一、"诚信超市"活动[②]

（一）"诚信超市"活动方案

诚信超市是为学生购置少儿读物和学习用品提供便利，学生自行组织管理、自行选购、自行付款的无人监督的校园管理模式。诚信超市的建立是为了便利学生购物，拓展于为学生推荐积极向上的课外读物，锻炼学生与社会经济生活接轨的管理能力，诚信超市运作过程中对每个学生诚信信念都进行了锤炼和培养。

【活动意义】

"诚信"既是中华民族的优良传统，也是现代社会每一个人的立身之本。我校历年来将"诚信教育"放在学校德育工作的首位，逐步形成了"诚信教育"这一鲜明的育人品牌。为了进一步丰富"诚信教育"内容，培养学生诚实守信、自尊自爱、自律自强的个性品格，营造服务学生、诚信相伴、爱心相随的学

---

① 欧阳教：《德育原理》，247页，台北，文景出版社，1999。
② 本案例撰写：仇彬、钱蓉。

习氛围,实现学生"自我管理、自我教育、自主发展"的培养目标,学校特在校园内建立诚信超市。

【组织机构】略

【诚信超市销售物品】

(1)诚信超市不销售教辅类用书,所销售的图书均为根据健康性、时代性、导向性、适用性的原则从新华书店精心挑选以便学生选购。

(2)诚信超市设立报纸销售点,报纸种类目前暂定为《体坛周报》(一周3期)、《中国青年报》(日报)、《扬子晚报》(日报)。报纸种类和进货量将根据学生的需求进行调整。

(3)诚信超市销售常用学习用品:0.5mm水笔、三角尺、橡皮、作业本。

(4)诚信超市销售胸卡套、胸卡绳。

【诚信超市购物须知】

(1)诚信超市的建立是为培养学生诚实守信的意识,关爱他人的精神和自主管理的能力。

(2)所有的超市运营资金实行封闭式管理,来源于南通田家炳中学"爱心基金",最终回到"爱心基金"。所产生的收益将全部回到爱心基金,将用于帮助困难学生。

(3)学生可根据需要自行选购,请尊重学生会同学们所付出的劳动,保持超市内的整洁和商品摆放的有序。

(4)每件待售商品均标明进货价和爱心价,请按爱心价付款。

(5)付款时,钱款直接投入"爱心收款箱",不找零,余额将作为你的爱心,全部进入爱心基金。

(6)学生根据需要可以利用意见簿对诚信超市内所售书目、报纸或文具提出需求意见。

(7)诚信超市开放时间:周一至周五7:00~8:00,12:00~13:00,17:00~18:00。其余时间,可以请南传达室保安开门以便购买。

(二)"诚信超市"活动相关附件

1. 江苏省南通田家炳中学"诚信超市"管理制度

(1)诚信超市是本着服务于广大师生,以培养学生诚实守信的意识,关爱他人的能力和自主管理的能力为目的,通过学生自行组织管理,学生自主选购、自行付款的无人监督的校园管理模式。

(2) 所有的超市运营资金实行封闭式管理，来源于南通田家炳中学"爱心基金"，最终回到"爱心基金"。所产生的收益将全部回到爱心基金，将用于帮助困难学生。

(3) 学生处利用国旗下讲话、主题班会等各种渠道对师生进行充分的动员，明确"诚信超市"的运作模式和意义，倡导全校师生诚信文明购物。

(4) 诚信超市的日常管理由学生会负责，做好对每天销售情况进行登记，对货架进行整理及室内卫生保洁等工作。

(5) 学生会利用宣传栏及时公布上周诚信超市在销售中产生的超过成本价的"爱心款"情况。

(6) 对意见簿中的合理建议及时做出答复，为全校师生的购物提供方便。

2. 江苏省南通田家炳中学"诚信超市"倡议书

亲爱的同学们：

你们好！

"诚信"既是中华民族的优良传统，也是现代社会每一个人的立身之本。我校历年来将"诚信教育"放在学校德育工作的首位，逐步形成了"诚信教育"这一鲜明的育人品牌。为了进一步丰富"诚信教育"内容，培养同学们诚实守信、自尊自爱、自律自强的个性品格，营造服务学生、诚信相伴、爱心相随的学习氛围，实现同学们自我管理、自我教育、自主发展的培养目标，学校特在校园内设立诚信超市和食堂就餐自由刷卡机。

诚信超市是为同学们购置少儿读物和学习用品提供便利，通过学生会组织管理，由同学们自主选购、自行付款的无人监督的校园管理模式。诚信超市起因于为同学们提供购物便利，拓展于为同学们推荐积极向上的课外读物，锻炼自身与社会经济生活接轨的管理能力，有助于对每个同学诚实守信的意识、关爱他人的精神和自主管理的能力的养成。

食堂就餐自由刷卡是为了培养学生诚实守信的意识和主动参与的能力、树立主人翁意识，在食堂就餐期间由学生按照实际用餐金额自由刷卡买单的措施。食堂自由刷卡机的建立有助于提高学校食堂的就餐效率，有助于提高同学们在校期间的生活品质，有助于同学们展现自己良好诚信品质。

同学们，让我们行动起来。让我们用诚信的行为去扮靓整个校园，让我们用诚信的行为去扮靓自己的人生。

江苏省南通田家炳中学团委　学生会
2011 年 3 月

3. 江苏省南通田家炳中学"诚信超市"盘货记录单

盘货人：_____　　　　　　　　　　　　　　日期：___年___月___日

售出货物	数量	单价 （成本价）	合计
货物价值合计(单位：元)			
爱心收款箱总额(单位：元)			
爱心基金收益(单位：元)			

4. 江苏省南通田家炳中学"诚信超市"意见簿

对图书、报纸的建议或意见	
对学习用品的建议或意见	
其他建议或意见	
建议人	班级_____　姓名_____ ____年___月___日
处理反馈	

（三）"诚信超市"活动反馈

我与诚信超市

初三（26）班　朱培懿

"言必信，行必果。"这是孔子教诲我们的立人之本。

在我们学校里，也处处宣扬着诚信的理念。最具有代表性的莫过于校门口附近的"诚信超市"。

记得那是去年秋季的一个午后，温暖的阳光透过教室的玻璃窗照射在我的书桌上。我看着就快没墨水的水笔，淡淡的愁绪涌上了心头。没有笔，下午的课该如何上？没有笔，作业该如何记录？望着窗外，穿过长廊两边的绿树，我看见了校园门口处的"诚信超市"。心里一下子变得暖暖的。感觉眼前一亮。于是，午休时间我直奔向那里，挑选了一款自己满意的水笔。但从没有带现金习惯的我，身上并没有现金支付，我一下子又犯愁了……在纠结拿与不拿之间，上课铃声响起，我来不及多想，拿起挑好的水笔跑回了教室。那一节课是数学课，是我最喜欢的学科，但我的心却无法平静下来，无法深入思考数学题目。总觉得冥冥之中有一双眼睛一直看着我，总觉得有一个声音一直萦绕在我耳边，心里像装着一只小兔子一样乱蹦乱跳，忐忑不安。

放学后，我把今天的这段经历告诉了妈妈。妈妈听后笑了笑，问了我一句："你知道你们学校为什么要成立诚信超市吗？那是你们的老师想借助学习生活中的小事诠释诚信的真正意义。是希望你们把诚信贯穿在日常生活中，渗透在平时的点点滴滴中。"妈妈的一番话让我顿悟了，我一下子明白了"诚信超市"的真正意义。

第二天一大早，我便把准备好的现金直接放进了诚信超市的收银处。我感到轻松、快乐、自由自在，仿佛自己经过洗礼后，一下子成长了，得到了考验和锻炼。

我爱诚信超市，它让我懂得了诚信的真正意义。小小的超市让我感悟了做人的真谛。

我是一名理货员

初三（26）班　饶冰砚

诚信超市即采用开放式的模式，将学习用品陈列出来，在无人看管的情况下，让学生自行在超市进行选购，将相应的货币自觉地放入收款箱内。

很荣幸，我在诚信超市担任了两年的理货员，每天放学后都会去超市盘点当天的货物，缺了哪些货物赶紧给补齐，并核对当天的收入。很高兴，我们的同学们都很诚信，小到一块橡皮大到一本课外阅读书目，从来都没有丢失过。记得有一次放学后我去清点，数来数去总少几块钱。我心里有些急了，这是之前从来都没有发生过的。就在我再次翻找的时候，一张纸条露了出来，"不好意思，今天忘带钱了可是又急需三角尺，先借用下，明天一早肯定把钱给补上哈。"我有些怀疑，他真的会把钱送回来吗？第二天一大早，我书包都来不及放下，便飞奔去了诚信超市。果然，纸币放在收银处。这不正是学校所要求我们的，要成为一个诚而有信的人吗？

诚信是每个人都应该拥有的，它就在我们身边，就在我们心间，让诚信融入我们学习中，让诚信渗入我们的生活中，让诚信教育在校园中不断深入，蔚然成风。

二、"爱心雨披"活动①

（一）"爱心雨披"活动倡议书

"诚信教育"既是我校的重要德育主题，也是我校的德育特色之一。为了进一步丰富"诚信教育"的内涵，发起了"爱心雨披"活动，"爱心雨披"是由学校教师和社会爱心人士捐献，无偿借给学生使用的雨具。"爱心雨披"上都印有"爱心雨披 诚信相伴"字样。"爱"是教育的核心，"诚"是德育的根基。通过"爱心雨披"活动，增强学生诚实守信的意识，也能方便雨雪天学生回家，减少家长担心。

爱心雨披的取用自由，将诚信的"他律"变成学生的"自律"，帮助学生逐步完善自身道德品质，提升文化品位，构建理想人生。为了进一步做好开展"爱心雨披"活动，学校学生处向全校同学发出如下倡议：

1. "爱心雨披"由学校教师和社会爱心人士捐献，无偿借给学生使用。请大家爱惜保护。

2. "爱心雨披"的推行使用主要是为方便雨雪天学生回家，减少家长的担心。

---

① 本案例撰写：仇彬、钱蓉。

3. 如遇雨雪天气，未带雨具的师生可以到南校门"爱心雨披领取处"领取。依次排队，一人只能领取一件，不可代领，也可由班级负责同学去爱心雨披"班级雨披箱"集体取用。

4. 领用"爱心雨披"的师生最好在三日内将雨披晾干折好，装入袋内，归还至领取处（或南传达室）以便其他师生下次借用。

江苏省南通田家炳中学　学生处
2017 年 9 月

（二）"爱心雨披"活动感悟

那一件充满爱心的雨披

初三（21）班　施琪

那是刚入学后的一天，放学铃声混着雨声嘈嘈入耳，没带伞的忧虑悄然划过，微皱起眉，班主任似是猜到了我们的心思，微笑道："同学们不用担心，我们学校有爱心雨披，保证不让一个同学淋湿回家。"爱心雨披啊，我的脑海里瞬间冒出了几件脏臭、发霉的塑料雨衣，揉着额头自我安慰：有雨披总比淋成落汤鸡强。正想着，教室门被两个喘着粗气的同学推开，他们怀里抱着一大摞雨披。雨披很厚实，虽有些许褪色，但很洁净，散发着若有若无的皂角味。那是上一届的学长们用心留下的吧。我与伙伴们相互帮忙，颇为笨拙地套上了宽大的雨披，只留一张张小小的脸，写满了忍俊不禁，躲在雨披里，心头漾起丝丝暖意。一路上，雨点有些大，随着斜斜的风叩击在雨披上，发出清脆的声响。校门口，甬道上，大路旁，挤满了裹着爱心雨披的同学们，聚成了一片起伏着的海洋，漂浮着几朵小巧的伞花，人海茫茫，看不清、认不出谁是谁，但确信的是，我们都是田中的学子。雨披灌不进风雨，躲在里面的我暖暖的，心也温温热热的。

偶遇小学同学，聊起初中生活，当谈及爱心雨披时便收到同学羡慕的目光，那一瞬间，升起无比的自豪感。每次用完爱心雨披，我都会认真地洗净，晾干，叠得整整齐齐，小心地装进书包，唯恐损坏了。翌日清晨，乌云散开，阳光暖暖地笼着讲台上堆得高高的雨披，一件不少，有些许的小欢喜与成就感涌上心头。

这是田中如母亲般无微不至地关怀着她的每一名学子，为我们遮蔽风风雨雨，为我们一路披荆斩棘。母校，是我们一生的骄傲！这一件小小的雨披，汇聚了田中师生浓浓的爱，更凝结着田中的崇德精神！

而今，我已然是一名毕业班的学生了，让我们以三更灯火五更鸡的勤奋，直挂云帆济沧海的志向，锲而不舍、滴水穿石的毅力，秉承并发扬田中精神，奋力前行，用最好的自己报答我们的母校！

今天，我们以母校为傲；明天，母校以我们为豪！

色彩缤纷的雨披

高一(3)班 许悦清

诚信只是一种行为吗？不，它更是一种郑重地对待世界的精神。墨子曾经说过："言不信者，行不果。"那一次，让我深刻地理解到了诚信的美好。

那是个夏天的傍晚。天气像孩子的脸说变就变，白天还晴空万里，这会儿就乌云密布，顿时下起了倾盆大雨。临近放学了，我忧心忡忡地看着窗外的雨帘，后悔早上没听妈妈的话带上雨披，现在下这么大的雨可怎么回家啊！同桌似乎看出了我的忧心，低声对我说："咱学校有爱心雨披，放学后我们一起去借。"我一下子如同涸鱼得水，心思瞬间又回到了课堂上。

果然，放学后好多同学都从学校的学生处借到了干干净净、包装整齐的爱心雨披。当我推开家门清清爽爽地站在妈妈面前时，正匆忙赶到家准备给我送雨披的妈妈惊讶不已，我俩的眼角似乎都有点点泪光在闪动。

我低头立即拿起湿漉漉的爱心雨披走到水池边，把溅在上面的污泥轻轻地洗刷掉，然后用毛巾慢慢地擦拭干净，最后再用衣架挂起晾在阳台上，做完这些我才安心地坐到餐桌边吃晚饭。

第二天我比以往早些赶到学校，来到学生处，只见昨天跟我一起借用雨披的同学们都捧着包装整齐、干干净净的雨披在归还。色彩缤纷的雨披如同一颗颗爱心在闪耀，它映衬着诚信的美丽，照射出人性的光芒。

三、"情满田中"爱心义卖活动[①]

（一）"情满田中"爱心义卖活动方案

全校各少先队、各团支部：

3月，是学雷锋活动月，为弘扬雷锋精神，奉献爱心，帮助贫困学生，我校将举行"情满田中"爱心义卖活动。

我们号召大家将自己的闲散书籍或闲置物品拿出来进行爱心义卖，焕发

---

① 本案例撰写：杨静。

它们的二次生命。此次活动完全由学生担任"主角",义卖的物品由学生自己提供,并合理估价,填写好"爱心物价单",做好宣传海报,每班派 2~3 人担任爱心大使,义卖物品,全校师生共同参与,将这份浓浓的爱心传递到校园的每一个角落。此次爱心义卖所得,将全部存入学校"爱心基金"账户,用于帮助贫困学生,使他们也能沐浴爱的阳光茁壮成长!

【参与对象】全体在校学生。

【活动时间】2019 年 3 月 5 日(周二)中午(12:00~13:15,遇雨延期)。

【活动地点】学校东、西校区操场跑道旁。

【义卖物品】

由初一、初二、初三各班同学自己筹集。主要为优秀课堂笔记、错题集、优秀辅导用书、课外读物等,家中不再需要的文具、玩具、收藏品、小盆景植物及自己制作的小制作、美术、书法作品等。

注:参加义卖的物品一定要保持整洁,对同学的安全不构成任何影响。参加义卖的书籍要保持七成新以上。

【义卖形式】

(1)由初一、初二、初三各班独立办展台(由后勤处提前摆放,每班一张双人课桌,班级自带地垫等摆放义卖品),2~3 人作为义卖大使负责义卖活动;

(2)由本班能说会道的同学担当售货员,负责本班义卖物品的宣传;

(3)备好零钱等,待售物品要贴上标价,可做海报宣传班级义卖品的特色吸引顾客;

(4)每班准备收款箱(可用废纸箱改造),贴上"爱心义卖"字样。

【各时间节点及负责人】

阶段	时间	具体事项	负责人
宣传发动阶段	3 月 1 日 12:10	向初一、初二各班班长宣传发动(三楼会议室)	杨静
	3 月 4 日下午	向全校宣传发动(班会课广播)	杨静
	3 月 1~4 日	准备义卖品、宣传海报	初一、初二班长

续表

阶段	时间	具体事项	负责人
活动当天	3月5日10:00	设立展台(义卖品布置、宣传海报摆放)	初一、初二、初三各班2~3个义卖大使
	3月5日12:00~13:15	参加义卖活动	全校学生
	3月5日活动结束后	整理清点义卖所得，上交校团委	初一、初二、初三各班班长

【活动流程】

(1)3月5日中午11:40全校广播义卖活动流程及注意事项。

(2)广播宣布义卖活动开始(12:00)。

(3)广播宣布活动结束(13:15)。

(4)各班打扫展台附近义卖现场。

(5)各班班长整理清点义卖收入后上交校团委(信封上注明班级、金额、请班长签字，此过程请班主任老师监督)。

【人员分工】

(1)前期宣传发动负责人：杨静、曹刚。

(2)操场区域划分负责人：卢华进。

(3)操场课桌摆放及撤离、场地打扫负责人：易峻。

(4)学生义卖物品的收集负责人：各班班主任、班长。

(5)现场广播设备及背景音乐的播放负责人：冯呈宇。

(6)学生进场秩序负责人：陈惠、周润娣及各年级组长(董振宇、葛晓周、汪吉、吉萍、谢峰)。

(7)活动区域的秩序维持及摄像负责人：本部，何志龙、周佳欣；东区，冯浩、莫亦荻。

(8)活动的现场组织负责人：杨静、曹刚。

(9)摄影及后期报道负责人：周晓慧、郭永明。

【其他说明】

(1)各班义卖所得将作为班级捐款纳入学校爱心基金。

(2)各班爱心义卖明细将于近期公示在团委橱窗。

共青团江苏省南通田家炳中学委员会

2019 年 3 月 1 日

(二)"情满田中"爱心义卖活动纪要[①]

1. 宣传发动

活动前,学校团委通过召开集会形式向各班班长传达了活动精神。班长带领班委们召开了主题班会,向同学们进行了宣传发动,号召大家积极投入到爱心义卖活动中去,捐出大家闲置的物品,尽自己的微薄之力来帮助暂时遇到困难的同学们。

图 3-1 义卖海报

2. 前期准备

班中语文课代表带领几个"小作家"为义卖活动准备了几句朗朗上口的口号,交由家委会妈妈们制作成了宣传海报(见图 3-1)。几个灵巧的女孩子用废旧的牛奶纸箱制作了收款箱。

3. 活动当天(见图 3-2)

(1)活动当天早晨,学校模仿店铺出售的模式,在操场给每个班摆放了一张双人桌作为展台,但是暂时没有指定班级位置。第一课下课后,广播里通知各班班长到团委领取班级贴纸,然后自由抢占自己满意的展台。出入口的几个"旺铺",很快就被贴上班级号抢占了。抢到展台的班级很快就开始布置起来了。

(2)上午最后一个课间,展台旁已陆陆续续有班级开始摆放义卖商品,有"标价员"给每一件商品定下最合理的价格;"活动策划

图 3-2 义卖现场

---

① 纪要撰写者:初三(3)班郭澍怡。

员"(班长)根据几个"销售员"的个人特点,分配了最合适的岗位。在义卖会上,负责推销的同学大声吆喝,力争吸引更多的顾客前来光顾。负责销售的同学凭借三寸不烂之舌和顾客们讨价还价。义卖结束后,大家打扫了自己的战场,清点了义卖所得款项,存入了学校爱心基金。

4. 活动总结

半天的活动下来,同学们虽然感觉疲惫,但想到可以帮助到别人,心里非常高兴。本次活动意在让同学们参与奉献,体验奉献带来的快乐,通过活动培养大家善良、乐于奉献的良好品质。大家用自己的实际行动,弘扬着雷锋精神、争做新时代中学生,他们用点滴献出自己的一份爱心,让爱心传递在校园的每一个角落,共同构建一个充满爱心的和谐校园。

(三)"情满田中"爱心义卖活动反馈

此次活动是一堂丰富的社会实践课,同学们体验了义卖的多项角色,锻炼了语言表达能力,提升了沟通技巧,将数学打折知识灵活运用于商品销售实践,做到学以致用。更将义卖的爱心种子深植于内心,领悟赠人玫瑰、手留余香的快乐,将"爱心、奉献"永远传承!(陈阳)

这次义卖最令我们温暖的是:我们将这些义卖所得的分分角角全都捐给需要帮助的人。我们深知今日努力所得的善款有可能帮助不了太多人,但这蕴含的一颗颗暖暖爱心,一份份无私奉献,将凝聚成一股巨大的力量,照亮他们,照亮我们。这次义卖,我们学会了团结努力;学会了付出就有收获;锻炼了自己;奉献了爱心。(陈芷萱)

一点点的爱心积少成多,所得善款虽然不是很多,但给同学们提供了一个关爱他人的机会,使我们心存关爱,树立社会责任感。积土成山,聚沙成塔,相信我们点点滴滴的爱心将汇聚成一股强大的暖流,流向每一位需要帮助的人,让他们感受到温暖。今天的活动意义深刻,大家在奉献爱心的同时也为建设和谐榕城添加了一道亮丽的风景线。"一方有难,八方支援"是中华民族的传统美德,这次活动虽然结束了,但我相信有更多的同学在生活中也会通过其他方式帮助他人,献出自己的绵薄之力。(陈弈廷)

四、"生命'诚'可贵"主题班会活动[1]

(一)"生命'诚'可贵"活动设计

【设计背景】

自从担任班主任后,我有了课间在教室里"走走、听听"的习惯,一方面密切和学生的关系,另一方面也想关注一下他们的思想动态。最近一段时间,发觉很多学生在议论有关"染色馒头""瘦肉精""地沟油"等社会不诚信现象。这不由地引起了我的深思,初二学生涉世未深,刚刚步入青春期,世界观、人生观、价值观正处在形成的关键时期,这些现象对他们的负面影响肯定不小。再联想到班级学生说谎、考试作弊等现象明显增多,看来有必要召开一堂主题班会,和大家深入地聊聊"诚信",引导他们"学做诚信人,争做诚信事"。

【教育目标】

1. 认知目标

通过多种活动形式,使学生认识到"诚信"作为中华民族的传统美德的重要性和必要性。

2. 情感目标

使学生进一步形成"以诚信为荣"的正确情感价值取向。

3. 行为目标

使学生在人际交往时努力践行"诚信"品质。

【前期工作】

1. 教师准备

(1)召集班委会,民主协商,确定活动主要流程。

(2)邀请两位近期进步显著学生的家长。

2. 学生准备

(1)出一期以"诚信"为主题的黑板报。

(2)排演一个有关"诚信"的1分钟情景短剧。

(3)收集有关"诚信"的名人名言。

(4)准备诚信宣誓誓词。

---

[1] 本案例撰写:陈惠。

【活动过程】

环节一：创设氛围，引出"诚信"

播放中央电视台公益歌曲《诚信之歌》，音乐视频结束后，PPT投影这样一段话：你我诚信，诚信你我，过去，你我诚信了吗？

【特别说明】投影这段文字时，同学注视，主持人并不说话，留白十几秒，使学生的心继续沉浸在音乐和文字所营造的氛围之中。

环节二：情境再现，感知现象

1. 情景剧现"现象"

由学生表演一个约1分钟的情景剧，内容有关"捡物不交""考试作弊"。表演完成后，主持人引导同学们思考并回答：类似这样的不诚信现象，我们同学们身上，还有吗？

【特别说明】情景剧表演事先要进行精心排练，内容虽短小，但矛盾很突出。情景剧是同学们喜闻乐见的活动形式，使他们在活泼轻松之余，自然引发对于自身不诚信行为的思考。

2. PPT投影现"现象"

主持人利用PPT，图片投影社会上有关"染色馒头""瘦肉精""地沟油"等不诚信行为。投影结束后，主持人引导同学们思考并回答：类似这样的社会上的不诚信现象，还有哪些？

【特别说明】上个环节审视的是"校园"，这个环节是引导同学将视角转向"社会"。这样，对于"不诚信"现象，学生就会有一个比较全面的了解。

环节三：实话实说，心灵对话

1. 小小辩论会——学生与学生的心灵碰撞

辩题情境：小明从图书馆所借的书还期到了，但是他还没有读完，但这本书实在太好了，怎么办呢？如果到期不还，这是不诚信；如果到期就还，恐怕会马上让别人借去，自己就可能借不到。

辩题：小明是还，还是暂时不还？

【特别说明】话不说不明，理不辩不清。撷取同学生活中常见的两难现象，让他们辩论。过程中，主持人应耐心倾听，不要将自我的观点强加于同学，让他们通过自由辩论，实现自我的思想顿悟。

2. 现场采访——家长与学生的心灵互动

现场采访两位特邀学生家长，请他们谈一下发生在自己身上的诚信故事。

【特别说明】家长是过来人，又是孩子最值得信赖的人。通过两位家长的真情诉说，同学一定会受到很大的启发。但是一定要提前通知家长发言主题，以确保现场发言效果。

3. 名言欣赏——哲人与同学的心灵互动

PPT 投影 6 条有关"诚信"的经典名言，大声齐读。然后请同学们发表读后感言。

【特别说明】这个环节因齐读而变得很震撼，因互动交流而变得更深入。同学互动交流时，应做必要的点评和强调。

环节四：互动交流，真情表白

1. 回忆故事

回忆发生在自己身上的诚信故事，以前后桌四人小组为单位，进行组内交流。然后举手发言。

【特别说明】前几个环节重在剖析各类的不诚信现象，现在将视角转回"诚信"，寻找自身闪光点，从正面进行强化和激励。小组交流的目的，是让更多的学生有发言和被别人见证的机会，以进一步增强教育效果。

2. 反省自己

反省发生在自己身上的不诚信行为，以前后桌四人小组为单位，进行组内交流。然后举手发言。

【特别说明】能反省自我，对自己进行自我批评，于同学而言是很好的成长。它的意义已超越了自我解剖本身的价值，更大的意义在于帮助同学习得一种很好的思考方式。

3. 自由回答

以后，我们该怎么办？

【特别说明】过去属于历史，今天更有价值。通过以上各个环节的交流，同学们对"诚信"有了一个比较全面的了解，这时候思考自己"以后该怎么办"尤为重要，这也是我们本次班会课的目的所在。

环节五：集体宣誓，勇表决心

1. 诚信宣誓

PPT投影"诚信宣誓誓词"，并进行集体宣誓。

【特别说明】集体宣誓建立在之前较为深刻的理解基础之上，就能形成情感的高潮。誓词的创作最好交由班委会，让他们在征求大家意见的前提下，集体讨论决定。因为收集意见的过程，就是锤炼思想的过程。

2. 总结

班主任做班会总结，并宣布班会结束。

环节六：延伸活动，巩固成果

在本次班会结束后，为了对同学进行持续的正面引导，将向班级同学公开征集发生在他们身上的诚信故事，并装订成册，取名《20班诚信故事集》。同时还将评选"班级诚信之星"，寻找他们身边最真实的诚信榜样，以便更深入地推进诚信教育。

附：活动资源

1. 情景剧脚本

张林和王英既是一对好朋友，也是同桌。一天早上，两人刚走进校园，发现地上有一支笔。张林将笔捡起来，对王英说："这是谁的笔？还挺漂亮的。"王英回答道："管它是谁的，我们捡到了，就是我们的了。"张林点了点头，很自然地将笔装进了书包。

上午第一节课是英语课，老师要进行单词默写，张林有一个词不会了，便轻轻地推了一下王英的手臂。王英心领神会，将那个单词写在了手心上，悄悄地递向了张林。

2. 诚信格言

诚信是心灵与心灵之间最默契的对话。

人而无信，不知其可也。

取信需十年，失信在一刻。

诚信档案是最大的财富，失信记录是最痛的耻辱。

人格无价诚可贵，事业有成信当先。

和诚实为伴，坦荡人生不孤独；与守信同行，天广地阔任驰骋。

3. 诚信宣誓誓词

我是田中学子，我以诚信为金。说话讲诚信，做事讲诚信，为人讲诚信。

一生与诚信为伴,永远与诚信同行。我诚信,我自豪;我诚信,我成功。宣誓人:20班全体同学。

(二)"诚信"班会诞生记:"生命'诚'可贵"活动之教师手记

上周四下午第三、四节课,学校在全校范围内举办以"诚信"为主题的班会课。此次主题班会的目的是加强对学生的社会主义核心价值观教育,增强学生的诚信意识,提高学生综合素质,构建和谐班集体。活动要求学生能结合自己的实际生活谈谈自己的看法,并对自己及身边的人和事进行剖析,分析原因、寻找对策。

在以往的主题班会活动中,我往往以自己讲解为主,忽略了学生的参与。这次应学校要求,我决心放手让学生自己举办,但心里却不无担忧:不知道会办成什么样。我把几个班委叫过来,先简单地说了这次活动的目的和要求,还以为学生们会这困难那困难地推诿,不料学生们竟然二话没说,答应得很爽快,这让我大为意外,我不由得开始期待这次班会课。

接下来的几天,我看见班上的学生忙忙碌碌的,有的人在找音乐,有的人在串台词,团支书还带了几个人跟我请假说要利用中午时间排练小品。他们真的很重视这个主题班会,我心里不由地感动起来。我希望他们能办得像样,特地把几个班委叫来,问了一些细节方面的问题。他们都说安排好了,只是说最后要让我做总结,而且到时要用我的电脑放音乐。我心里放心多了,想想自己就做个放音乐的"DJ(唱片骑师)"吧。

班会课终于开始了,我特地带上了数码摄像机。我没说话,学生自己把场地布置好了,黑板上也写了宣传标语。主持人是我们班的副班长潘同学和擅长主持的徐同学,两个人准备了发言词,还不时地关照我什么时候放什么音乐甚至拍照的角度等。说实在的,我没有想到同学们竟然办得形式那么活泼多样,除了个别学生发言,还有情景小品、现场采访、集体宣誓等形式,整个主题班会的气氛很热闹,学生们都很兴奋,掌声阵阵,参加我班主题班会的冯浩老师说我们班学生很有才华,我也非常开心,照片拍个不停,因为主持人说了,要给每个参与的人留个纪念。

主题班会结束后,把给学生拍的照片上传到班级 QQ 群后,我的心情久久不能平静。这次活动说明,学生是有潜力可挖的,只要给他们一个表现的机会,他们就会给你一个惊喜!以前我忽视了学生的能力,也没有充分地调动他们的积极性,班会课变成了批评课、声讨课,老师费力,学生还嫌烦,并没有达到应有的教育效果。像这种主题班会，学生自编自导，充分发挥了学生的主动性和创造力，也活跃了学生课余生活，值得今后坚持搞下去。

其实，在这个过程中，我也并不是无事可做，我的工作重点在于：根据本班学生特点，积极引导学生参与主题班会的方案设计，充分发扬民主，发挥学生的积极性、主动性和创造性，启发和协同学生选择一些既富有教育意义又生动活泼的好形式，然后再进行科学合理的有效结合，构筑主题班会的框架。这样，才能使学生得教于乐，真正达到主题班会的教育目的。这样的主题班会开得才有意义，才值得提倡和坚持下去。

（三）"生命'诚'可贵"活动之学生感悟[1]

"诚信"作为我国优良的传统文化，是我们每个人都应该具备的品质，尤其是作为未来希望的我们。本次班会主题"生命'诚'可贵"，通过访谈、讨论、小品等各种形式，让我明白了"诚信"品质不仅关系到我们个人的发展，也关系到我们社会的未来的发展。

诚信是指诚实、守信。诚实，是指言行跟内心思想一致，不说假话，不做明知不对的事情。守信，就是讲信用，不失信，"言必信，行必果"。《周易》有："君子进德修业，忠信，所以进德也，修辞立其诚，所以居业也。"孔子曾说："自古皆有死，民无信不立。"古人关于"诚信"的上述代表性观点，在今天仍具有现实意义和借鉴价值。

诚实守信是我们每个人都应遵守的生活准则。因为只有以诚待人，别人才会同样以诚相待。古语说"一诺千金"，无论是在日常生活中，还是在企业经营中，诚信都是最基本的准则。但是，遗憾的是，现在我们不时可以看到一些人见利忘义，为了追求眼前的利益而置诚信于不顾。所以，我认为"社会主义荣辱观"中的"以诚实守信为荣，以见利忘义为耻"，可以说是切中了时弊，非常重要。因此，我们青少年也应该努力培养自己的诚信意识，从小事做起，做一个堂堂正正的人。

五、"美好生活，情绪表达"班会活动[2]

（一）"美好生活，情绪表达"活动设计

【设计理念】

本堂课旨在通过各项活动，带领学生了解基本情绪，分辨各种不同的个

---

[1] 感悟撰写：初二(20)班陈蓉。
[2] 本案例撰写：周润娣。

人情绪；引导学生合理地宣泄和表达情绪，探究寻求情绪表达的平衡方法，增强积极愉悦体验，在遇到问题时，学会多想办法去解决。

【活动目标】

1. 能力目标

通过学习，掌握调节情绪的方法，学会合理调节自己的情绪；能够运用调节情绪的方法帮助他人改善情绪。

2. 知识目标

了解人与人之间情绪的相互感染，学会以恰当的方式表达情绪；认识适度负面情绪的作用及调节持续负面情绪的方法。

【活动重点】学会运用调节情绪的方法调节自己的情绪。

【活动难点】认识适度负面情绪的作用。

【活动准备】

收集与课时内容贴切的相关新闻热点事件(文本、图片、视频均可)、相关图片资源。

【活动过程】

环节一：课堂导入

(课间先播放歌曲《健康歌》，活跃课堂氛围，渐渐将学生带进"情绪"课堂中。)

1. 热身游戏

(1)每个人伸出右手，将掌心向下，再伸出左手，食指向上。将左手食指顶住左边同学的右掌心，而右手掌心则与右边同学的左手食指尖相接触。

(2)听老师说一段话，话里面会间隔出现"情绪"这个词，当一说到"情绪"这个词时，学生要迅速用自己的右手掌去抓旁边同学的左手食指，而自己左手的食指则争取快速逃脱，不让别人的右掌抓住。

【设计意图】(1)游戏环节——抓手指，捕捉游戏时的精彩瞬间，了解基本情绪；(2)提高学生对情绪的识别能力。

2. 交流

在刚才的游戏中，你都出现了哪些情绪？

3. 小结

通过刚才的游戏和交流，我们可以发现，情绪时时伴随着我们，有时它会使我们精神焕发、精力充沛；有时又使我们疲惫不堪、不知所措。

环节二：情绪速递

1. 举例说明

老师用打气筒慢慢给绘有人脸的气球打气，到快到破裂的时候停下来，向学生提问：

(1)假如继续打气会怎样呢？（会使气球破裂）

(2)假如气球代表人，打气筒所输入的空气是情绪，那我们积累太多的情绪会怎么样呢？（会使身心受损，甚至崩溃）

(3)假如要使我们免于崩溃，我们要怎样做？（抒发感情/情绪）

(4)假如气球的气完全放出，气球会怎样？（失去气球原有的形状）

(5)假如人完全没有情绪会怎样？（失去对事物的热情，给人过分冷漠和没有感情的感觉）

【设计意图】利用气球，认识情绪表达的各种方式及其利弊。

2. 小结

情绪表达很重要，即让学生懂得情绪表达对自身的价值。

环节三：真情流露

1. 案例分享

老师给每小组准备案例，给学生不同的事件，在读完相关事件后，组长统计本小组的情绪表达方式：

(1)父母老吵架　　　　　　　　(2)上课传纸条被老师发现

(3)同学间流传你和异性同学关系特别　(4)作文被老师当作范文朗读

2. 讨论

(1)让学生谈谈他人情绪表达对自己的伤害。

(2)真实情绪表达可能对他人构成伤害。

(3)重点讨论如何在情绪表达和不伤害他人方面做一个平衡。

3. 学生情景剧欣赏——"家庭风波"

(1)讨论：小明和小明妈妈表达情绪的方式，分析利与弊。

(2)不同表达方式的后果和影响。

(3)智慧小博士总结：

①注意转移法：改变注意焦点、做感兴趣的事、改变环境等。

②合理发泄法：在适当的场合哭、向他人倾诉、进行合理运动等。

③理智控制法：自我解嘲、自我安慰、自我暗示、自我激励等。

4. 集体朗诵

集体朗诵给父亲的一首诗，学习情绪表达的方式，分享情绪。

【设计意图】分享情绪和表达方式。

环节四：总结、寄语

（1）总结这节课所提出的重点：表达情绪的重要性、表达方式及表达情绪时必须注意的地方；鼓励学生多用"你好，我好，世界好"的方式，合理地宣泄和表达情绪。

（2）智慧小博士与大家共勉的寄语：

你不能左右天气，但你可以改变心情；你不能决定容颜，但你可以改变气质。

你不能控制他人，但你可以掌握自己；你不能预知明天，但你可以利用今天。

你不能样样顺心，但你可以事事尽心；你不能决定生命的长度，但你可以控制它的宽度。

环节五：课后作业——"情绪日记"

【活动内容】用一周时间观察父亲或母亲的情绪，找机会向父母查明产生该情绪的原因，并用恰当的方式帮助父亲或母亲调节情绪。

【设计意图】通过"情绪日记"，引导学生合理地宣泄和表达情绪，增强积极愉悦体验，在遇到问题时，学会多想办法去解决，而不是压抑不良情绪。

（二）"美好生活，情绪表达"活动实录

（三）"美好生活，情绪表达"活动反思

"美好生活，情绪表达"这一节课，主要是让学生了解情绪的表达方式，认识调节情绪的重要性，了解情绪调节的方法，学会用恰当的方式表达情绪，在情绪的自我调控中，增进尊重他人的意识。

本课的成功之处：这一节课不仅仅是一节告诉学生情绪是什么的课，更多的是帮助学生在体验和探究中感悟情绪。本节课在教学中，教师采取了多种不同的教学方法，如自主探究、小组合作、情景剧表演、诗歌欣赏等。情景剧表演是本节课的教学亮点，让学生扮演情境中的主人翁，能使学生用心去体会情绪在生活中的作用以及人与人之间情绪的相互感染性，达到"登山则情满于山，观海则意溢于海"的意境。给学生多大的舞台，他就能跳出多美的舞蹈。情景剧表演既增加了课堂的趣味性、生动性，又为学生施展才华构建了体验成功的平台，同学们的表演很到位。教师用诗歌来总结和提升教学内容，课堂中大量运用教师写给学生的诗歌，学生现场生成的诗歌，充分表达了内容的情感美，尝试了诗歌在德育中的运用，取得了很好的效果。

在教学中，评价也是很重要的环节。在本节课中教师采用的评价有口头评价，还有学生之间互相评价，充分挖掘学生的闪光点，鼓励学生自我反思、自我提高。

本课的不足之处：本节课虽然有很多可圈可点的优点，但也存在一些问题和不足。

(1)时间预设，多一些空间。虽然在课前对本课的教学时间进行了预设，但实际教学中，会因为学生的差异性、回答问题的准确性，让时间预设有了出入，导致学生讨论的时间过短，讨论得不够深入透彻。

(2)答案生成，多一种可能。学生在课堂中生成的问题是学生最真实的生活再现，学生的思维方式不同，生成的问题和答案也不同。怎样引导学生生成问题，形成结论，促使学生情感提升，达到教育的最佳效果，这既是对教师教学机智的考验，也是对教师文化知识积淀的考验。本节课在临时生成的回应上，还有提升的空间。

六、"美好生活，宽以待人"班会活动[①]

（一）"美好生活，宽以待人"活动设计

【设计背景】

现在有一部分中学生，习惯于从自我出发。他们往往处理不好与他人的矛盾，遇事不够冷静，受不得一点委屈，有时甚至以报复的心态对待别人对自己的冒犯。凡此种种，不利于其健康成长。确立这一主题，意在引领这部

---

① 本案例撰写：卢小丽、周润娣。

分中学生体会到"以报复的心态"处理别人对自己的冒犯会带来负面影响，明白"宽容他人的重要性"。

【活动目标】

(1)知识与技能：让学生认识宽容与理解的重要性和真正含义。

(2)过程与方法：通过案例分析，培养学生宽容他人、理解他人的能力。

(3)情感、态度、价值观：理解人们对宽容与理解的需要。

【活动重点】了解宽容、理解和关心他人的基本要求。

【活动难点】如何做到"宽容与理解"和"关心与互助"，如何更好地与人沟通和交往。

【活动工具】课件、工作纸。

【活动方法】游戏、小调查、角色体验、小组讨论。

【实施过程】

环节一：游戏带动，引入主题

小游戏："1、2、3、4"。

游戏规则：每6名学生为一小组，游戏过程中，每组只要有一人游戏失败即整组淘汰。最终的优胜组有奖品。具体指令是：教师喊1时，大家向左转；喊2时，向右转；喊3时，向后转；喊4时，原地不动。学生根据指令做相应的动作，教师为优胜的小组发放奖品。即兴采访被淘汰的小组活动的感想。

【设计意图】调动兴趣，创造氛围，引出主题。

环节二：创设情境，动情明理

1. 经历分享

(1)同学相处中，你认为什么事情会令你愤怒和不开心，甚至觉得不可原谅？

(2)先分小组交流，之后全班交流分享。

【设计意图】案例从学生生活中来，最终回到学生生活中去。帮助学生解决生活中实实在在会遇到的问题，让班会课真正落地。

2. 小品表演

强强和荣荣是好朋友，两人几乎无所不谈。最近，强强喜欢上了同班的女同学琪琪，心情很复杂，不知如何是好。于是把这个秘密告诉了荣荣，希望荣荣与他分担复杂的情绪，并为他保守秘密。

第一幕：一个星期后，班里的一名同学问强强是否喜欢琪琪。强强感到很难为情，于是问那位同学是怎么知道的，同学说是荣荣告诉他的。过了一段时间，班里差不多有一半的同学都知道强强喜欢琪琪。同学们拿这件事开强强的玩笑，强强很不开心。于是，他决定与荣荣绝交。

学生讨论：对于强强的决定，你赞同吗？为什么？

无论同学们是支持还是反对，教师都不急于纠正，给他们时间表达感受。根据现场的反应，鼓励不同立场的小组反问。

第二幕：荣荣很不安，看到好朋友对自己不理不睬，知道自己做错事了。于是直接向强强道歉，还请其他同学不要再拿强强开玩笑。

学生讨论：如果你是强强，看到荣荣的上述举动，你会原谅他吗？

第三幕：强强一直没有原谅荣荣，心想"我要以牙还牙"。于是强强到处宣扬荣荣的"丑事"。荣荣被同学们议论，心里很难过，整天无精打采，最近小测验的成绩也不理想。

采访"荣荣"扮演者：面对强强的不理不睬，甚至是"以牙还牙"，你内心的感受是什么？对"强强"扮演者的提问：选择对荣荣不理不睬，你开心吗？选择"以牙还牙"后，荣荣也被同学议论纷纷，变得一蹶不振，你的内心感受是什么？

结论：不原谅别人会影响自己的情绪及双方的关系。若别人为做过的错事道歉，我们应真心实意地原谅别人，缓和彼此的关系。以报复的心态去处理和面对曾经伤害过自己的人，会使对方受到伤害，自己也会痛苦。原谅别人其实是释放自己。

【设计意图】充分尊重学生的内心，引导他们讲真话。让不同立场的学生碰撞起来，这样会使气氛更好，学生会更投入，思考得更加深入。一、二、三幕的情境设计，层层推进，引领学生反思：当别人为错误行为道歉时，是否应该原谅？到底什么是真正的原谅？在角色体验中，学生领悟报复的不可取，明白原谅的重要性。

环节三：倾听故事，深化主旨

古希腊的一个神话故事——《仇恨袋》分享。

学生讨论结论：静静地听一个富含哲理的故事，细细体会内涵，想法更加清晰——报复不可取，宽容别人快乐自己。

环节四：拓展延伸，初探技巧

案例分析：遇到这些情境，你会如何做到"宽容"呢？

情境一：同学说话盛气凌人，很不尊重我。

情境二：同学背后说我坏话。

情境三：在合作小组中，有的组员只管自己的感受。

小结：宽容他人的方式有很多，一个微笑，轻轻对自己说声"没关系"，一个及时的沟通……都可以及时化解矛盾。

环节五：集体合唱，升华课题

（二）"美好生活，宽以待人"活动实录

（三）"美好生活，宽以待人"活动反思

世界上没有两片完全相同的树叶，人间没有两张完全相同的面孔。人与人之间总是存在差异。由于每个人生活方式、思维方式、行为习惯、个性特点不同，品德修养上存在差异，人与人之间总会出现矛盾，这时，我们要懂得宽容待人。只有学会宽容待人，才会拥有和谐融洽的人际关系。

初中生正处在青春期的开端，处于从儿童向成人的过渡期，处于人格形成的关键时期。现在有一部分中学生，习惯于从自我出发。他们往往处理不好与他人的矛盾。遇事不够冷静，受不得一点委屈，有时甚至以报复的心态对待别人对自己的冒犯。凡此种种，不利于其健康成长。本节课意在引领这部分中学生体会到"以报复的心态"处理别人对自己的冒犯会带来负面影响，明白"宽容他人的重要性"。

本节课努力贯彻"把课堂交给学生，教师作为学生的引导者"这一新课程教学理念，努力让课堂"焕发生机和活力"。本节课从游戏"1、2、3、4"入手，既带动了气氛，也为新课的讲授埋下了伏笔。

课程由以下四部分组成。第一部分，学生个人经历分享。话题讨论：在同学相处的过程中，你认为有哪些事情会令你愤怒和不开心，甚至觉得不可以原谅？案例从学生生活中来，最终回到学生生活中去。在学生的分享中，帮助学生解决生活中实实在在会遇到的问题。第二部分，情景剧表演。该情境描绘了在校学习和生活期间同学之间发生误会的情节，学生在表演中发展和张扬个性。话题讨论：如何化解强强与荣荣之间的矛盾和误会？学生分组讨论强强和荣荣的苦恼。每一个同学都必须想出至少一个点子，然后小组内讨论决定最好的点子，每组派出代表陈述本组最好的点子。教师与学生共同分析和点评各组所陈述的好点子。师生共同得出结论：所有的好点子的共通之处是"互相理解宽容"。在学生讨论的时候，教师要注意倾听，及时提供帮助，了解学生在生活中是怎样应对人际误解的。第三部分，倾听故事，深化主旨。分享古希腊的神话故事——《仇恨袋》。学生通过讨论得出结论：报复不可取，宽容别人快乐自己。第四部分，教师总结、点拨。值得注意的是，在讨论中，教师会特别强调两点：第一，敢于发表自己的见解；第二，放手争论，只有表达和争论，才使一些观点更加鲜明，最终才能得出共同的结论，也使错误的见解对同学有警醒。

这节课主要以讨论和辩论的形式展现，学生乐于参与，课堂气氛活跃。在情景剧的表演中，同学们获得了感性认识，在激烈的争辩中、在教师的点拨中获得了理性认识，教学效果不错。

七、"我把小伙伴带回家"——汉藏伙伴共贺藏历新年主题活动[①]

（一）"我把小伙伴带回家"活动设计

【活动背景】

习近平总书记提出："我国56个民族都是中华民族大家庭的平等一员，共同构成了你中有我、我中有你、谁也离不开谁的中华民族命运共同体。"为更好地落实中央援藏办学任务，让西藏学子在南通更加健康、快乐地成长，江苏省南通田家炳中学和南通西藏民族中学决定在两校初一学生中联合组织"我在南通有个家"——藏汉亲情牵手活动。藏历新年是藏族人民的传统节日，相当于我们的春节，对于在南通求学的藏族孩子们来说，在这个重要的节日并不能回家和爸爸妈妈一起过节日，那么作为在南通的家人可以用我们的爱带给藏族小伙伴家的温暖。

【活动准备】

（1）向学校申请此次活动，获批准后，借助学校联系南通西藏民族中学，商量相关活动方案的可行性。

（2）向全班同学及结对家庭发起倡议：和藏族小伙伴一起庆贺藏历新年。

---

① 本案例撰写：刘佳。

(3)与学校食堂沟通，确定时间和场地，并请食堂代为准备包馄饨的材料和工具等。

(4)鼓励同学们踊跃进行才艺展示，可事先稍做排练。

(5)登记所有结对家庭自主活动的安排情况。

【活动设计·流程】

馄饨篇——小馄饨，大情意。

家乡篇——赏风光，识南通。

家庭篇——小活动，大团圆。

【活动地点】

(1)江苏省南通田家炳中学。

(2)各结对家庭家中。

【活动过程】

环节一：馄饨篇——小馄饨，大情意

地点：南通田家炳中学食堂。

开场音乐：《吉祥藏历年》。

1. 学包馄饨，欢声笑语

一到两个结对家庭围坐在一桌包馄饨。

建议：(1)以家庭为单位，小伙伴们一起比一比：谁包的馄饨最好看？谁包的花样最多？

(2)汉族小伙伴教藏族小伙伴包馄饨。

(3)一起向爸爸妈妈和老师学习包馄饨。

2. 吃馄饨，才艺展示（见图 3-3、图 3-4、图 3-5）

图 3-3　才艺展示　　　　图 3-4　包馄饨

图 3-5　吃馄饨

【设计意图】馄饨是汉族人民的传统小吃，而包馄饨恰恰是一家人围坐一起，一起做简单劳动、一起聊天、情感沟通的最佳途径之一。能吃到自己亲手做的馄饨，对学生们来说真是新鲜事，既能锻炼学生们的劳动能力，又能拉近汉藏小伙伴之间的距离。才艺展示环节仅仅是为活动增加点活力和营造气氛，不在于才艺的高低，仅在于大家都高兴都开心。

环节二：家乡篇——赏风光，识南通

午餐过后，汉藏小分队就要以家庭为单位，在爸爸妈妈的陪伴下一起逛一逛南通城，领略一下南通城的美好风光和人文景观，了解一下南通的历史文化等，汉藏小伙伴们一起认认真真地认识一下南通。

活动地点：由各家庭自主选择地点，但一切以安全为主。

活动建议：

（1）濠河边散步。

从学校校西门口的濠东路出发，从濠东路往北、往南、往西都可以沿着濠河散步，看一看濠河的风光，沿路可到各景观带游玩（见图 3-6）。

图 3-6　南通市濠河风景区

(2)参观南通博物苑。

从学校出发沿着濠河向西,开车 10 分钟或步行 20 分钟左右即可到达。这是南通人必去的景点,是南通的骄傲,也是了解南通的最佳地点(见图 3-7)。

图 3-7　南通博物苑

(3)观文峰塔,逛文峰公园。

从学校南门出发,延濠河往南即可到达文峰塔(见图 3-8),步行只需 10 分钟。文峰塔可以说是南通的标志性建筑之一,但因年代久远,为了保护它,早已不可登塔,但可以在塔下瞻仰它的风姿,顺便还可以去王个簃艺术馆看看画展。然后还可以去对面的纺织博物馆(见图 3-9)和文峰公园参观游玩。

(4)各家庭可自行安排其他地点。

【设计意图】濠河原为古护城河,也是国内仅存的四大古护城河之一。濠河景区是国家 5A 级风景区,而濠河对南通人来说,她承载了许多南通人美好的历史记忆。南通田中恰好就坐落在濠河河畔,出了学校大门就可以在濠河边散步,交通方便又能更好地了解南通的人文景观。南通博物苑是中国人独立创办的第一座公共博物馆,又是南通人的骄傲,参观南通博物苑,可了解南通的历史、文化、人物、生态自然等。文峰塔是南通人崇文兴业的文化象征,是南通市区著名的地标性建筑,周边还有纺织博物馆和文峰公园等休闲场所,游人既可以受历史文化的熏陶,又可以放松身心玩乐。以上景区和景点皆免费供人参观,是市民共享的公共文化资源,学习游玩两不误。

图 3-8　南通文峰塔　　　　　　　图 3-9　南通纺织博物馆

环节三：家庭篇——小活动，大团圆

白天的活动结束后，晚上邀请藏族小伙伴一起回家共庆藏历新年，所有家庭成员一起吃团圆饭。

活动建议：

(1)藏族同学可以向南通的家人谈一谈藏族人民是如何过藏历新年的。

(2)南通的家庭可以事先了解藏族的风俗饮食习惯，有可能的话可以在这个大团圆的晚上给藏族同学一个家乡味道的惊喜。

(3)可以将春节的年味融入藏历新年的庆贺当中，也让藏族同学体验到汉族过年的味道。

(4)也可以连线藏族同学远在西藏的爸爸妈妈，西藏南通两家心连心共同过节。

(5)别忘了一定要照一张全家福哦！

(6)为了藏族同学的安全，不建议藏族同学在外过夜，为了方便学校的管理，请南通家长 21:00 前将藏族同学送回南通西藏民族中学。

【设计意图】在中国人的观念当中，过年是一定要回家和家人团圆的。藏族同学远离爸爸妈妈到南通来求学，这在 6 年的求学生涯中，可能他们每一年的藏历新年都不在父母家人身边，其中的孤独和苦涩可能我们永远都无法体会。那么既然相识并成为新的家人，在这重要的日子里，希望南通的亲人可以带给藏族同学家的温暖，使他们可以在家人和兄弟姐妹的陪伴下度过一个快乐幸福的新年！

(二)"我把小伙伴带回家"活动纪要

今天是周六，原本冷清的学校食堂却格外热闹，挂起了气球、拉上了横幅、贴上了彩纸、放起了音乐。今天在这里我们一起为藏族小伙伴们补过一个藏族新年，庆贺新年，共祝安康，迎接新学期。

相识，是一种缘分，小伙伴们都特别珍惜这段来自长江首尾的缘分。活动在西藏民族中学导师寄语中拉开了帷幕。

馄饨皮儿、馄饨馅儿都已准备好了。汉藏小伙伴们和爸爸妈妈以及老师三三两两地围坐在一起边说笑边包馄饨。小伙伴们有相互帮忙的，有一起向爸爸妈妈和老师学习包馄饨的，有一起比赛谁包得好的，有创造出各种造型馄饨的。在短短的一个小时的活动中，大家七手八脚终于做好了自己的午餐。

热腾腾的馄饨上桌了，小伙伴们一起帮助食堂师傅们端碗，发筷子、勺子。爸爸妈妈们又是惊喜又是欣慰："孩子大了，懂事儿了。"接下来大家一边吃馄饨，一边欣赏小伙伴们自编自导自演的各式节目：舞蹈、独唱、组合唱、笛子独奏、相声等。而藏族小伙伴们带来的极具藏族特色的舞蹈是最受欢迎的节目了。精彩的表演给大家带来惊艳和欢笑，有的小伙伴的手都拍红了，脸也笑红了，虽然午餐没有酒，但浓浓的汉藏情谊却不知不觉让人沉醉了。

大家在嘻嘻哈哈、打打闹闹的笑声中，结束了今天的午餐。大家"酒"足饭饱之后就需要散散步消消食。沿着濠河边，走一走逛一逛是个不错的选择。每个家庭根据自己的安排进行自由活动了。参观博物馆、逛逛公园、游一游濠河等，藏族小伙伴感受着南通的悠久文化。

傍晚，带着藏族小伙伴一起回到家里。所有的家庭成员一起吃个团圆饭。有的藏族孩子还为第一次见面的爷爷奶奶们带来了藏族的新年礼物。爷爷奶奶、爸爸妈妈还为藏族孩子包了压岁钱。祝他们年年有今日、岁岁有今朝。

"年"要和家人一起过，"幸福"要家人一起陪伴，"快乐"要家人在一起共同享乐。我们来年再贺。

（三）"我把小伙伴带回家"活动总结

自 2014 年开始，我校和南通西藏民族中学携手开展了一系列的"我在南通有个家"——汉藏亲情牵手活动，每年在春节或藏历新年、五一劳动节、中秋节等重要节庆日接藏族学生回家体验亲情 3~4 次。结对学生间将开展春游、联欢、经验交流、运动会等活动，形成"比、学、赶、超"的互帮互助氛围，帮助藏族孩子广泛了解南通等地方文化并尽可能多地进行藏汉文化交流，培养汉藏族孩子的国家认同感、社会责任感和感恩意识。志愿者家长还要经常与班主任联系，了解孩子的思想、学习、生活等方面的情况，配合学校做好藏族学生的教育工作。在这样的大背景下，大德育活动中无论是藏族学生还是汉族学生，都在情感、能力、眼界等方面得到了较多的提升和丰富。有的藏族学生感叹："在南通感受到了家的温暖，我很开心，我并不孤独。"有的汉族学生说："我在我的藏族兄弟那儿学到了很多，我们约好了，将来有机会我一定和他回西藏的家看看。"正如习近平总书记指出的那样："各民族要相互了解、相互尊重、相互包容、相互欣赏、相互学习、相互帮助，像石榴籽那样紧紧抱在一起。"愿所有的学生们都幸福、快乐地成长！

八、"制度中的情感味道之十全十美班级篇"活动[①]

（一）"制度中的情感味道之十全十美班级篇"活动方案

情感是人类精神因素中更丰富、更活跃的成分，是生命活力的主要来源，是人类精神的依托。正是因为有了欢乐与悲哀、喜爱和怨恨的情感，人的生命才有了更丰富的内容。

南通田中的办学愿景是：处处散发情感文化气息，事事体现情感文明素养。这种愿景在学校深入人心，激励着广大师生积极创设具有情感人文特征的情感文化，让自己的一言一行都体现出良好的情感文明素养。

班级是培养学生健康成长的最基本组织单位，伴随着班级的产生而产生的班集体是校园情感场的一个组成部分。如何让班务管理和班集体的建章立制充满"人情味"，让学生能在"爱"里，静悄悄地长大？苏联教育家马卡连柯说："一个好的班集体如同一位优秀的教师一样，对全班学生起着特殊教育作用，它不仅能提高全班学生的学习效率，而且对全班学生的思想品德和个性发展直接发生影响。"

没有规矩，不成方圆，科学、民主、健全、有温度的班务管理制度能让学生认可自己是集体的一员，享有归属感，感受到来自老师与同伴的尊重，觉察到自己有表达个人观点的权利，进而能够真正融入班级的群体当中，以主人翁的身份去积极参与班级建设，发挥自己的相关优势，利用自己的一技之长为自己的班级做贡献；它亦可以最大限度地避免班主任工作的随意性，在惩处歪风、激励后进、奖励先进方面有着巨大的作用，营造一个人人遵守规则的氛围。当然，校规不是冷硬的枷锁，在塑造品德的同时，也应体现对

---

① 本案例撰写：朱宏辉、田晓梅。

学生的关怀。

南通田中学生处推出的"十全十美"品质班创建活动，是继我校德育品质活动成功推进之后，创建的又一项特色品牌活动，它的推出让我们的班务管理在实际操作中充满了情感的味道，也更容易为师生所接受。以创建促进步，营造"比、学、赶、超"氛围，帮助学生进一步提升责任感和工作能力，促进校园情感文明尽快形成，"十全十美"品质班共分 10 个单项（见图 3-10），分别为：诚实守信班、安全文明班、文明礼仪班、文明就餐班、室内卫生班、走廊卫生班、两操先进班、板报先进班、考务先进班、秩序先进班。

图 3-10

1. 诚实守信班

一月一评。

(1)评选要求该班每一位学生在每月的每次考练中没有作弊。

(2)班级上的爱心雨披在使用后能不缺少一件，归还到位。

2. 安全文明班

一期一评。

(1)评选要求该班所有学生在规定时间段内及时完成南通市安全教育平台上的学习内容，班级安全手册要有专人记载到位。

(2)教育学生注意交通安全，不违章通行。放学后要及时回家，注意交通安全，不要在马路上逗留。骑自行车的同学，要爱护好自己的交通工具，发现损坏，当天就要修好。不骑无车铃、无刹车、破损严重的自行车。车速不能太快，下雨下雪天更不能骑快车。骑车时注意力要集中，不要多人并排，不能开玩笑，做危险动作。反对骑高档自行车，禁止骑摩托车。禁止骑电动车，电动车一律不得进校。超车要从左边超，事先要打铃，转弯要伸手示意。

不能强行超车，不能突然转弯，以免发生交通事故。如果碰撞了别人要道歉，造成了事故，要主动处理，不能逃逸。书包要放稳，以免丢失；包带要束好，以免缠在车轮里或被其他车辆绊带，造成交通事故。发生了事故，同学间要互相救助，或帮助记住肇事者车号、特征，或帮助报警110，或帮助其与学校或家长取得联系，情况危急的报急救中心120。

(3)乘公共汽车的同学，要掌握好班次，宁可提前等车，不能急急忙忙赶车，要遵守上下车秩序，主动购票或出示月票。要给老、幼、病、残、孕及长辈让路让座。不要在车内旁若无人地高谈阔论，谈吐要文明高雅。要抓好扶手，头、手不要伸出窗外，以免发生意外。钱包、书包要随身放好，以防丢失或被盗，碰到意外情况，要注意自我保护，要用智慧、用适当的办法进行自救或帮助他人解脱困境。

(4)课间活动要文明安全。下课后值日生要及时将黑板擦干净，同学们要走出教室休息、远眺，让眼睛放松。课间活动时，不得在教学区和走廊内玩球；楼上同学不得将废纸、粉笔头向楼下、车棚顶或其他建筑物上扔，更不得向下吐痰；不准跳摸班牌、门框；不准触摸电器设备；不得趴在栏杆上；上下楼梯不得拥挤、推拉、嬉笑，以免发生事故；同学之间要团结友爱，不讲粗言秽语，不得喧哗起哄，不许骂人打架。

(5)寄宿生晚饭后，要按时到指定教室参加夜自修。不得擅自在外住宿，寄宿生未经生活指导老师许可，不得回家睡觉，也不可将不住宿的同学和其他亲友带入宿舍区。

3. 文明礼仪班

一周一评。

(1)胸卡红领巾佩戴到位，每周一举行升国旗仪式时要庄重，在校全体同学均应统一着装准时参加，要面向国旗列队、肃立、脱帽、行注目礼，少先队员戴红领巾行队礼，要认真聆听国旗下讲话，不得说话、嬉笑，平时不举行升降国旗仪式，但升降国旗时，凡经过现场的同学都应面对国旗，自觉肃立，待国旗升降完毕，方可自由活动。

(2)发饰服饰优雅得体，穿戴要整洁、朴素大方，参加重要活动要统一着装，男生不留长发，女生不烫发，男女同学都不染发，不理怪发型，不化妆，不戴首饰，不穿不适合校内穿着的衣服、鞋，上体育课要穿运动服、运动鞋。

(3)遇人问好热情到位，言谈举止文明。遇见老师要问好，同学之间要打招呼（遇见老师要主动问好。早上说"老师，您早！"中午、下午、晚上说"老师，您好！"放学时说"老师，再见！"同学之间见面或分别时也应互相打招呼。）；进出家门，要和父母及长辈打招呼，孝敬父母，尊重长辈是传统美德，要及时向父母及长辈问候，出门上学要向爸爸妈妈及长辈打招呼（例，"爸爸、妈妈、爷爷、奶奶，我上学去啦！"）；放学回家招呼（例，"爸爸妈妈，我回来啦。"）；平时每逢长辈生日要及时祝贺道喜，如果家长生病要及时关心、亲切问候（例，爷爷生日，吃饭时，某同学高兴地说："爷爷，今天是您的生日，祝您老人家健康长寿。"妈妈病了，某同学走到床前亲切问候："妈妈要喝水吗？药吃了吗？身体好些了吗？"）

（4）进办公室，要有礼貌。进办公室前，应先轻轻敲门或喊报告，得到老师允许才可进办公室，得到老师的帮助要说声"谢谢"。（例，某课代表进办公室，先喊"报告"，老师说"请进"，课代表进。课代表见作业不在课任老师办公桌上，便很有礼貌地问其他老师："老师，您知道初二×班的数学作业本放在哪里吗？"老师回答："哦，你看看是不是在壁橱里。"课代表打开壁橱，拿到作业本，高兴地对老师说："在这里，谢谢老师，老师再见。"）

（5）文明上课，注意礼仪。预备钟响，即进入教室，文具书本要放在课桌的右上角，坐好或伏好静等老师。上课钟响，老师走上讲台，班长号令："起立、立正！"老师说："同学们好！"同学齐声说："老师好！"待老师说"请坐下"或"坐下！"后，方可坐下。上课时，坐姿要端正，看书写字，胸要离课桌一拳，眼要离书一尺，不斜坐；不斜视，上课要专心听讲，积极思维、踊跃发言，不做小动作，不随便说话，不做与本课无关的事，更不得以任何理由破坏课堂纪律；自习课上要保持安静，不换位置，不扰乱秩序。下课钟响，待老师示意下课时，班长号令："起立、立正！"老师说："同学们再见！"然后同学齐声说："老师再见！"然后方可离开座位。一般情况下，让老师先离开教室，有人听课，更应礼让于客人。课上要注意文明礼貌，发言要举手，发表不同意见时，要注意有礼貌。夏天不穿拖鞋、背心、短裤上课，不扇扇子，上课不喝茶，不吃零食，上课期间身体如有不适，应及时举手报告；另外，上体育课、音乐课、实验课、选修课等均应提前整队去所在地点，除遵守一般课堂必须遵守的纪律外，还应执行以上课程的有关规定。教室里的闭路电视，主要供教学、班级开展活动需要使用，必须事先与电教部门取得联系，得到同意，方可使用，任何同学不得私自使用闭路电视，平时要遵守《电教器材管理规章》，爱护好每一台电视机和其他电教设备。要保持学校公共教学场所的卫生，不乱扔纸屑，不在课桌、墙壁上乱涂乱写。

4. 文明就餐班

一周一评。

在就餐点安排专人发餐、专人送箱，箱旁干净，就餐安静，光盘就餐。原则上不买校外无证快餐，不得将饭菜带入教室和宿舍内进餐。用餐完毕，应将掉在桌面上的饭菜收拾到快餐盒里，丢入收集袋内，不得将饭菜倒在饭桌上、水池里，不许在洗手间、饮水处洗餐具；用学校统一提供的餐盘，用餐结束后，请将餐盘交送到指定的收集点，安排专人负责箱旁卫生。

午饭后要适当休息。在校用餐的同学，饭后不得离开校园，各班要派专人统一管理。午饭后，可以在校园里散散步或上图书馆学习、阅读，但不许追逐、打闹、做危险游戏。寄宿生要午睡，不能在宿舍里笑闹喧哗影响他人休息。回家用餐的同学，不能在校外游荡。

5. 室内卫生班

一周一评。

卫生角干净、洁具摆放有序、讲台区卫生、地面无纸团。值日生应在晨读前打扫好包干区。值日生应提前到校，检查记载并向班主任或劳动委员报告前一天放学后教室卫生打扫情况，并且开始当天的值日工作。垃圾扫清倒入大灰箱，不可倒入路边卫生箱，倒灰时应用扫帚压住纸屑树叶，不能一路走一路撒。班级生活垃圾实行袋装化，平时的脏、废、杂物随手放入垃圾袋，装满扎紧袋口，放入班级大清洁袋，每天值日的同学要整理好大清洁袋，装满扎紧袋口送到学校大灰箱。

6. 走廊卫生班

一周一评。

门窗洁净、地面洁净、凹槽洁净、栏杆洁净、外墙无粉笔印、早中晚维护。值日生要及时做好门窗、地面、凹槽、栏杆、外墙卫生，清除包干区、教室和走廊内的口香糖等污渍。每个同学应负责做好自己服务岗位上的工作，积极努力增加班级的常规管理成绩。另外，下雨下雪天，雨披可以放在教室前面的栏杆上，帽子朝里放，以免被雨雪淋湿；雨雪太大，就要把雨披叠好，装进塑料袋放在课桌里。黑板擦上的粉笔灰不要拍在室内外墙壁和地面上。

7. 两操先进班

一周一评。

课间操：1分钟出门，8分钟集中，平地小跑，进退场安静，退场到点，无无故旷操。

(1)以班级为单位组织参加，整队必须做到快、静、齐，按两列或四列纵队依次跑步进场、退场，要求两两对齐，间距适当，听从指挥，迅速到位。出场退场要注意安全。

(2)做操过程中精神饱满，认真、到位，无讲话、拉扯等散漫现象。

(3)做操必须与音乐节拍吻合，动作整齐有力，准确到位，班级整体形象好。

(4)不得无故缺席，遇有病事假须持有效证明，履行规范的请假手续。

眼保健操：人人闭眼、个个在做。

(1)做操时注意力集中，闭目静心，不讲话、不做其他事情。

(2)做操必须姿势端正，动作跟上音乐节奏，按揉时穴位正确，范围合适，轻重适度。

(3)不无故缺席。

8. 板报先进班

一期一评。

完成及时、切合主题、内容丰富、版面优美。内容适时，紧扣学校教育教学活动主题；板书整洁、美观、端正、清晰；设计美观，书写工整，文字字距、行距适当；使用规范字，插图美观，内容科学，无错别字。

9. 考务先进班

一期一评。

桌椅齐整、地面干净、桌肚干净、到点完成、留人确认、群内报告。

10. 秩序先进班

一周一评。

无人滞留、无人购物、无人违规接送、无人校内骑行、排车有序、广播会守纪、活动守纪。

课间活动时，不得在教学区和走廊内玩球；楼上同学不得将废纸、粉笔头向楼下、车棚顶或其他建筑物上扔，更不得向下吐痰；不准跳摸班牌、门框；不准触摸电器设备；不得趴在栏杆上；上下楼梯不得拥挤、推拉、嬉笑，以免发生事故；同学之间要团结友爱，不讲粗言秽语，不得喧哗起哄，不许骂人打架。

课余活动不违规。同学之间，不要摆阔气，不乱花零用钱，不进网吧，不沉溺于网络游戏之中；不进营业性舞厅、酒吧、茶座；不看宣传色情、凶杀、迷信的书刊、录像；不玩游戏机，不打桌球；不吸烟、不喝酒、不赌博，不参加迷信邪教活动；教室、宿舍内禁止打扑克。教学区内和主要交通路口不得进行球类活动。

放学后要及时有序离开校园，不得以任何理由在校园内滞留；离开校园后，不得在小店及摊贩处购物。家长接送孩子不得将车辆停放在校门口，必须在规定区域内，避免交通拥堵发生不安全事故；若发生违规接送，学生要做家长的榜样，劝解家长自觉遵守学校规章制度，积极配合值班人员维持好校门口秩序，做文明家长。校园内一律不许骑自行车，到校门口就要主动下车，一直推车步行到自己班级自行车停放地点，把车放整齐；车轮不要超过黄线，车头顺摆，车篓里的有用东西要拿走。车上要挂好学校车牌，如有遗失要立即到有关部门补办。车子要锁好，车子如果未上锁，将扣其车辆，须凭自行车发票、家长证明或班主任签字单到保安队取车。取放自行车时，要相互礼让，不要拥挤，无论是上学、放学时间还是其他时间，无论是有人监督还是无人监督，每个同学都应自觉地推车步行。一旦发现有同学骑车，执勤老师和监管员可以将其自行车扣下，被扣车的同学须凭班主任的签字条来学生处取车；也可对违规学生采取适当的处罚，学生处一旦有某同学有违规放车、骑车的记录，不但会影响某同学个人的常规成绩，还会影响到班级常规管理评比成绩。广播会时，要遵守会场纪律，立即就座，不随意在会场走动、不中途离开会场，保持安静，做到不谈笑、不瞌睡、不吃东西等；会议结束得到指令方可离开位置，但不得喧哗、推搡、拥挤。学校组织的一切活动具有教育性，学生参与活动要遵守各项活动纪律，不得做与会无关的事。

以上"十全十美"品质班的10个单项不同活动，评比频次不一样。初高中、两校区，一体化实施。各单项专门设立授牌人一条龙总负责，年级交叉评选，授牌人对评选结果负总责。各单项评比要求，即是各授牌人阶段性工作职责与目标。以期通过人文的评比活动，为学生在情感"场"里，营造一个争先创优、人人遵守规则的氛围。

班务管理的各项制度、方案应该是具有情感温度的,应该是能够给予学生充分的安全感体验的。在这样的制度环境中,学生才能感受到自身在学校遇到困惑时,有可以寻求到帮助的组织和平台,对于制度的遵从感与敬畏感才能建立起来,并迁移到对其他规则的遵守,才能把自己真正融入集体这个家庭里,为了集体的利益而不断地努力,进而重构自己的情感结构。

这样的班务管理才不是负担,而一种锻炼;不是痛苦,而是一种幸福;不是任务,而是一种生活。只有这样的班务管理才能把爱和快乐洒满校园,用轻松荡漾生活,把烦恼抛弃,将忧愁忘却;只有这样的班务管理才能让学生和老师相处的每时每刻,都充满浓浓的师生情。就像一坛陈年老酒,一饮便能体味到那芬芳的酒香,余味无穷。

(二)"制度中的情感味道之十全十美班级篇"活动实录

活动片段一:

无人监考考场内,老师刚发下试卷,随即离开教室,铃声响起,每个人好似"疯"了一般,操起笔拼命地写,手捏笔,青筋暴起,有的抿着嘴,表情严肃,眼神中透着"志在必得";有的眉头紧锁,苦思冥想……整个考场,安静得可怕,空气像凝结了一样,只听得见笔尖摩擦试卷的"沙沙"声,没有人抬头,没有人交头接耳,同学们只管写自己的卷子。偶尔能听到细微的叹息声,笔头敲击桌面的声音……就算有人心里有些挣扎,可抬头看看别人埋头苦干的样子,还有那醒目的"无人监考"象征着荣誉的班牌,刹那间的念头也会荡然无存。

活动片段二:

中午11:40的下课铃声如同天籁之音,唤醒了同学们的味觉神经,拯救了早已饥肠辘辘的他们。一瞬间,食堂里,人头攒动,六个窗口"紧急集合"了四路人马,不约而同地向打饭的阿姨所在的方向伸长了脖子,期待着队伍快点缩短。这时,一个小个子男生走进食堂,遥望了长长的队伍,有些无奈。他瞄了瞄,迅速在最短的队伍后站定,左顾右盼,伺机"见缝插针"。巧了,左前方一学生蹲下系鞋带,未及时往前挪,空出一块来,小个子男生一个"凌波微步"闪到那空隙处。陪餐的老师火眼金睛,走上去,看了看小个子的胸卡,微笑着说:"某某同学,班会课上老师有没有讲过食堂文明就餐呢?"小个子看着戴着红袖套的陪餐老师,顿时紧张了起来,忙说:"老师,对不起,我错了,今天没吃早餐,实在饿极了,才想……插……插个队,千万别……别扣我班的常规分!"他声音越来越小,只能回到原来的位置,不巧的是,原先的"绝佳位置"已被别人捷足先登,他只得又往后站了站……

活动片段三:

突然一道闪电,撕裂了天空,一阵响雷过后,风携着雨珠子,野兽般乱撞着。这雨来得有些突然,刚巧在放学的点上,让人猝不及防。

"兹——"一声急刹车声传来,一位接孙辈的大爷骑着电瓶车在校门口紧急停下。

"大爷,您不能在这儿停车。"导护老师看到了连忙提醒。

"我孙女没带伞,淋了雨,可怎么办呢?"爷爷有些担心。

"放心,大爷,学校有爱心雨披,各班已经领回分发了。"

远处,橙色雨披里传来责怪的声音:"爷爷,您怎么把车停这儿了?怎么没在规定区域等呢?如果家长们都在这里等,您能想象水泄不通的场景吗?"

连续的发问,问得爷爷哑口无言。看到孙女没有淋雨,大爷歉意地朝老师笑笑,喃喃自语:"学校考虑得太周到了,太周到了!"

(三)"制度中的情感味道之十全十美班级篇"活动反馈摘要

诚信考试感悟

康钰曈

诚信是一轮圆月,与高处的皎洁对视,能带来光明,展露明艳;诚信是高山之水,它可以洗净浮华,洗尽欺诈,洗净虚伪,让启悟心灵的真谛释放。诚信是人生的信条,诚信即诚实守信,"诚",就是内诚于己,诚实无欺,"信"就是外信于人,有信用、讲信誉、守信义。

孔子曰:"言必诚信,行必忠正。"行与处处,考试也为其一。诚信考试,无须监考是我校一大特色。仍有少数同学缺乏自觉"信",所以无人监考更是对学生品行的一次检验。

古人云:"知之为知之,不知为不知,是知也。"考试只是对自己一段学习的成果的检测,大可不必作弊或有他心。古有曾子杀猪,季布一诺千金,现有中学生划破汽车留下联系方式以便赔偿,诚信是人人必备的优良品质,诚信是我们应对待每一场考试应有的态度。在人生漫漫途中,我们还会经历许多特别的考试。我们应自律自洁,秉承诚信去认真对待。虚伪的好成绩也许唾手可得,但只有经过诚信的考验才能显现真正的水平。

不仅在考试中,还要在生活中自觉遵守诚信。因为并不是我们走的每一步都有别人监督，正如《韩非子》里"巧诈不如拙诚"。因为我们无法预知未来如何，只能通过内心自觉用诚信书写现在，不要让虚假的成绩蒙蔽了自己的双眼。诚信考试，勇于直视自己的学习问题，及时改正提升自己。

诚信是一个人必不可少的优秀品质。诚信如山，显现人性的伟大；似水，洗净人心的浮躁；像光，照亮人心的灰暗。所谓自弃者扶不起，自律者击不倒，成绩诚可贵，诚心价更高，作为答卷人的我们更应自立诚信之心，因为它会让我们受益一生。

诚信刷卡的体验

武冰姿

每当悦耳的下课铃声响起，任课老师收起书本，同学们便来到食堂，在一个个狭小的窗口前，井然有序地排起了长队。食堂的工作人员细心地听从大家的要求，为他们呈上早就准备好的菜肴，而在餐盘递到同学们手中的那一刻，考验大家诚信的时候就到了。

与别的学校不同，我们的校训里便有那"诚信"二字。刷卡的机器安置在窗口外侧，黑色的数字在蓝屏上跳动着，随着按压号码机器发出的"滴滴"声，紧接着便是清脆的"支付成功"声。每当这时大家总是如释重负，端起餐盘回到座位上，开始就餐。

关于同学们是否会诚信刷卡的问题，学校似乎永远都不担心，而正因为有了这种信任，相关的问题反而完全杜绝了。同学们每天都自觉地刷卡就餐，从来都不会出现因侥幸心理从而做出与我校校训相违背的事情，不但令人宽慰，也在不知不觉中使我们认识到了诚信的真谛。

我眼中的流动图书馆

洪昕玥

一本小书，一抹余晖，一隅之地，在田中校园里有着这样温馨的地方，这里是流动图书馆，是我最喜欢的地方。

教学楼的每一层都设有流动图书馆，走出教室，到走廊的尽头就能看到。一排排书架上摆满图书，阳光缓缓洒下，铺满了整个角落，空气里弥漫着温馨静谧。

流动图书馆使我喜欢上了阅读，喜欢上了浸染着书香的生活。有人说："耕所以养生，读所以明道。"于我看来，阅读是一种对生活的迷恋。一缕书香，一种淡然，宁静致远；一缕书香，一种境界，悠然豁达；一缕书香，一种睿智，淡定从容。

　　我一个人躲在角落里，徜徉于书海之中，沾满书的气息，沉迷其中。书中的伟大精神、崇高境界、深远思想又或是万种风情都与我的精神灵魂相遇，相互碰撞摩擦。我感觉到心灵在净化，心情也无比舒爽愉悦。读书的时候，心里不会空落落的，休闲时光，在流动图书馆的角落里，静下心来，拿一本图书，用手轻轻拂开，阳光之下的书影是那般可爱，跟随着书页上的文字，我的心开始自由驰骋，深深地沉迷其中，畅想着，思考着……

　　自从有了流动图书馆，读书渐渐地成了我生命中的一种习惯，让我的生命更加充实，是我生命里幸福的窗口。

第四章　学生关怀实践自育课程概述

▸ **第一节　课程概述**

　　学生是道德学习的主体，任何的道德原则、规则、方法，只有成为学生自己内在的需要，甚至成为他们生命中不可或缺的一部分，才能达到道德教育的最佳效果。促动学生内化道德，离不开学生自身参与的各种实践活动。弗洛姆提出，"个人的整个一生不是别的而是自己不断诞生的过程"[①]，道德实践活动则是个体自我诞生或者自我实现的一种方式。这些道德实践活动，有的是学校或者班级组织的，也有的是学生可以自组织的。后者的活动主题、方案均由学生自己提出，且由学生自己去实践，我们称之为学生自育课程。南通田中在学生道德自我实践方面，充分创造条件，并主要围绕"学会关怀"这一情感德育主题展开引导，取得了很好的效果。

一、为什么学生需要道德自育实践

【案例】

南通田家炳中学疫情用品诚信售卖倡议书

亲爱的同学们：

　　今年春节，新冠肺炎疫情席卷全国。各行各业的党员干部、人民群众众志成城，舍小家为大家，一个个感人肺腑的英雄事迹不断涌现。国家兴亡，匹夫有责！作为高中生，我们虽然能力有限，但是为国抗疫略尽绵力的急切心情，促使我们组织公益活动的热情不断高涨。为防止疫情进一步扩散，维护全校学生身体健康和生命安全，培养诚信观念，现特向同学们倡议征集活

---

① ［美］弗洛姆：《健全的社会》，孙恺祥译，20页，贵阳，贵州人民出版社，1994。

动志愿者，开展疫情用品诚信售卖活动，活动倡议如下：

一、活动前，志愿者收集有关诚信的名言警句，制作有关疫情小卡片、印制活动传单、横幅等物品；同时采购口罩、免洗手液、消毒液、湿纸巾、消毒液等防疫用品，并做好活动前期宣传、普及诚信知识。

二、志愿者们在每件商品上标价并独立包装，进行无人售卖。在小摊旁摆放一个诚信标牌和两个摄像头（或实时监控），记录活动过程，拍摄活动照片。

三、在诚信超市旁布置场地，组织活动按时按地有序进行。部分志愿者可在不影响无人售卖的情况下观察售卖详情。

四、活动结束后，志愿者收拾场地，做到无垃圾遗留。计算总获利，检查是否诚信消费。

我们无法避免灾难的来临，但我们可以散发人性的光辉。真正打倒困难的，从来都是我们内心不变的希望与爱。愿同学们积极加入疫情用品诚信售卖志愿者队伍，为祖国、为人民打好防疫战贡献应有之力。待到春暖花开时，情如初，爱无尽。

倡议人：高一(3)班　康钰瞳、洪昕玥、许悦清、顾睿楠
2020年3月2日

上面的案例是2020年抗击新冠肺炎疫情期间，南通田中部分学生的自主道德活动倡议，显现了学生的道德主动性。苏霍姆林斯基曾经说："只有能够激发学生去进行自我教育的教育才是真正的教育。"[①]就道德自我教育而言，学生拥有了自我教育能力之后，就可以将自己作为客观对象，通过觉察自我的认识、实践以及外界的反馈，理智地分析自己的内心活动和言行，使自己更符合道德要求。我们需要分析，为什么学生需要开展道德自我教育？

（一）人有追求道德自律的本能

马克思曾经指出：人们的需要即是他们的本性。意即要想知道人们的本性如何，就要看他们的需要如何，他们有什么需要和以什么方式来满足这些需要；需要和满足需要的情况如何，人的面貌和本性也就如何。所谓"需要"，不是指人们主观上"想要"，而是指人的生存发展客观上具有的特殊依赖

---

① [苏]苏霍姆林斯基：《给教师的建议》，杜殿坤译，341页，北京，人民教育出版社，1984。

性。[①] 道德，就是个体生存与发展中的客观需要。《管子·牧民》中有："仓廪实而知礼节，衣食足而知荣辱。"意指当物质得到一定满足之后，人们就会产生对道德的需求。德国哲学家康德也说过，有两种伟大的事物时常震撼着他的心灵，那就是他头顶上灿烂的星空和心中崇高的道德法则。既然道德是个体的需要，那么道德教育的过程，也就应然地成了学生的一种主动追求。

但是，学生认同或者期望道德教育，并不等于学生就可以开展自我道德教育。这就如同我们大多数都喜欢读书，但是让你写书就是另外一回事情了。就个体道德的发展阶段而言，人类都要经历一个从无律到他律再到自律的过程。刚出生的婴儿，其道德就是无律的。你喜欢一个小孩，抱着他，结果他撒尿到你身上，我们不能说这个孩子没有道德，因为他此时的道德是无律的，他不知道何为道德。当孩子稍微懂点事情，比如到了幼儿园阶段，孩子的道德性逐渐展现出来了，但是一直到小学低中年级，主要还是他律的，即要靠成人的监督管理，孩子们自我管理的能力还比较弱。从小学高年级开始，再到中学，孩子开始独立了，同时道德方面也开始表现出自律。自律，是对于自身已有道德规则的遵守。能够达到一定的自律，这个人的道德走向成熟了。当中学阶段的孩子到了心理反抗期，这种反抗其实是一种发展的过程，因为这个时候他们需要自律、自我管理、自我教育。父母之爱、教师之爱，与夫妻之爱不同，这种爱是指向分离的爱，即最终培养一个具有独立发展能力的个体。

（二）开展道德实践才能更好地达成道德

道德教育看起来是一种学生对外部道德原则、规则的学习，但是本质上却是学生主体道德自我建构的过程。因为如果不通过学生自身的价值体悟与接纳，任何道德真理都无法让学生真正接受；学生若不能真正接受，那么自然就不能够主动产生道德行为。

个体对于某种道德原则或者规则的学习，一般经历三个递进式的心理历程：服从——认同——信奉。在服从阶段，个体对这种道德要求在情绪上可能有抵制，但是在行动上仍然会表现出符合道德要求。到了认同阶段，个体经过理性的深思，感受到某种道德要求的重要性，产生了认同，但是在进行道德行动时，如果仍然需要首先调动这个理性来指导，那么个体就还没有达

[①] 李德顺、孙伟平：《道德价值论》，29页，昆明，云南人民出版社，2005。

到道德的自动化阶段。而到了道德信奉阶段，个体采取某种道德行为之前，其自身已经不需要去进行先导判断了，不需要再进行理性抉择了，而是自动化地发生了。促成个体从道德服从到道德认同，再到道德信奉，离不开道德实践。

道德实践为什么如此重要？可以从心理学和神经学这两个维度来分析。从心理学层面看，经由道德实践，比如进行了某种助人活动之后，发出道德行动的主体感受到了来自被帮助者的感激，看到被帮助者被帮助后的愉悦，助人者的价值感和力量感就体现出来了。为了后续能够有更多的价值感和力量感体现，个体就会产生更多的道德行为。再从神经学的视角来做分析，当然神经学的视角可能有点抽象。举个例子来说明，一个从小就帮妈妈洗衣服做饭的女孩子，出嫁后回到妈妈家，还是喜欢洗衣服做饭。一般不爱劳动的人被迫劳动很难受，但是这个女孩回到妈妈家如果不干活就难受。这种难受不是认知层面的——比如感觉到妈妈年纪大了，做女儿的应该为妈妈分担。这种难受是情绪层面的，跟认知的关系不大。为什么？因为过去的洗衣服做饭的行为不断发生，在大脑管理情绪的中枢中建立了神经联结，所以"不干活就难受"。个体不断进行道德实践的过程，就是在不断建立良好神经联结的过程，道德行为逐渐成了习惯，个体不发出道德行为，自己就难受。这就如同吉登斯所说的："内生的过程就是一个自我经验得以累积的过程，个体所有的经验都带有独特性，是个体的实践结果。"[1]因此道德实践非常重要，尤其是学生自主参与的实践非常重要，实践使得道德要求从个体的意识层面进入了潜意识层面，进而促成自动化行动。

二、自育课程为什么选择关怀主题

马克思在《1844年经济学哲学手稿》中有这样一段话："我们现在假定人就是人，而人对世界的关系是一种人的关系，那么你就只能用爱来交换爱，只能用信任来交换信任……如果你的爱作为爱没有使对方产生相应的爱，如果你作为恋爱者通过你的生命表现没有使你成为被爱的人，那么你的爱就是无力的，就是不幸。"[2]因此，培养学生具有道德心，其核心便是培养学生具有爱

---

[1] 张洁、李慧敏：《社会转型时期的自我认同与教育——解读吉登斯自我认同理论》，载《河北大学学报（哲学与社会科学版）》，2006(6)。

[2] 《马克思恩格斯文集》第1卷，247~248页，北京，人民出版社，2009。

的能力，即不仅能够感受爱，还能够付出爱。人都喜爱被人爱，但是能够去爱他人，却不是一件简单的事情。爱他人从来都不能通过口头来完成，而应该通过具体的行动来实践。越实践，爱他人的能力往往就越强。

当然，爱这个词，行动操作起来感觉容易泛化，我们需要找到一个能够更具体的操作性词语。根据弗洛姆关于爱包括尊重、理解、责任和关怀这四个成分的理论，我们认为关怀是我们最容易操作，且是最能够培养学生具有爱的能力的成分。因此，我们选择"关怀"主题作为指导学生开展情感德育自育课程的实践路向。

关于"关怀"主题，人们自然联想到教育家诺丁斯。诺丁斯在《学会关心：教育的另一种模式》一书中写到："我认为学校对学生智力的发展过于重视，也过于依赖考试成绩来衡量学术成就。这样的批判在目前显得更加重要。走进今天的学校，我们发现学生们往往花费成周甚至成月的时间准备考试。而我们许多人都相信这些时间本来应该用来探索新思想，发现新兴趣，扩展知识，陶冶情操，使学生在艺术、音乐、写作等领域大显身手的。我们特别相信学生们应该有机会在学校学会关心，关心自我，关心他人，关心自然与物质世界，关心知识。学校有责任教导学生学会关心，学会关心是学校教育的真谛所在。"[1]诺丁斯这本书，旗帜鲜明地提出了学校教育的主要目的，应该是培养学生去学会关心。

如何去培养学生成为具有关心意向和关心能力的人呢？仅仅靠教育者施与关心就可以吗？答案显然并非如此简单。在现实中不难看到，教师对于某些学生给予了关心，但是却发现学生只接受了关心，却不去关心他人。这种情况在亲子关系中表现得尤为明显，一些父母关心子女可谓到了极点，但是反过来子女并非都学会了去关心其父母。针对这一现实问题，诺丁斯提出："不管一个人声称他多么乐于关心，重要的是要看他是否创造了一种能够被感知到的关心关系。有很多人自称'关心'别人，但是接受他们所谓'关心'的人却感受不到关心。"[2]因此，当教师发现自己的关心无法促发学生产生关心行为时，就需要反思自己的这种"关心"是否能够让学生感知到，只有让学生感知到了你的"关心"，才真正形成了关心关系。

关心关系包含"关心者"和"被关心者"，但是显然诺丁斯更关注关心者的

---

[1] [美]诺丁斯：《学会关心：教育的另一种模式》，于天龙译，1页，北京，教育科学出版社，2014。
[2] 同上书，36页。

作用，认为关心关系能否建立、维持，取决于关心者对这种关系的维持与努力。我们教师既需要让学生感受到教师关心的存在，同时还应提供各种可能，让学生也成为"关心者"，即能够引导学生通过自己的行动增强关怀他者（包括关心身边最亲近的人、关心与自己有各种关系的人，以及关心知识和学问等内容）的能力。对于道德教育而言，让学生成为"关心者"比关注教师作为"关心者"更为根本。

苏霍姆林斯基在其著名的《给教师的建议》一书中也提出："只有当一个少年在别人身上看到了自己的精神美的一部分的时候，他才是真正地开始了自我教育。"[1]事实上，苏霍姆林斯基不是简单地从道德层面提出自我教育，而是从人类的根本特点引申出关心他人才能进行自我教育的深层理念。

关怀他人，给予他人关心，这对学生而言，其实是有着内在的推动力的，而非仅仅是学校的外在推动。因为，所有人在帮助他人的过程中，一般都会获得一种自身价值实现之后的愉悦感。弗洛姆研究指出："在他的给予中，不可避免地会在对方身上唤醒某些东西，而这些被唤醒的东西则返回到他自己身上；在真正的给予中，他禁不住会接受从对方身上返还的东西。给予自身就包含着使他人也成为一个给予者，这样他们两个就能够分享他们从生命中唤醒的愉悦。"[2]

三、学生如何开展自育课程实践

中学生开展情感德育自育课程，一方面需要充分发挥学生的自我组织、管理和实践能力，另一方面也离不开学校管理层和教师的指导，此外，学校和教师为学生的自育活动提供各种资源保障也很重要。在操作的过程中，有三个要点值得注意。

（一）课程执行主体以学生群体为主

一般而言，学生关怀实践自育课程，从课程活动的主题设定，再到活动方案的设计，以及活动开展和总结的整个过程，其操作主体基本都是学生群体，而非单独的学生个体。这种课程主体的设计，不仅考虑到中学生自身单独开展相关课程实践的能力问题，更重要的是，合作性的群体来共同协作，有助于提高这种自我教育活动的效果。苏霍姆林斯基就强调，不能脱离集体

---

[1] ［苏］苏霍姆林斯基：《给教师的建议》，杜殿坤编译，349页，北京，教育科学出版社，1984。
[2] ［美］弗洛姆：《爱的艺术》，赵正国译，29页，北京，国际文化出版社，2004。

教育来谈自我教育。在集体中，依靠集体的力量，不仅可以克服个人力量单薄和处理事务能力不足的问题，同时也可以自己影响他人，同时借助他人的力量影响自己。群体的参与，容易形成一个"关怀型情感场"。

（二）发挥社团的机制

课程与非课程的一个重要区别在于其目标的系统性与执行的严格性。为了保障关怀自育课程能够真正落实，南通田中积极发挥学校和班级社团的功能，因为社团有目标、组织分工、保障机制以及一定的管理经验。班级小组为单位的自育活动，则主要依靠班级干部的集体力量，以及班级的相关规则、规章。

（三）与学校其他德育课程融合

总是让学生去自我设计关怀行动课程，对于学业压力大的中学生而言是有难度的，因此我们很多时候是将学生的关怀自育课程与学校常规德育活动课程结合进行的，或者与即时性的德育活动课相融合的。比如，在春游等各类社会实践活动中，引导学生开展关怀主题的自组织活动设计，包括引导学生开展生活关怀、学习关怀、活动关怀、自然关怀甚至关怀老师等行动。这样的课程设计，于是就有了两个主体：一是学校层面的管理者或者教师，在设计课程时主要考虑的是安全管理、各类活动安排等；二是学生主体，则不仅仅是活动的参与者，同时又是关怀德育课程的发起者、践行者，有着课程前的规划、课程过程中的记录，以及课程后的反思。

▶ 第二节　学生关怀实践自育课程示例

一、如东社会实践中的关怀行动[①]

（一）"如东社会实践中的关怀行动"活动设计

【活动背景】

为贯彻落实教育部《基础教育课程改革纲要（试行）》关于中小学设置综合实践活动并作为必修课程的规定，进一步实施好综合实践活动课程，以丰富学生的课外、校外实践活动，促进学生全面而生动地发展。

---

① 本活动设计者：2018级吴宇浩、葛冥锐、姜正昊。指导老师：曹刚。

关怀，指关心，含有帮助、爱护、照顾的意思，它在我们身边无处不在。我们每个人都需要关怀，生活上也少不了关怀，别人给予我们关怀，那我们更应该去关怀他人，这样世界上才会充满爱！

【活动时间】

2019年10月15～18日。

【活动对象】

初二(24)班全体学生。

【活动内容】

1. 生活关怀

尽快融入新的小集体(宿舍)，提醒同学们注意用电、财产、食品卫生安全等各方面问题。在整个四天的实践活动过程中，保证宿舍气氛温馨，室友之间关系融洽，使大家感受到互相之间的关怀和温暖。

2. 学习关怀

本次实践活动将提供一些学习项目，让同学们学习相关的生活技能。同学们要端正思想，明确目标，对一些活动不积极的同学要重点关怀。对于班内学习落后的同学，视为重点关怀对象，采取"一对一"帮助。

3. 活动关怀

活动中开展小组合作学习，同学们之间团结互助。同学们中动手能力强的同学，可帮助其他同学准备材料。通过人与人之间的互相帮助，体验互相帮助的快乐。学生除了活动中掌握本领、学会技能，更重要的是在活动中要体现对别人的关怀。

4. 自然关怀

对实践活动区域的花池、景观树、绿化区的塑料袋、纸屑、杂草枯枝等垃圾进行彻底清理。同时，组织宣传垃圾分类、科学处置等环保知识。借此号召大家保护环境从我做起，从现在做起。依靠大家的力量共同建造天蓝、地绿、水净的美好家园。

5. 关怀老师

传统观念下，都是老师来关怀学生。其实，老师也是普通人，也需要关怀，尤其是需要得到朝夕相处的学生的关怀。学生如果想要关怀老师，其实方法还是很多的，老师最烦心的事多是在学生那里，比如说本次活动中学生的住宿纪律、活动中教学管理等，学生可以帮上忙。

（二）"如东社会实践中的关怀行动"活动纪要

翻越毕业墙

2018 级（4）班　葛奚锐

如东社会实践的一个个项目都很难完成，其中"翻毕业墙"的那一幕至今还印刻在我的脑海中，不能忘怀。

教官带着我们来到惊心动魄的挑战项目（毕业墙）前，总高 3 米多的毕业墙，所有同学，在不可以借助外力的情况下，只能用我们的身体，在他指定的时间内全部翻过，并要与(2)班进行计时比赛。两个班的同学一片惊呼，窸窸窣窣地感叹着任务的艰难和不可完成。教官用坚定的眼神给我们打气，说这个项目个人是很难完成的，但是对于团队来说却是很容易的。但是，第一个和最后一个学员怎么爬上去呢？我心里存了一个小疑问。

一番激烈的讨论过后，比赛开始了，负责搭人墙的同学动作很标准，面向墙壁一腿半蹲一腿弓步，踩踏点只有两个，弓步的大腿面，还有肩膀。最下面搭两层人墙，人墙上面再搭一层，这些同学是我们的中流砥柱。其他同学围成半圆双手展开，形成一个保护网。然后我们的第一个英雄，踩着两名同学的大腿纵身一跃，轻巧地便爬上最高点。

下面的过程就很流畅了，第一个人顺利拉上第二个人，两个人再拉上去第三个人，以此类推……可是参训同学的体型不一，有一些体型很"彪悍"的同学，搭人梯是非常好的人选，可是拉他们上去却很费劲。这需要承受他们的人梯肩负更多的重量，上面的同学也要加把劲。虽然气氛很紧张，大家却是空前团结，加油声响亮，负责保护的同学也时刻戒备着，不敢有丝毫懈怠。

图 4-1　翻越毕业墙

虽然由于时间限制，未能所有人都成功翻过墙，但我们深刻认识到团队配合和信任的重要性。每个充当保护者的同学都是很重要的，没有保护，谁也不能安全地翻过这 3 米多高的墙，充当过人梯的同学，他们的肩膀上，几乎个个都有瘀青，第一个和最后一个上去的同学肩上扛着的是沉重的期盼与信心。

"纸上得来终觉浅，绝知此事要躬行。"通过此次拓展训练，我感悟到很多道理。一个不团结的团队是一盘散沙，缺乏强大的凝聚力，自然难有战胜一切的力量。一个团队想要发展壮大，只有紧密团结成一个整体，才能战无不胜、攻无不克。

翻越毕业墙这个拓展项目着实令人难忘，教会我懂得团结合作、互相鼓励、共同进步，我们怀着感恩的心态看待班级里的每个伙伴。内心的感动久久回荡不息……

糊贝壳

2018级(12)班　陆王菲

这里，是一方展示才艺的舞台，是一帧帧聚合成心灵手巧的剪影，是展现少年意气风发的主场，是同学们友爱互助的真实体现。在如东实践基地的一间教室里，我们讲贝壳、选贝壳、组贝壳、糊贝壳，感受着如东这座海滨之城的独特魅力。

也许是新鲜感带给我们对艺术格外的热情，我们一进教室就兴奋地讨论个没完。有人提议小组合作，有人自告奋勇担任小摄影师，更有人兴致勃勃地把老师拉进糊贝壳的大军。

多简单的事，说干就干。

一时间，教室里人声鼎沸，好不热闹。阳光穿过窗棂，亲吻在少年的脸颊，煨暖了每个人的心，映照着翻飞的手指编织成一个个彩色的梦。设计方案，组合拼装，覆热凝胶，压实完工，每一个步骤都有条不紊，一气呵成，宛如天成。

看似简单的工序，实则依靠同学们的互相帮助才能圆满完成。为你递上胶棒，帮你挑选合适的装饰，细心地提醒你拼装的布局，抑或是在你被烫伤时及时喊来老师。每一个真诚的不含杂质的笑脸下都藏有一颗热忱的心，晕染着那方教室中的空气，让凉爽的秋天成为有葳蕤绿树的朗朗夏日。

抢渡金沙江

2018级(7)班　彭思宇

抢渡金沙江，这是长征途中极为壮阔的一笔，而我们也在活动中真正懂得了老一辈革命者的伟大精神。最初见到这个名字，同学们都惊讶了，谁知道那么一个历史事件会和现在碰撞出什么样的火花呢？随后则是迫不及待和跃跃欲试。但当我们得知任务是让同学们从我们的手上走过去，确实有过那么一瞬间的退却，可最终还是愿意为同学们做出牺牲，现在正是回报同学关怀的时候。

我很荣幸能成为搭桥的人，脑海里一直在想同学踩过我的手会是什么样的感受。终于，第一个人走过来了。我看到前面同学的身体如触电般地微微摇晃，脸上露出了一丝难受的神色，手也已经微微发颤。但他们为了让队友安稳过桥，不惜忍着疼，咬着牙，尽力保持着自己原来的姿势，但显然很难做到。第一个人走到我这里，我才深切地明白，搭桥的滋味真不好受。毫不夸张地说，在同学的脚踩上去的一瞬间，我的手感觉上已经接近于骨折。我从未感受过这么霸道的一股力量，强行让我的手下落，意志只能支撑我们的手不掉下来，但是力气并不允许我们完全保持这座桥的平稳。我们除了手套和膝垫没有任何的防护，到最后基本都是强撑着把手提起来，感觉自己的肌肉已经难以再挤出一丝力气了。但是既然承担了这份责任，就必须要为了团队的成功而付出。这不就是以自己的苦痛，托起了队友的希望吗？队友之间的关怀，自然是克服一切困难的法宝。我们虽然手上很痛，但是必须要将坚毅的眼神传递给队友，让他们能够安心。队友也生怕加重我们的负担，每一步都走得小心翼翼。到最后我的手都已经发红发青，但是因为队友在相互支撑，我们也还是挺过了一波又一波的困难。在曾经那个艰苦的年代，先辈们不也是凭借着这种团结一致、互相关切的精神才最终冲破艰险、迎来光明的吗？

同学们给我过生日

2018 级(1)班　姜正昊

阳光温婉拂面，颈上暗香浮动，记忆中的暖意肆意开去，无须比较，既是岁月的唯一。

在回忆录中翻开那次如东社会实践之行的一页，它对我有着独特的意义，当我回眸给似水流年一个浅浅的、美丽的笑，才知所有的欢喜或奋斗的过往，皆是友谊的恩赐。那一天是我的生日，它见证了我和同学们的友谊。

出发之前的那天晚上，正当我准备和妈妈说明天要去如东过生日，脑中突然想起她前几天和我说明天要出差，便把刚张开的嘴又闭了回去。不管怎样对次日的社会实践我还是十分期待的。10月15日如约而至，我内心不免有些激动，毕竟这是第一次参加社会实践啊！

那天下午，正当我们在进行厨艺展示活动时，我出去洗手，无意间的一瞥，却看见一辆银色的车缓缓驶来，定睛一瞧，竟然是我妈的车，她为了给我过生日，居然取消了出差的计划。只见她推开车门，拎着几盒蛋糕，脸上洋溢着熟悉的笑容。我赶忙上前帮忙，带着惊讶与惊喜，接过妈妈手中的蛋糕，一边问："妈，你不是要出差吗？"妈妈亲昵地摸了摸我的头，笑着说："是呀，但是今天是你的生日啊！"虽不是什么华丽的语句，却深深地打动了我的心。

"祝你生日快乐，祝你生日快乐……"歌声弥漫屋子里的每个角落，萦绕在我的耳畔，仿佛所到之处都洋溢着温馨与快乐。同学们围在一张大桌子前，我站在中间，烛光熠熠生辉，映照着我们每个人的面庞。置身于其中，我似乎感受到了一股不可描述的力量，它如春日里的旭阳，温暖着心中那看似最坚韧的一角，也许这就是友谊吧。我闭上眼睛，默默许下心中的愿望，希望这友谊永存，美好如初！歌声过后，同学们分享着蛋糕，脸上洋溢着愉悦的笑容。在陶醉与欢乐之中，几位挚友送给我生日礼物，我将它们紧攥手中，烙印在心底，我将会把它们永远珍藏！

图4-2　庆生

耳畔又再次回荡起那友谊的旋律，以及和着轻快激昂的哼唱尾音，像是塞满了无尽的喜悦与幸福。

（三）"如东社会实践中的关怀行动"活动感悟

关怀他人，温暖你我

2018级(6)班　朱芸卿

通过这几天的社会实践活动，我从现实生活中学习到很多东西，觉得自己又有了新的成长和认知。特别是同学间热切的关爱让彼此的关系拉近。

给我留下印象最深的是制定实践调查了，我们组队员在这项活动中都很主动，对自己的任务都很用心。当我听到别的同学抱怨的时候，我觉得自己特别幸运。所以这也让我知道，以后在小组中千万不能懈怠，也不能因别人的消极情绪影响到自己。或许我们只是万千零件中一颗小小的螺丝钉，但是只有我们发挥自己的作用力，才能让一切有条不紊地进行，也才彰显我们的重要性和不可或缺。

在这次实践活动中，我负责分发问卷。我发现不是每个同学都乐意为我们做调查，我难免有些胆怯和心灰意冷，我的组员们见此情景纷纷和我一起与同学们耐心沟通，一遍又一遍地说明我们的意图，一遍又一遍地微笑着说"谢谢"。很快，我就融入了他们，有板有眼地按照他们的样子与同学们交流起来，我的心里也暖暖的。

作为一名中学生，这只是迈出了走向社会的一小步，但是在学会关怀他人的道路上我们前进了一大步。我们除了好好学习课本知识，还要掌握很重要的一项基本技能——关怀他人。而掌握好这项技能需要我们丰富的知识和阅历以及一颗时刻换位思考的心，多为他人着想，在别人需要帮助的时候不吝啬自己的援助之手。

"赠人玫瑰，手留余香"。帮助他人的同时也是增加自身修养的好时机，又何乐而不为呢？

被关心的感觉真甜

2018级(8)班　刘畅

在如东的四天，如同一面镜子，不光照耀出了我们自己更多的可能性，更照耀出同学之间那最美好的、最珍贵的友情，难忘的宿舍生活如同一颗糖，融化在你我的心里。

可能因为是第一次离开家，大家在宿舍都略显拘谨，都不是很习惯。第一个晚上，我们都兴奋地睡不着觉，女生们盖着被子聊八卦，听到有趣想笑的，由于怕教官查到，就捂着嘴尽量笑得很小声，但是心里真的笑得像小朋友吃了糖一样甜，那一个晚上大家几乎都没有睡觉。

第二天我们进行了各种活动，消耗了很多体力，晚上也不像第一天那么有活力了，甚至有一点点不和谐，大家都很累，抢着要第一个洗澡睡觉，意见出现了分歧，谁也不愿意让着谁，宿舍里的同学因此闷闷不乐，各不搭理。也许因为昨天晚上没睡好，也许是因为一天的训练消耗了大家太多的体力，大家都早早地睡了。

到了后半夜，似乎就有些不对劲，睡在我上铺的同学不停地翻身，木板的响声吵醒了我，一开始我没在意，以为她只是还没睡着而已，后来我意识到了不对，也有些紧张，我拍了拍她问她还好吗，她却不回答，只是蜷缩在被窝里，我定睛一看，只见她额头上布满了细细的汗珠，看上去无助极了。

大家都被我们的动静给吵醒了，纷纷坐起来询问情况，这时候好像都已经忘记了刚刚的不愉快，大家一下子都紧张了起来，有的来拭了拭她的额头，有的倒来了热水，但她的情况并没有好转，我们赶忙将她扶起来，帮她披上了外套，另一个同学赶紧和我将她送到了医务室，等到她在医务室量体温的时候，我才发现另一个和我一起送她下来的同学连外套都没有穿，而她似乎完全忘记了自己的冷暖，此刻正一脸担忧地看着生病的同学，直到看到她没事了才放心。

她留在医务室观察了，我们两个在回宿舍的路上也聊了很多，意识到我们对彼此是发自内心的牵挂、关心，意识到我们之间的情谊真的是那样珍贵纯粹，意识到自己是多么应该珍惜这份友谊。

二、"我回母校看老师"活动[①]

（一）"我回母校看老师"活动设计

【活动背景】

教育家夏丏尊说："教育不能没有情感。"在教育的情感场里，教师和学生都是鲜活、独立的个体，每时每刻都在情感机制的支配下相互交流。所以，发挥"情感"这一重要的生命元素机制，让它能够润物细无声地成为我们教学的催化剂，是我们教师在教学预设中应该体现的价值目标。

古人常说："一日为师，终身为父。"尊师重教，是社会必须拥有的共同情感，是国家必须选择的公共责任。所以引领学生尊敬、爱戴自己的老师，怀着一颗感恩的心去回报老师是情感教育的一个重要课题。在学校德育的浸染中，我们时刻有着欣慰和感动。

【活动时间】

2019年9月10日。

【活动地点】

通师一附。

【活动对象】

李语婧、李羽丰、赵烨、刘君澍、张旻洁。

【活动内容】

（1）同学们之间互相联系，约定看望老师的时间，并询问老师们是否有时间，了解老师们办公室的位置。

---

① 本案例策划与行动：2017级初三李语婧、李羽丰、赵烨、刘君澍、张旻洁。指导老师及论述文字撰写：钱蓉。

（2）确定回母校的交通方式：一部分同学在初中校门口集合，一起骑自行车去母校，与其他同学在母校校门口集合。

（3）礼物准备：李语婧与赵烨在放学后去鲜花店购买10株康乃馨，李羽丰负责写贺卡。刘君澍和张旻洁去超市购买润喉糖和零食，去水果店购买一些时令水果。

（4）在母校校门口集合后，和老师们再次沟通，得到允许后一起安静地进入校园，看望问候老师们，赠送礼物，与老师们交流近期学习情况与心得。

（5）最后，与老师们在校门口合影告别。

（二）"我回母校看老师"活动记录

我回母校看老师

2017级（23）班　赵烨

初夏，林花匆匆谢了春红，而栀子早已娇俏俏地缀在枝丫间，温婉清丽。风温热，暖融融地拂过面庞，隐约能嗅见那已不远的盛夏的气息。我们遂携着满身清香，回母校看望老师。

老师正立在楼道口，远远就能瞧见她翘首以待的身影。一望见我们，旋即快步走来，笑容满面地开口："来了呀！"将我们往办公室里引。

"最近过得怎么样？学习还好吗？"老师双手置于膝盖，上身微前倾，充满关切地询问。我点了点头，有些自得："还挺好，考得不错。"老师抿唇一笑，而后望向同伴。同伴有些忐忑，惴惴不安而惶惶不已："我不太好，有些不适应，不太跟得上，大概我不是这块料吧。"说着情绪便消沉下去，最后自嘲地提了提嘴角。老师皱了皱眉，担忧地看了同伴一眼，而后垂下眼，睫毛打下一片鸦青，将情绪统统遮得密不透风。我与同伴也一并沉默着。

良久，老师倏地抬起眼，鼓励地望着我们，声音轻却不容置喙："我希望两位来日身在风口浪尖上，不要得意忘形，想一想学校里的学海无涯；沉入水下暗流时，不要与泥沙俱下，想一想学校为你灵魂铸下的基石。"

我与同伴皆是一怔，我为自己的得意而惭愧反思，同伴则受到鼓舞，眼神又逐渐坚定。

老师明白我们理解了她的意思，欣慰地拉起我与同伴的手，深深地望着我们，殷殷的期望全融在那漆墨的瞳中。无须多言，我们相顾一笑。

外头的栀子花仍绽放着。

感恩的温度

2017级(9)班　张旻洁

桃李不言，下自成蹊——老师是我们追梦路上最美的太阳。学会感恩，则是人生的必修课。在这次活动中，我感受到了老师对我深切的关爱以及殷切的希望。要感恩每一粒种子和每一缕清风，也知道要早起播种和御风而行。要感恩老师的谆谆教诲，更要奋发前行，走在青春奋斗的道路上。最深沉的感激，不应该只存在于口头，更应付诸行动，努力学习，报答老师对我的教导，不负老师对我的期望。回到母校，再一次聆听老师的耐心教导，再一次看见老师慈爱的笑颜，再一次对亲爱的老师说一声"谢谢"，再一次感恩，"提灯的人"无私温暖无数颗懵懂的心，照亮无数学子成长的路途。学会感恩，不只是一个课题，更是一种基本的情感回馈，不懂得感恩的人生，终究是苍白而冰冷的，唯有牢记每一份温暖，才能走向更辉煌的远方。

这次活动还提高了我的沟通交流、组织策划能力，让我锻炼了交际技能，提升了自身的素养。参与这次活动，看望恩师，让我亲身体验了活动策划的过程，同时也深深体悟到感恩的重要性。在今后的学习生活中，我也要常常感恩，学会感恩，成为有温度的人。同时更要努力学习，并将在策划活动时积累的经验运用到学习中去，更好地规划自己的学习。

常回母校看看

2017级(23)班　李羽丰

母校是一种情结，珍藏在心中最深的角落。当记忆被时光蒙上了尘，回首那些逝去的时光，再回母校，尘已被拂去，只剩滚烫发亮的记忆。

今日回母校看望敬爱的老师。师生见面，彼此竟无陌生之感，三年时间如水似无痕，只几缕皱纹，悄悄攀上老师的眼角。年年岁岁花相似，岁岁年年人不同。再次漫步于母校，春风暖和又轻柔。走过那一片片熟悉的地方。稚嫩的读书声携带着记忆，我似乎又回到了从前小小的身影，谦卑求学的模样。

"还记得这儿吗？这是小庭院呢，我们那时快乐的小天地。小竹林更葱郁了。庭院中的银杏树还是那么高大。只是年轮又长了几圈。当年你们在这儿快乐地嬉戏，还记得吗？"当然记得呀，老师如数家珍地报着同学们的名字，聊着当年在庭院中的小故事，眼中尽是慈爱和怀念。此时的风拂过竹林，空灵的沙沙声音传入耳中，从前我却不曾注意到，曾经的空灵声被我们的嬉戏声淹没了。曾几何时，我们都还是一群懵懂的孩子，把这小天地看得无限大。总有要抢夺的宝地，总有要珍藏的宝物。在木桩上跳跃，拿放大镜在小水潭里观察。在小溪中放荷花灯，在银杏树下捡那美丽的"小扇子"……岁月静好，一切还是当初的模样。

作文课时，我们一个个排着队到银杏树下观察。老师在树下不厌其烦地讲着。我们一个个扬着稚嫩的脸庞，高高地举着小手，仰望着老师，老师似与那插天的银杏一般高大，那时最得意的莫过于得到老师赞许的目光和老师的表扬。风起云涌，银杏叶乘风飘散，漫天飞舞，我们在树下望着最美的风景，一拥而上地拾起叶子，张扬着，挥舞着，与别人比着，那时最快乐的莫过于拾到一张比别人都大都黄的叶子。

下雨时的乐趣就更甚了。我们一起缩在竹林丛中，又冲到芭蕉树下，让硕大的叶子挡住细密的雨丝，听滴落的雨滴在芭蕉上发出"嗒嗒嗒"的声音，悄悄捡起地上一片稍大的叶子，盖在头上，在雨中飞奔。细密的雨将全身打湿，我们在老师如炬的目光下忐忑，心里却又乐开了花儿！

"请你站起来上课，你还记恨我吗？"老师的话拉回了我的思绪！我腼腆地笑，"怎么会！"我还清楚记得您给我们上的最后一课，给我们读您最后写给我们的一封信："我最亲爱的孩子们，老师只能陪你们到这里，谢谢你们给了我六年的同行时光，我们一起经历了太多太多。有过幸福的笑，有过激动的哭，有过成功的喜悦，有过失败的叹息，有过快乐的拥抱，有过恨铁不成钢的责骂。曾经无数次说过，厌恶你们这群捣蛋鬼，可今天的爱意却翻江倒海，不舍是现在最真实的写照。孩子们无论何时何地，老师的心里永远有你们，让爱伴你们高飞，让不舍埋藏在心底！去吧，开启一段美好，书写新的传奇，祝你们一路平安，前程似锦。"这情景仿佛还在昨天，师生相望，一切尽在不言中。

笔尖在泛黄的纸页上留下的，更是彼时的潋滟春光。母校的大门时刻敞开，我也可以常回来看看，在老师面前露出孩子的模样，心中平静又安然！

重温老师糖果的味道

2017级(9)班　刘君澍

那一日，太阳强烈，水波温柔。

暖阳的清辉漫着天际洒落，晕染，熟悉的温度。站在门口，望见鲜活翠绿的爬山虎在橘黄色略显斑驳的墙面上肆意生长，蔓延在时光的影子里。

"孩子你来也不说一声，老师现在的办公室在……"我们想给她一个惊喜，电话里她的声音和从前一样温和并带着一丝欣喜。

漫步校园小道，浓郁的绿色在庭院里闪着光。是童年最爱的银杏树啊，我抬眸望了望，仍是那年的模样，似乎生长些许似乎又不曾改变。轻风拂面，浓绿间划出一道道晶亮亮的口子。带着丝丝温柔，模糊了一整个天空的晴朗。

"陆老师好啊。"闻声她抬起头，不曾改变的面容，以及那从眼眸里溢出的柔情，回忆如潮水般涌来。"丫头好啊，快快快坐下。"见我来了，她赶忙放下手头工作，招呼我坐下。也已经是许久未见，一幕一幕回忆的光在我脑海里迸溅、跳跃。她没有什么变化，而我好像已经离开那个懵懂的女孩很久。熟悉感和陌生感一起扑面而来，有些拘谨，窗外是阳光不经意地从树叶缝隙间涌动，拨开了夏日的云雾。"来，丫头你拿点。"见我不怎么说话，她从抽屉里拿出一个小罐子，里面几颗糖果，甜丝丝，弥漫在空气间。就如同那些年跑到她的办公室里帮这帮那时她总会拿出几颗糖果一样，她和蔼的笑容漾着夏一般的晴朗。有些不好意思，拿了一颗，剥开糖纸，反射出点点金色的光芒。她总是会很关注一些细小的瞬间，就连那时候发奖状都要几乎人手一张，刻在骨子里的柔软是时光不能改变的。"最近学得怎么样啊？"与她渐渐畅聊起来，她为我的每一个微小进步而点头喜悦。不觉间，黄昏已至，点燃一片赤色，模糊了分界线，是夏风吹过八百里柔情。"不早了，赶紧回去吧。"我点点头，"老师再见，我以后还会来看您。"笑容在她的脸颊上盛开，挥了挥手，在晚霞飞溅时告别。

一路上，那棵熟悉的银杏是她曾带我们来过的地方，那一墙爬山虎是她曾带我们走过的风景。回到母校，我见到了回忆里的所有，听见了时光苏醒的声音。

春来夏往，秋收冬藏，仍是少时清澈。

三、"我把车子排成一条线"活动[①]

（一）"我把车子排成一条线"活动倡议

【活动背景】

随着年龄增长，独立骑车的同学越来越多，也有些不规范停车现象发生。因此，学生们利用上学期间自主开展了"我把车子排成一条线"的活动，鼓励学生自主排车，主动关怀他人，不断获得个人成长情感体验，浸润心灵，提升公共规范意识和道德感，成为一个真正有知识有涵养的人。同时，学生学

---

① 本活动策划：钱雨辰、罗希捷、杨陈宇、张天杭。指导老师及论述文字撰写：顾萍。

会设身处地为他人着想，关爱他人，互帮互助，成为一个心中有大爱的人。

【活动倡议书】

亲爱的同学们：

作为田中学子，美丽的田中校园是我们共同学习生活的地方，每天清晨，排排的绿树盛满阳光的美酒，丛丛的灌木溢满清风的音符。然而在这美景之中，却总有一些不和谐的身影。每当早晨铃声回荡在校园时，总有一些同学匆匆忙忙地推车在教学楼间穿行，一个急刹车，顿时原本整齐的车棚变得一片狼藉。这些不文明的现象使我们亮丽的校园变得杂乱。如何让我们的自行车成为校园一道美丽的风景线？为此，我们向全体田中学子发出以下倡议：

（1）进入校园后要双手推车慢行，看见老师主动问好，礼让同学，拐弯时要集中注意力，随时做好停车让行的准备，保障校园的交通安全，关爱他人，人人有责。

（2）进入车棚后，每位同学要自主排车，将车停在指定位置内，车头统一方向，车尾不得超过黄线。后来的同学应该自觉将车尾与前面的车排成一条美丽的直线，按序大小车分别停放，整齐划一。不能随意塞车，乱停乱放，特别提醒要随手上锁喔。

（3）同学们自觉排好自己车后，如果发现其他车辆未按规定排放整齐，应该主动调整车辆并排放到位，关爱他人，是一种美德。如果看见有车辆不小心越过黄线，需要提醒违规同学并协助其整改，做到摆放紧凑，整齐划一。帮助他人，与人方便，与己方便。

（4）放学后，有些同学急于回家而慌忙取车，导致其他车辆翻车，同学们取车时一定要轻拿轻放，为他人着想，同时不大声喧哗，让车棚始终是条美丽的风景线！

规范是一种个人素质态度，也是一种构建文明校园的方式。美化校园环境，维持校园秩序，人人有责，让我们对所有不文明停车的行为说"不"，把车排成一条美丽的直线！希望大家自觉遵守、互相监督。同学们，"我把车子排成一条线"活动需要你们的积极参与，良好的校园秩序需要你我共同的守护。

你们停下的不只是车，还有文明的坚守。让我们一起行动起来，自主规范排车，为校园文明献出自己的一分力量，让车棚成为校园最亮丽的风景线！

倡议人：2018级(17)班

钱雨辰　罗希捷　杨陈宇　张天杭

2019年4月11日

（二）"我把车子排成线"活动感悟

回望那一排齐整的姿态

2018级(17)班　杨陈宇

自从上了初中，我觉得自己成长了许多。自己骑车上学，不用家长接送，便是这成长的一部分。班上不少同学也和我一样。对于我们这些"骑行者"而言，自主排车也是早晨一道必不可少的程序。

早晨进校，和保安叔叔、老师问过好，便慢推车进入停车棚。把书包从车篓子里轻轻拎出来，便开始排车了。早到的同学做好了范例，我也模仿他们做，车龙头统一向左，前轮一辆辆的紧靠在一起，

图4-3　整齐摆放的车子

后轮在一条直线上。自行车不是很重，不到一分钟，车就排好了。小心地上锁，再回头看一眼，一排整齐的车，不声不响，整齐划一，正安静地保持着它们本该就有的姿态，顿时自己心里也增添了一份愉悦。有时，偶尔经过其他班级的车棚，无人负责，无人监管，依然齐整。

有人说，一日之计在于晨，早上花时间在那里排车，把大好的晨读时间都给浪费了，不如由学校统一安排专人排车。倘若真让专人排车，同学们到了车棚就随意放车，看似节省了时间，但实则弊大于利。且不说，节约的时间极其有限，也会容易发生无序的状态而造成拥堵。其实学校提倡，要求每位同学自主排车，既能做到合众之力而省时高效，也可以培养我们良好的公共规范的文明意识。实乃一举两得之事，我十分赞同。

对于我个人来说，自主排车着实为一件小小的美事。虽然有时会比较麻烦，特别是下雨的时候，雨水落在身上很是不快；但是一想到那一排接受阅兵似的齐整车辆带给我的美感，什么不爽都烟消云散了，手上的动作也不由自主地麻利了许多，不一会儿就又见美好了。

文明总是在细无声之中浸润着我们田中学子的心灵，我拥护这样的文明规定。

孤雁难飞，孤掌难鸣

2018 级(17)班　刘宇晨

每当太阳还藏在山脚，不愿露出宝贵的晨曦，我骑车经过几乎空无一人的马路上去上学。越到学校人越多，都是早起的莘莘学子，推着车进入校园。

我像往常一样，把车按序排好，刚上好锁，正准备背上书包走，同学 C 便急匆匆地推着一辆深蓝色自行车闯进车棚。车还没刹稳，他便急忙往里一拐，整辆车似乎腾空而起，"轰"得一下落到空位上，他奋力把包甩上肩部，斜着身子锁好车，脚一蹬掉头就跑，整个过程不过十几秒。刚来的几位同学有些不满，把他的车往旁边一挪。自己的车算是停进去了，可是当我走远一点，全班的车几乎都排成一条线，无论大小，车尾都是对齐的，可唯独这一辆车在外面，就像一排整齐的书，偏有一本书要倒下来放。看着这不美的场景，我想了想还是过去，重新把车排齐。当我排好抬起头时，发现班主任顾老师正笑眯眯地看着我说道："刘宇晨，你真棒！老师要为你点赞。"我听了，心里美滋滋的。

从此，除了自觉排车外，如果有一些车乱的时候，我也会顺手排齐。老师也常会在班会课上褒奖一些自主排车的标兵。这以后，我惊喜地发现，越来越多的同学加入"自主排车"的队伍里来，我的好心越来越无"用武之地"。大家似乎达成了一种默契：那就是以学校规则规范自己，也都很愿意为班级、为校园的干净整洁做出贡献，虽然微小，但每个人都身体力行。于是校园的自行车棚越来越干净整齐。就像我们进入 17 班之后一样，我们永远都是一个集体，互相包容、互相帮助，为了班级，为了学校，积极地贡献自己的绵薄之力，但当我们全都凝聚在一起时，力量却是无穷的。

在中学里我学到了很多，不仅有知识，更多的是做人的道理。单是排车就教会了我很多：耐心、坚持、与他人方便，但最重要的还是同学间的互助。只有当所有的细线拧在一起，才会拥有惊人的力量与韧性；只有当所有的水滴汇聚在一起，才会变成奔腾不息的江河。

最美丽的风景线

2018 级(17)班　张天杭

身为一名田中骑车上学的学生，我对学校的自行车摆放倍感骄傲和自豪，因为这其中就有我的一分力。

走近田中车棚，一辆辆款式各异的自行车无论什么时候都是整齐划一的，像一个个列队接受检阅的士兵。回想初一入学后我为了节省父母亲接送的时间，开始自己骑车上学，但每天为了能多睡几分钟，到校后都是急吼吼地把车停到班级指定位置就赶去教室了。可几天下来，放学的时候我发现早晨有点乱的车棚会变整齐。为此我特地观察了一下，原来学校里有好多学生响应学生处的号召，在停好自己的车之后会主动排一下之前同学的自行车。

脑海里回想起田中的自主管理理念以及老师常说的一句话"为人方便，为己方便"。随便乱停，看起来自己节约了一两分钟的时间，但杂乱无章停放的自行车不仅不美观，也给校园埋下了安全隐患。万一哪个同学推车的时候不留神，可能一排车都会像多米诺骨牌一样倒下来。随手排车这么一件小事，可以换来安心、悦目的校园环境，何乐而不为呢？于是我每天提前五分钟出发，到校后也加入自主排车的队伍，看着原本可能杂乱无章的自行车变得整整齐齐，我心中莫名升起一股愉悦感。当看到有些同学停车时候不够认真，我也会好心提醒他们改正。在大家的共同监督下，每天我们的车都排得整整齐齐，十分美观。

我心目中的田中学生一定是品行和学习一样出色。现在，每个骑车的同学都能做到整齐摆放自行车，为校园的安全和文明贡献自己一份小小的力量，车和人一起成了田中校园里一道美丽的风景线。

天下大事，必作于细

2018级（17）班　耿张洋

我们南通市田家炳中学有一道美丽的风景线，就是学校的自行车车棚。因为车棚里，所有自行车大小排列有序，车头、车尾一条线，并且车头永远朝一个方向，整齐划一，让人赏心悦目。

记得刚进田中，到处书声琅琅，同学彬彬有礼，校园干净整洁，治学之地也！当看到自行车车棚时，我很惊讶，这么多车，如此整齐，着实不易啊！很快我和其他低年级的同学也选择了"绿色"出行，并且与高年级的同学一样规范停车。无论何时我们的车棚都是这样干净、整齐。这样的好习惯就一届一届地传承着！

在我们的生活中有好多事情，虽然细小，但却能反映出一个人乃至一个民族的素质与修养。就停放自行车而言，虽是一件很小的事情，但对于我们田中人来说已成为一种习惯。如这种习惯散播出去，相信我们的世界会更美吧！

很多人都会有崇高的理想、远大的志向，但却不从眼前做起，不从细处着手，结果可想而知。是啊，如果一个连停放自行车都敷衍了事的人，如何可以被委以重任。万不能忘却"天下大事，必作于细"之道理！

（三）"我把车子排成一条线"活动点评

自主排车浸润田中同学们的心灵，每位同学自主排车，既能做到合众之力而省时高效，也可以培养同学们良好的公共规范的文明意识。在这一自主性德育活动中，教师积极的情感评价，可以促成学生道德意识的强化和道德行为习惯的形成。教师在学生自主排车之后的褒奖，带给学生愉悦的感受，进一步强化了学生的道德意识和道德行为。学生从个人自主排车到主动把摆放不齐的车辆排整齐，真正认同"自主排车"这一文明规则，并将其纳入自己的主体意识之中，不断增强道德感和集体荣誉感，进而升华为自己本身的道德准则。

每一个情感因子激起的情感场，是不可以用物理的手段来衡量的，它具有无限性。在自主排车的校园情感场中，每个学生个体都是积极参与者，成为激起情感波澜的因子，而这个因子主要是关怀这种情感。在这个情感场中，每个个体又因为他者的激起而成为受益者，可谓互相关怀。南通田中的德育工作一直致力于这种生态——一种人人自觉，互相影响，又富有情感特质的教育生态。学校的车棚在每个个体的自觉主动参与下，成为最美丽的风景线。

齐美尔认为："我们在自身的生活体验中体验到生命的内容。"学生把生活感受转换为情感体验，体验是一种内化的过程，从而成为一个全面发展的人。田中一直重视学生情感发展，体现对学生生命整体性的关怀，不仅关注学生的知识发展，也关注学生情感层面的发展，就自主排车这一细节，学生们一届又一届地传承并一直发扬光大，让学生成为一个心中有大爱的人。

"自主排车"虽然只是南通田中德育工作的一个小小方面，但是却凝聚了南通田中所有德育老师的心血，上到领导下到普通老师，看到车不齐时也会给学生一个小小的示范，一个鼓励的眼神。这些正面行为与评价无疑激发了学生们自主劳动的积极性。学生们逐步将自主排车内化为自己的行为规则，他们不再把是否扣分当作约束，而是自然而然地形成了一种习惯，一种主动关怀他人的品质，一种为他人方便为己方便的美德，一种对社会公共秩序规则的遵循，一种对自我约束的道德标准升华，而这正是情感教育的魅力所在。

四、"我给长辈送礼物"活动[①]

(一)"我给长辈送礼物"活动设计

【活动背景】

随着生活节奏的加快,在忙碌的学习中我们渐渐忽略了整日孤守在家中的爷爷奶奶、外公外婆等长辈。我们鲜有时间去陪伴和关心他们,我们和他们之间的相处和交流越来越少。

百善孝为先,孝亲敬长是中华民族的传统美德。中国人自古以来崇尚孝文化,虽然平时我们忙于学业,但学业繁忙绝不能成为我们淡漠亲情的借口,也不应阻挡我们敬老爱老的脚步,我们要善于寻找一切可以探望陪伴长辈的时机。

春节是我们的传统佳节,春节里家家户户团团圆圆,其乐融融。而春节正值我们的寒假,是我们拜访长辈、增进感情的大好时机。利用春节假期开展"我给长辈送礼物"活动,将我国的孝文化和春节文化巧妙地融合在一起,既能增加节日氛围,又能关爱老人,传达温情。

【活动思路】

(1)慰问爷爷奶奶外公外婆等长辈,促进交流和相互了解,给他们送去温暖和关爱。

(2)弘扬孝亲敬长的传统美德,增强同学们的情感体验,激发大家对长辈的关心、爱护之情,学会表达,学会关心他人,懂得感恩。

(3)用尊老、爱老的精神去感染身边的同龄人,呼吁他们也行动起来,学会主动关心爱护老人,共享人生的乐趣和亲情的美好,共建和谐家庭,共创和谐社会。

(4)激发大家敬老爱老的内在自觉,并由爱老、爱家推及至爱国、爱社会,进一步树立大家的社会责任感和历史使命感。

【活动时间】

2020年寒假期间,春节前后。

【活动对象】

南通田中初三(1)班全体同学。

[①] 本案例方案提出者:朱陆奕。方案设计者:陈昕童。纪要整理者:朱蒽菲。指导老师:吉萍。

【活动流程】

环节一：活动前期准备

(1)向班主任汇报活动设想，取得班主任的批准和支持。

(2)利用班会课，对全班同学进行思想动员，宣传活动意义，布置活动要求。

环节二：活动礼物建议

(1)可以自制礼物，如写书信字画或做手工等。

(2)也可以去超市或商场精心选购适合赠送长辈的个性化礼物。

环节三：活动当日安排

(1)陪长辈聊天，给长辈讲我们的成长故事，听长辈谈他们的人生经历。

(2)为长辈做力所能及的事，如给长辈揉肩捶背、倒茶、扫地、擦桌子、整理物品等。

(3)给长辈送上自己精心准备的礼物，表达我们最真诚的祝福。

环节四：活动后期研讨

开学后，在班级开展主题活动摄影展，活动感悟交流会等，作为"我给长辈送礼物"亲情活动的延伸活动，交流本次活动的心得体会和收获。

(二)"我给长辈送礼物"活动纪要

我班学生开展的"我给长辈送礼物"的亲情活动，利用春节假期给爷爷奶奶、外公外婆等长辈们精心准备礼物，去看望并陪伴他们，为他们送去了温暖和关爱，活动开展得很成功，以下摘取学生部分活动照片和所感所悟。

纪要 1

孙菲洋

原本是要给长辈挑礼物的，无奈，突如其来的疫情打乱了我的计划，那既然不能买，就自己做一份吧。

民以食为天，那我来做一份手擀面吧！和面、揉面、擀面，都是说起来容易做起来难，没多久我已气喘吁吁，累倒在椅子上。此时，我不禁想起奶奶每天做饭的辛苦，每次我想吃什么，只要她会做的，不管多烦琐，她都会一口答应；若是不会的，她还会特意去学。一日三餐，我只顾评判饭菜是否可口，却忽视

图 4-4　为奶奶做饭

了奶奶在这背后的辛苦付出。小时候，父母要上班，奶奶独自带着我，想方设法陪我玩，陪我画画、做游戏，带我去菜场、去公园……转眼，我已是一名初三的学生，而奶奶已年近八十，却仍竭尽所能地为我们洗衣做饭。作为小辈，我们是不是要多陪陪她聊聊天？我们是不是要主动分担责任，多做些力所能及的事情，让操劳了一辈子的奶奶能过上更加幸福自在的生活？奶奶接过我手中的面，喝一口汤，挟一筷面，笑着点点头，奶奶满足的神态让我的疲劳一扫而空，我暗暗下定决心，要尽自己的力量，让奶奶有个更加幸福快乐的晚年。

图 4-5　去超市挑礼物

纪要 2

王蓝淳

2020，新的开始，在满心的期盼与真诚的祝愿中，一个又一个的噩耗却突然袭来。病毒蔓延，让人猝不及防。有人在病房中苦苦挣扎，有人在医院外彷徨……亲人两隔，使人潸然泪下。有多少人因为肆虐的病毒而不能回家团圆，他们只能隔着冰冷的手机屏幕，说一声"新年好"，道一句"你还好吗？保重身体"……

对比他们，我已经变得如此幸运。在超市挑选礼物时，内心不免深有所感。脑海中现出爷爷奶奶的脸庞，他们会不会多些皱纹？会不会添些白发？我在心中暗自念道。挑挑选选，最终决定买些实用的物品，一双棉袜，送去我的心意与温暖。

纪要 3

仇润

仇润的爷爷患有小细胞癌，在新冠肺炎疫情横行的日子里，她选择送爷爷医用口罩，希望她送给爷爷的口罩能保护体弱的爷爷不再受疾病的侵袭。这一活动让仇润同学能主动关心爷爷，增进了祖孙感情，让老人倍感欣慰，鼓舞着老人与疾病做斗争。

图 4-6　送给爷爷口罩

纪要 4

陈天玥

今年春节，我给爷爷奶奶挑选了礼物。

考虑到奶奶腿不太好，又需要补充营养，我给奶奶挑选了一箱牛奶，希望奶奶可以补充营养，保重身体。

爷爷平日里喜欢喝点小酒。所以我在爸爸的指导下挑选了一款"不上头"的酒，希望爷爷喝酒开心却又不伤身。

当我把礼物送给爷爷奶奶时，他们舒展了眼角的皱纹，流露出不尽的欢喜。我决定往后年年过节都要给家人们备上礼物，哪怕只是小小的祝福，也会温暖家人们一年来劳累的心，回馈亲情。

图 4-7　给爷爷奶奶送礼物

纪要 5

徐斐然

爷爷是一个传统的人，在选礼物的时候我也曾陷入迷茫，衣服、鞋子？爷爷身体很好，补品不需要。对于他而言送他这些"华而不实"的东西还不如送他酒来得实在，我送酒又不太合适。去年，我教他用微信就被他用打哈哈一带而过。在想到底给他送什么时，我思索着，迷惑着，什么可以让传统与现代交融，最终礼物在两种概念间成形。我打开手机的购物用程序，指尖轻轻滑动，搜索，终于找出我心中完美的礼物。这是现代与传统的融合——滴油盏。精巧的外形，传统古典的韵味，我相信他会喜欢的。回到老家，悄悄将礼物在爷爷喝酒前给他，看着他惊喜的表情，我知道他很喜欢。我明白了老一代人对于传统的执着，明白了传统对于我们的意义。老一辈人的热爱是传统的坚守，作为新时代接班人的我们的传承与发扬更是当代年轻人的创新，这是对传统的发扬光大。我看着爷爷脸上的笑，手中拿着的滴油盏，我从他的身上继承

图 4-8　送给爷爷滴油盏

了老一代对于传统的热爱。

（三）"我给长辈送礼物"活动反馈

1. 学生研讨摘要

"尊敬长辈"是我们从小就明白的道理，无论是在家还是在学校，我们总能受到这方面的教育，但是明白道理和落实行动之间还是有差距的。我们班级开展"我给长辈送礼物"这一活动给我们提供了一个落实行动的机会。这一次我们全身心投入进去才意识到，关爱老人绝不是表面的事情，真正参与进去你会发现这是一件特别能净化心灵的事情。

就拿给长辈送礼物这件事情来说，以前都是我们心安理得地享受着爷爷奶奶、外公外婆等长辈们对我们无私的爱，我们从没想过去主动给长辈们做些什么。而班级的这次活动倡议，点醒了我们。我们开始反思，羔羊尚知反哺，更何况我们这些风华正茂的青葱少年呢？我们要学会感恩，学会去主动关心长辈。通过主动给长辈们精心准备礼物，用心去陪伴和关爱他们，看到他们露出幸福的笑容，我们也感到特别幸福，我们的心灵也得到了净化。老人们的乐观豁达也感染了我们，原来关爱老人是一件让人如此快乐的事情。所以敬老这件事情，只要我们有心，就一定能够做好。

其实我们都知道，长辈们并不缺衣少食，他们缺的是精神上的陪伴。他们要求的并不多，只是希望儿女孙辈能够常回家看看，能常常和他们聊聊家常，让他们感觉不再孤单，让他们能够真正地安享晚年。关爱老人，共建和谐家庭，共创和谐社会，今后我们一起加油！

2. 班主任反馈

为了弘扬孝亲敬长的传统美德，我们班同学设计了这次"我给长辈送礼物"的亲情活动。听取了学生们的活动设想后，我高度肯定并支持了学生们的活动。关爱老人的教育不能仅仅局限于课堂，我们应该在更广阔的空间里努力寻找适宜德育活动开展的契机，不断拓展情感体验的可能空间。我班学生倡导的这一活动巧妙地将德育活动从校园延伸至家庭乃至社会，把在学校习得的孝亲敬长的传统美德落实到实际行动中，在家庭交往中体验亲情之美，践行敬老之情，使孝亲敬老的文明之花从校园延伸至家庭、辐射到社会。

为了更好地开展这一活动，我向学生介绍《诗经》中"哀哀父母，生我劬劳"的经典诗句，帮助学生了解父母的养育之恩；我与学生同吟唐诗中"谁言寸草心，报得三春晖"的相关名句，共同感悟古人孝敬父母的渴望；我们还根据活动的要求，引导组织学生积极参加"我给长辈送礼物"的前期宣传活动。例如，通过黑板报、举行主题班会、发放宣传单、宣讲孝敬美德小故事等多种方式宣传尊重长辈、孝敬父母的传统美德，共同营造孝亲敬长的活动氛围。

有了这些铺垫之后，学生更真切地感受到爱幼敬老是中华民族伦理观念和道德品质的精华部分。我们在长辈们无私"爱幼"的环境中逐渐长大，长大后的我们也应该懂得反哺父母长辈，我们要以"敬老"来回报长辈们给予我们的无私之爱。在新世纪，一个不能孝亲敬长、不具备起码道德观的学生，其精神世界是有缺陷的，其人格是不完善的，这样的学生难以成为一个真正意义的现代人。因此，把"我给长辈送礼物"作为传承和弘扬孝亲敬长这一传统美德的切入口和着力点，让学生拥有一颗"孝心"，对于他们身心健康发展，培养他们正确的世界观、人生观和价值观，至关重要。通过本次教育活动，让学生感受父母长辈养育子女的艰辛，操持家庭的辛劳，逐步形成"孝亲敬长"的良好道德品质，懂感恩，能移情，有爱心，以"老吾老以及人之老"的思想，从孝敬自己的长辈进而推广到孝敬其他老人，为老人们做一些力所能及的事，干些家务聊聊天等，并能积极参加社会公益活动，以此推进社会主义精神文明建设和形成崇尚孝道的良好社会风气。

"我给长辈送礼物"这一活动在班级宣传发动后，学生们纷纷表示会积极参加，大家感谢老师给他们创造了一个孝敬长辈的好机会，积极参与到活动中来。事实证明，"我给长辈送礼物"这一德育活动的实施是很成功的，家长和学生纷纷对这一活动给予了高度评价，家长们发来亲情活动的各种照片，学生们也发来了他们活动后的所感所悟。家长们纷纷表示，通过这一活动，孩子们学会感恩，懂得主动关心老人，主动向老人表达爱，孩子们长大了，也更懂事了，这种心灵成长是任何课本知识所不能企及的；家长们还表示，孩子们的看望让老人们很开心，孩子们的贴心陪伴和精心准备的礼物，让老人们感到特别幸福，孩子们热情洋溢的青春朝气让他们的生活充满了生机和活力，老人们很享受这种儿孙绕膝的天伦之乐。

五、"我为父母倒杯水"活动[①]

（一）"我为父母倒杯水"活动设计

【活动背景】

世界上有一种琐碎的爱，她的名字叫母爱。阴雨时节，一把雨伞送来了她的深情，傍晚时分，一杯牛奶送来了她的关怀，琐碎之中，爱在澎湃。世

---

① 本案例方案活动设计：曹木瑶；指导教师：马丽磊。

界上有一种宽容的爱,他的名字叫父爱。像高山,在逆境中鼓励你挺直脊梁;似大海,在困苦中引导你放开胸怀。宽容之中,爱在蔓延。父母于子女之情是世间最真诚、最无私、最崇高的感情。

【活动时间】

周一下午班会课。

【活动地点】

初三(4)班教室。

【活动流程】

环节一:感悟亲情篇

1. 穿越时光机

"十月怀胎孕育生,慈母含辛体难轻,幼小生灵见天日,可知母亲痛苦中。"让我们坐上时空机,带着感恩的心,聆听爱的旋律,穿越到出生的那一天。母亲承受着难以言喻的痛苦,肩负着巨大的责任,拼尽了全部的力气,把我们带到了这个世界。当她看到我们稚嫩的脸颊时,所有的疼痛都化作满满的幸福和快乐。

请同学们观看短视频,并谈一谈你的感受。(观看母亲阵痛、分娩的短视频)

2. 齐吟《慈母颂》

母爱如此无私、伟大,请同学们一同朗诵《慈母颂》,送给我们最敬爱的母亲!

《慈母颂》节选

襁褓时,母亲的甘甜乳汁,是滋润肌肤的甘露;
孩提时,母亲的苦涩汗水,是浇灌心田的清泉;
求学时,母亲的耐心教导,是启动灵感的马达;
困惑时,母亲的殷切教诲,是拨正航向的罗盘;
失足时,母亲的善意规劝,是迷途知返的路标;
成功时,母亲的热情鼓励,是乘胜前进的风帆;
攻关时,母亲的积极鞭策,是攀登要隘的阶梯;
拼搏时,母亲的大力支持,是冲越激流的航船;
挫折时,母亲的亲切关怀,是闯出困境的号角;
患病时,母亲的精心护理,是战胜苦痛的灵丹;
困倦时,母亲的爱心,是安然入睡的摇篮;
疲惫时,母亲的怀抱,是停泊小憩的港湾。

3. 感动记心间

有了泥土，嫩芽才会长大；有了阳光，春芽才会开花。我们的成长离不开亲爱的爸爸妈妈。父母的关怀像一把伞，为我们遮风挡雨，父母的教诲像盏灯，为我们照亮前程。请同学们分享一下成长过程中父母为你所做令你最感动的一件事。

环节二：品味亲情篇

活动1：品读经典

(1) 品读"二十四孝"故事两则，畅谈心中感受。

故事一：怀橘遗亲

陆绩，三国时期吴国吴县华亭(今上海市松江)人。六岁时，随父亲陆康到九江谒见袁术，袁术拿出橘子招待，陆绩往怀里藏了两个橘子。临行时，橘子滚落地上，袁术嘲笑道："陆郎来我家作客，走的时候还要怀藏主人的橘子吗？"陆绩回答说："母亲喜欢吃橘子，我想拿回去送给母亲尝尝。"袁术见他小小年纪就懂得孝顺母亲，十分惊奇。陆绩成年后，博学多识，通晓天文、历算，曾作《浑天图》，注《易经》，撰写《太玄经注》。

故事二：拾葚异器

蔡顺，汉代汝南(今属河南)人，少年丧父，事母甚孝。当时正值王莽之乱，又遇饥荒，柴米昂贵，只得拾桑葚母子充饥。一天，遇到赤眉军，义军士兵厉声问道："为什么把红色的桑葚和黑色的桑葚分开装在两个篓子里？"蔡顺回答说："黑色的桑葚供老母食用，红色的桑葚留给自己吃。"赤眉军怜悯他的孝心，送给他三斗白米，一头牛，带回去供奉他的母亲，以示敬意。

(2) 同学们，你还能想到古今中外哪些著名的孝亲故事？让我们一同分享吧！

活动2：调查问卷

(1) 你对父母有多了解？请完成调查问卷"父母知多少"(图4-9)。

(2) 请结合调查结果，谈谈自己的内心感受。

请同学们如实回答，可以把答案交给父母评分。答对6题以下的同学建议日后多关心父母，多与父母沟通。

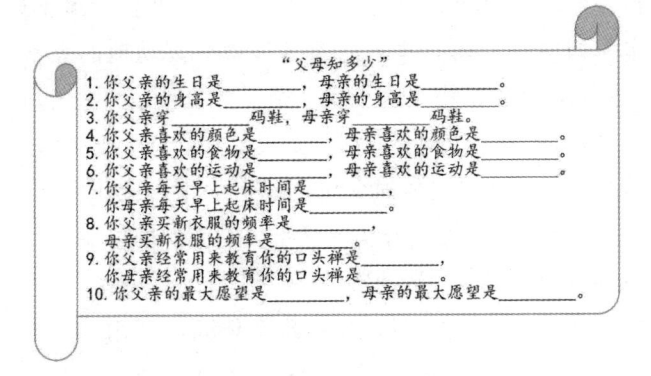

```
              "父母知多少"
1. 你父亲的生日是_____，母亲的生日是_____。
2. 你父亲的身高是_____，母亲的身高是_____。
3. 你父亲穿_____码鞋，母亲穿_____码鞋。
4. 你父亲喜欢的颜色是_____，母亲喜欢的颜色是_____。
5. 你父亲喜欢的食物是_____，母亲喜欢的食物是_____。
6. 你父亲喜欢的运动是_____，母亲喜欢的运动是_____。
7. 你父亲每天早上起床时间是_____，
   你母亲每天早上起床时间是_____。
8. 你父亲买新衣服的频率是_____，
   母亲买新衣服的频率是_____。
9. 你父亲经常用来教育你的口头禅是_____，
   你母亲经常用来教育你的口头禅是_____。
10. 你父亲的最大愿望是_____，母亲的最大愿望是_____。
```

图 4-9 "父母知多少"问卷

活动 3：传颂经典

"孝"是一种美好的品德，中华自古就是礼仪之邦，道德之国，孝的文化源远流长。让我们在孝顺之风的熏陶中，健康地成长！请同学诵读经典名言，体会其中意味。

* 孝子不谀其亲，忠臣不谄其君，臣子之盛也。——《庄子》

* 天地之性人为贵。人之行，莫大于孝。——《孝经》

* 亲爱我，孝何难；亲恶我，孝方贤。——《弟子规》

* 十月胎恩重，三生报答轻。——《劝孝歌》

* 父母之所爱亦爱之，父母之所敬亦敬之。——曾子

环节三：回报亲情篇

1. "爱的天平"

同学们，请你以昨天为例，把父母为你做的事和你为父母做的事分别列举出来，看看你的"爱的天平"是如何倾斜的。让我们从点滴的事例中感受父母无处不在的关爱。

2. 特别来信

父爱是一缕阳光，丝丝缕缕温暖着我们；母爱是一缕春风，时时刻刻抚慰着我们。没有阳光，就没有日子的温暖；没有雨露，就没有五谷的丰登；没有父母，就没有我们的降临。我们的成长离不开亲爱的爸爸妈妈。请听一封特别的来信——《父母写给孩子的一封信》。（配乐朗诵）

3. 活动倡议

感恩是一种温暖的情感，像一条缓缓流淌的小溪，轻轻吟唱着，在心与

心之间传递着人世间最纯最美的信息，时刻提醒着我们：道不远人，不能不孝敬父母。作为初中生，我们并不能为父母做惊天动地的大事，孝敬父母，应从日常小事做起，从生活中点滴小事开始，为父母做一些力所能及的事情。那么，让我们开启"我为父母倒杯水"活动，从今天起，让我们从每天坚持为父母送上一杯热茶开始，将我们对父母的感激之情，化作实际行动，用真诚的心回应来自父母无尽的关爱，让关爱父母成为我们的习惯。

（二）"我为父母倒杯水"活动实录

本次活动结束后的第一周，初三（4）班全体同学利用周一班会课上15分钟，就"我为父母倒杯水"这一活动参与感受进行了交流、分享。

主持人：同学们，本次"我为父母倒杯水"这一活动倡议已进行了一周，请各位同学就自己一周内为父母倒水的实践谈谈你的内心感受。

生1："给父母倒杯水"这样一个看起来如此简单的活动，在亲身实践了后，我才真正体悟到了其现实意义。白开水，温和而寡淡，但却拥有包容万物的力量，只有细细品味才能尝出其中的甘甜——这一如父母对我们的爱，温柔绵长，始终默不作声但又坚定执着地润泽着我们的生命。

主持人：是啊，水的平凡与温和正如父母之爱于我们的默默无闻，却无处不在！

生2：这一周我坚持每天为父母泡茶，每次把茶泡好端到茶几上时，我的心里还真的有一种愉悦感。来自父亲、母亲的一声"谢谢"，让我还有点不好意思，心里想：总觉得干吗要谢我呀，你们为我做了那么多，我就倒了个水而已。看着他们喝着我倒的水时流露出的笑容，我的心里突然明白一个道理，父母其实每天都在对我付出无私的爱，其实他们也需要我的关怀。我想我现在孝敬父母的方式就是在学习上不用父母操心，在家多做一些力所能及的事！

主持人：说得好！孝敬父母，我们不需做多么惊天动地的大事，生活中小事中我们可以关爱父母！

生3：一直以来我都过着衣来伸手饭来张口的日子，除了学习，父母承包了我生活的所有，平常我要喝水时只要动一动嘴，一满杯水就出现在我眼前，我抿上一口，太烫就推开了，不一会儿一杯温水又出现在了眼前……

生4：第一次准备为父母倒水前，心中不断计划着倒水时要说些什么，什么姿势……从最初几天略显尴尬和笨拙到后来逐渐进入自然状态，我明白了"付出"与"回报"的对等，也更加确信换位思考是个很好的方法。别人做时不以为然，而自己做时却难上加难。我们都不应只习惯于接受他人的帮助或服务，而应铭记滴水之恩，当涌泉相报。让我们从倒杯水来多多理解我们的父母吧！

……

主持人：同学们亲身参与了活动后，都深有感触，大家分享得很好，世间最神圣的爱是父母之爱，世间最博大的情怀是父母的胸怀。让我们从为父母倒杯水开始，关心我们的父母，让我们用自己的实际行动来回报他们的无私奉献吧！最后，请班主任来为我们本次活动进行总结。

班主任：从同学们分享感受的喜悦与感动中，老师看到了大家唤起了心底那对父母的爱！你们的分享是那么的真实、鲜活、感人，而又很相似——那就是同样地深爱着自己的父母！"树欲静而风不止，子欲养而亲不待。"与其当父母不在时再责备自己没能好好地孝敬他们，不如就在此时，多付出一份行动尽自己应尽一份的孝心，让我们努力地去诠释我们对父母的爱，让我们心中怀着真诚和感恩，把这种传统美德发扬光大！

（三）"我为父母倒杯水"活动感悟

感悟1

2017级(4)班 祁煜

班会课上，听到为父母每天倒一杯茶这样的小活动后，我愣了一下，细想来，我其实未曾认认真真地给父母倒过一杯茶。我总是习惯了在写作业时，父母悄悄放下的一杯热牛奶、温水或是一盘水果，习惯了不用回报的索取，但也没忘记父母对我无时无刻的关怀和爱，只是一直未用实际行动告诉他们，我也一样很爱他们，想为他们做一些事。

尽管学习任务比较繁重，空余时间较少，但我们还是应该要为父母做点事情。我知道爸爸妈妈喜欢喝白茶，所以我每天晚上都认真地为他们沏上一杯白茶。用木勺舀上茶叶放进盖碗，用烧开的水慢慢地淋过，蒸汽携着茶香袅袅升起，茶叶从浮到沉，由卷至舒。当爸妈接过我手中热气腾腾的白茶时，我看到了他们眼中的欣喜与感动。记得从前他们对我说："人啊，就要像茶一样，要受得了沸水

图 4-10

煮、高温熬。"曾经这小小的一盏茶，让我懂得了坚韧和父母的良苦用心，而现在，这代表着我对父母感恩和回报的开始。

我长大了，父母却不再如从前那般年轻了，很多人都认为，等自己长大，找到工作，开始挣钱了再去孝顺父母，但正如古语中所言："树欲静而风不止，子欲养而亲不待。"我们应当珍惜当下的时光，从小就应该为父母做些力所能及的事情！

感悟 2
2017 级（4）班　赵天宇

一周来，我每天都坚持为爸爸倒一杯水。我在递水时不经意看到了爸爸的双鬓，印象里的青丝中如今已泛出簇簇白发。我很震惊，亦有内疚。过去的时光里，我曾为父亲倒过几杯水呢？

淡淡的岁月里，有着浓浓的情。倒水之际，时不时与爸爸说上两句，就好像有识人间况味之感。倒水不仅仅是倒水，更是亲人间互动、促进感情的重要方式。过去的十余载，爸爸早出晚归，劳累辛苦，为我付出了许多。我们不是什么伟大的人物，我们只是芸芸众生中微不足道的一部分。但我想天底下千千万万的普通人都有一颗爱家的心、感恩父母的心。我们在亲情中感受到温暖，让温暖在家人间传递。

如今我已过了十六个春秋，父母也逐渐老去，不得不感慨时间流逝之快，让父母与我在不经意间变了模样。多少次我曾暗地里责怪父母的不妥之处，现在想来，只有无尽的悔恨。其实，他们也是第一次做父母，怎会不青涩。父母当年也是被疼爱的孩子，哪里懂得去照顾一个闯入他们生活的小生命，哪里懂一个生命的到来需要做好什么准备。只是后来，他们和我一起成长，成长不光是年龄的增加，也包括为人处世的成熟，以及对家人、对自己的责任感。他们育我成人，而我陪他们变老。都是第一次，怎能苛责。

只愿时光慢些，让他们不那么快老去，不愿时光快些，让我快乐长大，去保护回报他们，亦如他们待我一般。

六、"关爱一线牵"活动[①]

(一)"关爱一线牵"活动方案

【活动背景】

为积极倡导和培育本班同学热爱祖国、尊敬师长、敬爱家长、关心同学、热心公益的优秀品质,彰显班级"仁"文化品牌,本班的班级品牌名称确定为"南通仁智班"。拟以班级活动为载体,利用初中三年,发动全体学生、家长,组织开展一系列班级关爱主题活动,名为"关爱一线牵",每学期一次主题活动。

【活动准备】

班级成立之初,由班委会倡议全班同学筹建"仁智基金会"。全体学生通过废旧处置、跳蚤书市、街头义卖等形式自主赚得收入,以小组为单位向仁智基金会注资。该基金会由专人管理,并定期向全班公布收支明细,表彰先进个人与事迹。仁智基金会的资金专用于班级奖励、德育主题活动支出。

【活动内容】

第一学期:爱父母

(1)学期伊始,要求每位同学撰写"爱父母"主题周记,并在全班评选;(2)初定本学期拟为父母准备的礼物,并简要写下理由,放入班级藏宝箱;(3)发愤图强,通过一学期常规、学习、后勤工作的优秀表现赚得奖学金,努力用自己的劳动所得实现期初愿景;(4)利用寒假制作、购买礼物,向父母表达一次自己的爱;(5)分享"爱父母"主题活动感受。

第二学期:爱班级

(1)学期伊始,开展一次"最美班级"讨论,谋划班级建设蓝图;(2)确立"最美班级"建设方案;(3)开展"班级美事我来言"专题展示活动;(4)发愤图强,通过一学期常规、学习、后勤工作的优秀表现赚得奖学金,努力用自己的劳动所得为班级购置相关设施、绿化、美化、文化班级,迎接学校的"最美教室"评比。

第三学期:爱家乡

(1)以班级的名义向全社会发出倡议,向家乡弱势群体奉献爱心;(2)以

[①] 本案例撰写:宣卫东、张晓燕。

小组为单位，在父母的帮助下，分批组织街头义卖、募捐行动，宣扬公益，筹集爱心资金；（3）与相关街道、居委会联系，了解弱势群体家庭情况，并用筹集的所有爱心资金以及同学们捐出的善款购置相关慰问物品；（4）家长代表、学生代表亲切慰问相关家庭，送温暖；（5）分享活动感受。

第四学期：爱社会

（1）向全班各组发出"社会志愿者，我正在行动"的倡议，活动主题待定；（2）各组自行设计活动方案，参与社会志愿者活动，拍摄活动照片；（3）组长带领组员共同分享活动感受；（4）通过总结志愿者实践活动，以班级名义向行政部门或通过媒体向市民发出倡议（至少一条建议），若有需要，可利用本学期奖学金做必要的协助事宜。

第五学期：爱母校

（1）全班大讨论"初三，我们拿什么感恩母校、感恩老师"，确定班级方案以及个人方案；（2）发愤图强，坚决用自己的行动成果感恩母校、老师。

第六学期：爱自己

（1）为不影响中考冲刺，建议移至元旦前一天组织"赛饺子"活动，自行准备食材，包饺子、煮饺子、品饺子、赛饺子、话饺子，犒劳自己；（2）班委会及组长研究同学的需要偏好，为每位同学准备一份礼品，力争让每位同学都获得惊喜；（3）班级同学共同编印班刊一份，记录三年美好时光，珍藏记忆。

（二）"关爱一线牵"之"爱心义卖"活动纪要[①]

不畏严寒，孩子爱心义卖筹集善款

当新一期"关爱一线牵"心愿刊登后，南通田中初二（14）班班主任宣卫东抛来橄榄枝，他表示全班学生及家长都愿意参与进来，用爱心义卖所得的善款为困难家庭实现小小心愿。

初二（14）班有一个别名"南通仁智班"，在孩子们刚刚进入初中校园时，老师和孩子、家长们就约定了"爱父母""爱班级""爱家乡""爱社会""爱自己""爱学校"6项家校德育主题任务，在初中3年6个学期里，每个学期重点完成一项。"这学期，我们班将执行'爱家乡'，因此，大家希望以慈善的方式为家乡的困难家庭做点什么。"宣卫东说。

做出决定后，初二（14）班同学和家长立即行动起来，大家都积极为义卖

---

① 本文由记者龚丹、通讯员姚建兵撰写，原载于《江海晚报》2018-01-19。

行动做准备。为了筹得更多善款，有的同学自己制作了蛋糕，有的同学省下零花钱采购了鲜花，有的同学拿出了自己家里心爱的图书。在三周时间里，全班同学一个不落，都参与到义卖中来。家长们也忙得不亦乐乎！有的帮孩子一起进货，有的和孩子一道设计宣传海报，有的替孩子运输，还有的甚至在摊位旁默默地欣赏并见证孩子们的成长，用手机拍下照片留作纪念……宣卫东欣慰地说："别看这些孩子都是家长的掌上明珠，但在这次活动中，他们勇敢地走上街头，顶着寒冷主动向陌生人说出自己的想法。"

当然，义卖过程也并非都是一帆风顺，有的孩子也曾被冷漠拒绝，但孩子们从开始至结束一直没有气馁，一共筹得了2217元善款。宣卫东说："通过这次活动，孩子们经历了挫折，也成长了很多，家长的协助、好心人的爱心也成为他们坚持下来的最大动力。"

震撼心灵，爱心之旅埋下爱的种子

义卖结束后，孩子们用筹得的2217元善款购买了洗衣机、取暖器、电饭锅、棉被等爱心物资。得知孩子们要跟随"关爱一线牵"爱心团队看望困难家庭，孩子们的家长还为每户困难家庭购买了一箱苹果，以此表达心意。

此次爱心团队由宣卫东带领吴溯源、陈思彤、章文芹、朱熠彤、易子涵、郑馨怡、徐傅赋7名同学，以及部分学生家长组成。由于学业繁忙，这些孩子大多是学校、家庭两点一线，不太了解贫困家庭的情况。因此，当孩子们走入第一个困难家庭时，眼前的景象就让他们大吃一惊。困难户黄永林居住在港闸区幸福街道转水村，由于本人车祸受伤，妻子患有乳腺癌，大女儿又因一级智力残疾无生活自理能力，生活十分困难。

黄永林一家虽然搬进了安置房，但他家根本无力装修，家中只有一些破旧的桌椅和生活必需品。客厅中，垃圾堆了一地，十分杂乱。看到陌生人到来，黄永林的大女儿有些不适应，大喊大叫并动手砸椅子。将黄永林一家需要的洗衣机送到他们手中后，孩子们就离开了。此时，大家的心情早已没有了出发时的愉悦感，每个人的心中都很沉重。

随后，大家又将爱心物资一一为困难家庭送上门。困难户邢玉如一家也很特殊，邢玉如本人肢体残疾、妻子视力残疾、儿媳精神残疾，家中只有儿子一人上班，孙女上高中。平时，邢玉如坐着轮椅，由妻子推着出门，他们一人当眼，一人当腿，一同前行。看到眼前的景象，陈思彤说，这些困难家庭陷入了人生的低谷，但他们并没有放弃，仍然乐观地面对生活，这种精神值得大家学习。

图 4-11 爱心团队看望困难家庭

图 4-12 礼物清单

就在此次爱心之旅出发前，徐傅赋在笔袋能用的情况下，向妈妈提出了购买新笔袋的要求，母女俩还因此闹了些不愉快。看到困难家庭的艰难，徐傅赋十分后悔，她表示虽然生活水平提高了，但节约的习惯不能丢，希望今后自己能帮助到更多的人。

（三）"关爱一线牵"之活动感悟①

礼物的真正意义是什么呢？它也许传递着友谊，也许传递的亲情，也许表达了歉意，也许增进了感情，但这一切都在告诉我们，礼物的意义早就超过了礼物本身。

——题记

这学期班主任给我们颁发了奖学金，我们班级同学商量着用奖学金为爸妈准备一份爱的礼物。晚上 11 点，我尚未入眠。明天就是他们的结婚纪念日了，我该送他们什么礼物呢？我在床上翻来覆去，思前想后，终于有了主意，做甜品吧，比较符合气氛。

接下来又有一个大的问题：甜品那么多，我做什么呢？又要简单还要好看，突然一个念头蹦了出来，就做一个戚风蛋糕吧！简单！虽然不好看，裱个花就可以了。一定给他们一点惊喜！

我迅速开始了行动。我去了超市，花了我自己努

图 4-13 做蛋糕

---

① 感悟撰写："南通仁智班"高雨馨。

力得来的 58 元奖学金买了鸡蛋、低筋面粉、淡奶油、牛奶色拉油等需要的材料，然后，把各种材料都称好之后就开始了。我最喜欢的就是打发蛋白这一步了。透明的蛋白，先被微微搅拌成鱼眼泡的样子，然后加入 1/3 的白砂糖，当蛋抽划过表面泛起了一片又一片的涟漪。当最后把所有的糖加进去的时候，你可以清晰地看到蛋白的变化：从一开始透明到大颗大颗的气泡，再到最后的细腻。这是多么美妙的转变！最后它呈现给你的是大片大片的纯白、洁净、美好，这就是暖暖的幸福感。

当把最后的蛋糕糊放入烤箱时，真的，心中有种满满的成就感。我喜欢一直盯着烤箱看，橘黄色的灯光洒在蛋糕糊上，两者互相映衬交融，出现了动人的颜色。时间流逝着，香味逐渐飘了出来，直勾勾地往人的鼻孔里钻。

最后，切片、抹面、裱花，蛋糕就做成了。

我不爱吃甜品，但我喜欢给别人做甜品。给别人做的时候，你可以感受到那些食物的变化是多么美妙。特别是，如果那些人对你特别重要，那么，这份甜品会更好吃，因为这里面有你浓浓的爱啊！

所以，我想对父母说：你们一定要幸福，这样我才会感到幸福；你们一定要开心，这样我才会开心。我爱你们，很爱很爱，而且永远会爱下去。

第五章 家校合作共情陪伴课程

▶ 第一节 课程概述

一、情感德育特别需要家校合作

（一）道德教育比认知教育、技能教育更需要家校合作

教育中的"5+2=0"谈的是家庭教育和学校教育的配合问题。关于这个说法，在教师群体中有着不同的解释，一种解释集中在道德学习层面，说的是5天在学校的正向教育引导成果，被2天休息日在家中的负向教育所影响，导致学生的道德品质没有能够得到提升。最近笔者又听到另一种解释，说是学生在学校每周学习5天，这很重要，但是如果在家中的2天，即周六周日家长不加强管理，学生不做作业，不及时巩固复习，那么这前面所学的5天知识可能就掌握不好。这种说法集中在知识学习层面，有点类似于《学记》中的"时教必有正业，退息必有居学"的意思。

在教育研究界，一般我们都是采用第一种说法，而第二种说法估计是某些老师自己的解读。因为如果从知识学习的维度分析，如果周六周日两天不复习，最多是前一周所学的知识有点遗忘，说回到了"0"这个原点，显然是夸大了。而就道德教育而言，如果家长提出的观点与学校的道德教育价值引导相悖，那么真的会导致学生所受的道德教育成果归为"0"，甚至走向负数。

为什么家庭对学生道德发展的影响如此巨大？因为就知识学习而言，家校之间对于某种数理化或者语文英语的知识，一般不存在观点上的太多分歧，在知识教育方面，学校一般拥有绝对的权威影响力。但是道德教育可不一样，对于学校提出的比如要发扬集体主义精神、要有奉献精神等观点，有些家长会表现出不合作的状态，甚至错误地认为这样做学生会吃苦，因此，在道德

教育方面，家庭时常会出现与学校提出的道德追求相矛盾，甚至相反的情况。

前文已述，道德教育需要解决的是"愿不愿意"的问题。由于天然的血缘关系以及长期的密切相处，对学生而言，一般他们觉得家长比教师更值得信赖，因此家长提出的道德引导，更容易被其子女所接受。

就道德教育而言，学生的家长不仅用语言去引导自己的孩子趋向于选择某种在学校教育看来不恰当，甚至是错误的价值观，而且家长们也恰恰是他们这些错误的价值观的忠实实践者，"身教重于言教"，自然他们的孩子的道德言行，就容易会出现各种问题。因此，苏联著名教育家马卡连柯在论述学校教育和家庭教育的关系时，有一个简洁而鲜明的观点，那就是："学校应当领导家庭。"这个"领导"，更确切地说就是道德教育方面的领导，而不是指认知教育和技能教育方面的领导。家庭是社会生活的基本单位，满足家庭成员的生存条件是其基本需求，家庭教育所反映出来的价值观念带有明显的功利性、短视性，体现着家庭成员的切身利益。当这种切身利益与社会整体利益一致时，主流价值观便成为家庭的主导文化，而一旦它们之间发生冲突，家庭亚文化往往会占据主导地位，于是家庭文化所体现的价值观念，往往与社会所期望个体拥有的价值观念相矛盾。从这一点上看，道德教育，比知识教育、技能教育更需要学校的介入和引导。

（二）家庭教育的主要功能是德育，尤其是情感德育

从教育发展的历史来看，家庭教育是早于学校教育的，当家庭教育无法承担社会赋予的育人职能时，才使得专门的学校教育成为可能，于是，家庭的教育功能大部分让渡于学校。当然，家庭让渡给学校的教育功能，主要是知识教育与技能教育这两个方面的功能，因为就知识教育与技能教育而言，学校的专业师资、集全的教学设备条件以及各类教育教学软件条件，都是家庭很难企及的。但是就道德教育而言，尽管家庭或许也考虑过让渡的问题，但是事实上，在道德教育层面，家庭教育的病症仍然非常明显。一个学生学习成绩差，我们很少把原因归结到家长身上，但是谈到一个学生道德品质不行，大家都会把目光聚焦到其家长身上。比如，当我们看到一个学生有不道德行为的时候，我们常用的评语是"没有家教"或者难听一点就是"有人养没人教"。这恰说明一点：家庭教育的核心，不是知识教育，不是技能教育，而是道德教育，且道德教育是家庭教育的根本任务。

道德教育一般分为三类：认知为主的道德教育、情感为主的道德教育，

以及行为导向为主的道德教育；分别采用的教育方式是：晓之以理、动之以情和导之以行。家庭的道德教育固然有晓之以理和导之以行的成分，但是由于很多家长自身道德理性以及理解的能力不强，因此在"晓之以理"方面常常捉襟见肘、词不达意，经常沦为一种"说教"而非"说理"。再来看看"导之以行"。心理学家班杜拉认为，道德主要是通过观察他人的道德行为而获得的。就此而言，就是家长以其符合道德的言行，给学生提供一个好的参照榜样，进而学生耳濡目染，也逐渐形成良好的道德行为。但是，如果真的去认真审视一下家长们在家庭中的言行是否符合道德规定性，那很多时候是需要打一个大问号的。因为就所有的个体而言，在职场，家长们都会表现出职业面孔，努力使自己的言行符合职业道德，即体现"现实自我"，符合各种社会规则；而一旦回到家中，家长们都会将自己的职业人角色替换成自然人角色，展现出来的就是一个"婴儿自我"，比如躺着看书，跷起二郎腿看电视，边看电视边吃东西等。当然家长也会在子女面前表现出道德行为，比如主动为老人盛饭、主动为爱人拿物品等，但是更多的时候，家长是一种自由自然的状态或者"婴儿自我"状态，不太会考虑其行为是否符合道德，是否会给子女造成负面影响。

如此分析下去，家长唯一可以特别倚重的道德教育方式，便只剩下了情感性道德教育——"动之以情"，而这恰是很多家长最常运用，且效果最好的方式。原因有二：其一，"动之以情"操作起来比较便利。当面对子女不良行为时，家长可以本能地，而非需要特别去学习地采取负面情绪表达——失望、愤怒、担忧，这些情绪就会成为子女做出调整的一种机制——为了不惹父母生气，为了不让父母失望、担心，他们便会努力改善自身。其二，亲子之间的"动之以情"效果非常好。如果让教师对学生进行"动之以情"，有的时候教师会发现比较困难。因为教师在教学时大多采取的是"工具角色"，在课外与学生交流的时候才会适时采用"情感角色"，对于教师而言"工具角色"为主。如果师生之间没有密切的情感联结，要想"动之以情"不容易。但亲子之间不同，由于天然的血缘关系，亲子之间有着一种特别密切而精致的情感联结，当看到自己的父母一把鼻涕一把泪的时候，子女的道德善端——孝心、感恩心等——便会从潜意识中涌出来，为了回馈父母，他们便会试图去展现道德行为。

（三）学校要加强对家庭情感德育的引导

情感德育的第一课堂在家庭，与学校相比，家庭对个体情感发展的影响更具先导性、持续性与效应性。大量的事实表明，如果一个学生的安全感、归属感、悦纳感等基础性情感，在家庭中能够得到满足，那么这个学生的发展基本上是积极健康的；而屡见报端的学生暴力事件，基本上都可以追溯到其家庭情感德育缺失这一原因，即这些学生的所在家庭无法满足其基本的情感需要，更缺乏对其情感能力方面的培育。因此，约翰·布雷萧说："家，可以是温馨的避风港，也可以是折磨人的伤心处。"家庭情感德育有很大的改善空间，目前，家长经常会表现出某种情绪情感，进而影响子女的心情、认知与行为反应；子女也经常产生各种情绪反应与情感需求，需要家长去因应处理。不过，目前鲜有家长会经常性地思考自己的情绪表现是否适切，也不大会反思自己对子女的情绪处理是否合理。

学校的专业性则可以保障其担当引导家庭情感德育之责，而学校引导家庭情感德育，不仅可以为学生营造良好的情感生活环境，亦可为教师及学校提供良好的环境支持。当前教师工作压力大，除了考试压力、职称晋升压力之外，更主要的压力源，其实是日常教育过程中需要付出很多心力去因应学生的各类心理与行为问题，并由此导致教师的职业倦怠。通过引导家庭情感德育，学生的各类情感需求获得满足，学生的负性情感得到有效安顿，学生的情感觉察力、表达力与管理力增强，教师需要应对与处理的学生问题将会大大减少，而教师的职业幸福指数则可获得提升。

（四）学校情感德育需要与家庭情感德育同频共振

家庭对于学生的道德、情感的影响力，远远超过学校，同时家庭对于学生的道德、情感的影响又先在于学校，因此学校情感德育的有效展开，必须能够与家庭情感德育同频共振。具体而言表现为三个方面。

首先，在开展学校情感德育课程实践之前，教师如果能够更多了解学生的情感状况、道德状况，在具体的情感德育活动情境中，就容易及时觉察与把握学生的心理状态。在此方面，南通田中的很多班主任都有经验，即在每天进班之后，先观察学生的眼睛，以及整个的精神状态，发现有异常情况，及时与之沟通交流。

其次，在学校情感德育课程实施过程中，尤其是在矫正性情感德育活动中，不仅要关注学生的情感状态、道德样态，也要及时与家长保持沟通联系。对于一些近期心理波动比较大的学生，要亲师协同，防止不良事件发生。

再次，部分学校开展的情感德育课程，可以邀请家长来参与。比如，学校层面的"青春仪式""诚信仪式"等活动,班级层面的"走近父母,友爱兄弟""宽容让生活更美好"等课程。

二、"共情陪伴"是家校情感德育合作的实践标识

(一)什么是"共情陪伴"

为了做好学校情感德育与家庭情感德育的协同,我们需要思考一个实践标识的问题,经过反复讨论,最终选择了"共情陪伴"这个概念。要理解这个概念,我们首先要了解什么是"共情"。"共情"又称同感、同理心、共感。在心理咨询界使用较多,指咨询师能够借助求助者的言行,深入对方的内心世界,去体验他的情感与思维。事实上,所谓共情,显然不仅仅包括情感层面的感同身受,也包括了认知层面的体察与理解。如果我们能够对对方产生"换位思考""设身处地"或者"感同身受",我们就可以说对对方产生了共情行为。

当然,在认知理解和情感理解这两个维度,心理学家罗杰斯更强调后者,他用了"移情性理解"这个词,他认为"移情性理解"比"认知性理解"更为重要。的确,人是情感的动物,如果只能在认知层面了解一个人,而不能进入情感层面,那么对对方的理解就不够深入,更无法将自己的这种感受有效地传达给对方。在人际交往过程中,你说你理解对方了还不够,要能够让对方感受到你真正理解他、懂他,那才行。举个例子,某位朋友告诉你说:"我失恋了,我很痛苦。"你的回答如果是:"我知道你很痛苦,但是你毕竟恋爱过,我还没有谈过恋爱呢。"这种回答让对方得到的信息是,你根本就不理解他的痛苦,若能够达到"移情性理解",在情感层面与他感同身受,你就不会说出这种不顾及对方情感的话。在老师、家长与孩子进行交往的过程中,这种仅仅是"认知性理解"的情况非常多,比如"我知道你考得不好很难过",但是事实上,很多时候,成人根本就没有能够换位体验到孩子的痛苦,否则就不会出现后面紧跟着的一句话"但是,难过没有用,关键是想想该怎么做才能考得好"。如果达到了"移情性理解",那就什么也不说,只是听孩子说,让孩子感觉你懂他,或者让他哭一会儿,让他宣泄一下内心的痛苦。

我们期望无论是老师,还是家长,要能够经常性地采用"移情性理解"的方式,能够不仅在认知层面感受到孩子的心理,也在情感层面感受到孩子的喜怒哀乐的细微之处。唯其如此,孩子才能真正体验到成人们懂他。这便是所谓"共情陪伴"。当然,要任何场合都做到"共情陪伴"很难,但是作为一种

追求，我们必须提出来，至少亲人、老师在此方面有了一个行动的方向。

（二）"共情陪伴"的价值

"共情陪伴"的价值不仅在于由于亲人、老师更能体察孩子的内心而可以采取更有针对性的教育行动，而且它在某种意义上调整了成人与孩子的关系，这种关系非常有助于孩子的自尊与自信的建立。孩子感到老师、父母喜欢他、尊重他，共情他的感受，理解他，那么孩子的感觉就会比过去好很多，就会表现出活泼、积极、自信。相反，如果老师、父母对孩子训斥多、粗暴、态度冷淡，孩子就会情绪低沉，进而对学习活动缺乏主动性。

对于家长而言，采取"共情陪伴"的方式，就要求他们有更多设身处地、换位思考的亲子互动。父母要能够看到孩子的无限可能性与可塑性，能够用宽容的态度来看待孩子学习和社交的表现，而不再用成人的标准来要求孩子。既然要共情孩子的当下心理，那就不仅仅要去多问问孩子的想法，多听听孩子的意见，更要在孩子表达出内心的烦恼的时候，能够包容、接纳他。而在这个过程中，家长自身的教育素养在不断提升。

对于教师而言，要引导家长去共情，自身首先要共情家长，共情学生，这就给教师自身的成长提出了新的要求。当然，教师对于学生的共情，需要向学生的父母学习，即要拥有"父母之心"，或者成为学生的"替代父母"。其情感兼具父母的优点，即苏霍姆林斯基提出的："教育者最可贵的品质之一就是人性、对孩子们深沉的爱，兼有父母的亲昵温存和睿智的严厉与严格要求相结合的那种爱。"[①]

三、"共情陪伴"课程的实施与保障

亲人、老师共同致力于为每个学生提供一个好的家庭和学校生活环境，给予学生更多的"共情"性陪伴，而非一种警察式的监管。这种追求也并非南通田中一所学校独有，只不过，南通田中将"共情陪伴"课程化了，以一种机制化的形态使其可以持续产生效益。具体的方法是，通过家校合作活动方案设计，让家长能够有准备、有热情地参与相互合作活动，进而取得活动的良好效果。这些活动丰富多彩，比如家长志愿者进校园活动、家校共育活动等。

在下文中，我们将呈现几个课程实施的过程，当然为了保障这些课程有

---

① ［苏］苏霍姆林斯基：《把整个心灵献给孩子》，唐其慈等译，10页，天津，天津教育出版社，1981。

效实施,学校利用家长会等机会,为家长详细讲解"共情陪伴"的重要性,并为家长提供了"共情陪伴"具体的实施步骤与方法指导。

(一)把孩子当成孩子,摆脱成人中心思维

家庭教育中一个非常有趣的现象就是,当孩子还不会讲话的时候,家长会努力去猜想孩子的心思,这个时候家长的共情努力是很强的。但是一旦孩子会讲话,家长们就常用成人的标准去审视孩子,于是发现孩子存在着这样那样的问题。比如,看到小学一年级的孩子这么简单的加减法都算错了,脱口而出"真是笨"。事实上,孩子的成长有一个过程,18岁孩子的生理才达到基本成熟,而心理成熟则可能更晚一些。因此,我们引导家长能够认识到,我们不能用成人的视角去审视孩子,我们应该理解孩子尚未成熟,还很幼稚、单纯。

(二)培养对孩子的敏感性

共情的核心是能够走入孩子的内心世界,这就涉及家长对于孩子的细微心理变化的敏感性问题。杜威指出,智力方面主要是判断力,情感方面主要是敏感性,而敏感性对判断力起到积极的作用:"没有这种敏感性,就不可能有良好的判断力。"[1]也就是说,如果我们在情绪情感维度不能对孩子有敏感性,则必然影响我们的理性判断。如何增强对于孩子的敏感性,一个非常好的方式就是跟孩子多聊天,多倾听孩子而不是去指责孩子。一个愿意经常倾听孩子的父母,一定能够掌握孩子的各种心理细微变化。相反,如果父母不断在孩子面前絮叨和指责,则孩子会在父母面前关闭他的心门。

(三)对孩子进行真实的情感反馈

孩子如何判断其父母是否了解他,主要看其父母对于自己的情绪反馈的真实样态。梅拉比安和费里斯的研究显示,人类日常生活中,55%的信息是靠非言语的表情传递,38%的信息是靠言语表情传递,只有7%的信息才是靠言语传递的。在与父母不断的交互过程中,孩子们发现父母的口中之言与其内在所想未必一致,于是孩子们非常善于察言观色,即他们会更多地去关注父母的非言语,而非言语本身。因此,我们特别强调,在"共情陪伴"过程中,父母要尽量保持心口一致,让子女感觉到他们是真实的存在。"真实,是一切

---

[1] [美]杜威:《道德教育原理》,王承绪等译,27页,杭州,浙江教育出版社,2003。

教育的灵魂……只有真的才是可信的,才是有教育意义的,才会是被儿童所认同的。在儿童率真的心灵中本来就容不得半点虚假……"[1]

第二节 课程示例

一、"好家风进校园"活动[2]

(一)"好家风进校园"活动方案

为引导广大师生及家长积极投身家庭文明建设,以培育和践行社会主义核心价值观为根本,以传承好家训、订立好家规、弘扬好家风为活动重点,推动形成爱国爱家、相亲相爱、向上向善、共建共享的社会主义家庭文明新风尚,有效提高我校家庭教育水平,我校决定开展"好家风进校园"活动。具体方案如下。

【指导思想】

深入贯彻落实习近平总书记在会见第一届全国文明家庭代表时的重要讲话精神,以培育和践行社会主义核心价值观为根本,以传承好家训、订立好家规、弘扬好家风为重点,广泛深入开展"传家训、立家规、扬家风"活动,大力弘扬中华优秀传统文化和社会主义家庭文明新风尚,引导家长主动参与家训家规家风进校园活动,言传身教、以身作则,形成携手育人、共同树人的合力,让广大青少年在活动中不断受到家庭文明的感染和熏陶。

【活动主题】

弘扬优秀家风,传承传统美德。

【活动内容】

1. 好家训诵读活动

组织学生开展经典家训诵读活动,通过诵读《朱子家训》《颜氏家训》《曾国藩家书》《弟子规》等中的名篇佳句,阅读《赢在家风——特别狠心特别爱》等著作,汲取精髓,启迪智慧、塑造心灵;通过学习与家风家训有关的名人故事,

---

[1] 鲁洁:《"品德与生活"、"品德与社会"——最有魅力的课程》,见《江苏社科名家文库·鲁洁卷》,283页,南京,江苏人民出版社,2015。

[2] 本案例撰写:宣卫东、张晓燕。

开展家风家训学习交流论坛、演讲比赛、讲故事比赛等活动，搭建交流互动平台，引导学生理解经典家训的深刻内涵。

2. 好家风发掘活动

在教师、学生和学生家长中征集"好家规、好家训、好家风"相关内容，内容要突出弘扬中华传统家庭美德与时代精神，体现孝老爱亲、家庭和睦、诚实守信、明事知礼、勤俭持家、乐于助人、教子有方、崇尚学习等深刻内涵，具有启发性。形式上，可以采用格言、警句、谚语、对联、顺口溜等多种形式，文字言简意赅，通俗易懂。

3. 好故事征集活动

在教师、学生和学生家长中征集"好家风·亲情故事"，通过记录发生在家庭和身边的故事，写出家风家训对自己的影响，或自己对家风家训的认识。字数要求不少于1000字，可提供相关图片资料(含电子图片)。

4. 好视频拍摄活动

组织师生家长通过微视频的形式采录生活中的家风故事，要认真推选弘扬优秀家风家训的先进典型人物，发掘典型事例，认真撰写脚本和组织拍摄。微视频内容要独立完整，聚焦到点，做到"微而精"。作品要主题鲜明，生动鲜活。内容要科学严谨，积极向上。

以上为建议性内容，鼓励各班创新活动形式，举办多姿多彩的活动。

【相关要求】

1. 高度重视，注重过程

家规、家训、家风是中国传统文化的重要组成部分，是每个家庭教育智慧的深刻体现，是良好社会风气的重要基石。各年级、各班级要将此项活动作为培育和践行社会主义核心价值观，推进未成年人思想道德建设的有效途径，作为学校德育工作和文明创建的重要内容，真正把活动过程变成弘扬家庭美德、培育良好家风、营造良好社会风尚的过程。

2. 精心组织，注重实效

各年级、各班级要把此项活动与学校的德育工作、书香校园建设活动结合，遵循"以小见大、以点带面"原则，确保活动收到良好的教育效果；要将活动成效延伸到日常教育管理之中，开展"最美家庭""美德少年"等评选活动，让好家风好家训激励广大青少年健康成长，促进校园文明建设和社会和谐。

3. 加大宣传，深化成果

要通过多种形式，大力宣传活动的重要意义，加强学校与家庭互动共建。要充分利用微信平台、校园网、宣传栏、黑板报等载体，及时展示活动开展情况，营造浓厚氛围。要认真总结典型经验，宣传特色做法和阶段成效，推动活动深入开展。

江苏省南通田家炳中学学生处
2017 年 3 月 9 日

（二）"好家风进校园"活动之致家长的一封信

家长朋友：

您好！家庭是孩子的终身学校，家长是孩子的第一任老师，教育孩子健康成长，是家长义不容辞的责任。我们认为，优秀的家长应该为孩子积极营造良好环境，促进孩子健康成长。而良好的家风在孩子的成长过程中起着关键的作用，是孩子成长的终身财富。青少年在良好家风的熏陶下，就会耳濡目染，通过良好的家风来塑造自己的行为，久而久之便会形成良好的人生习惯，成就美好的人生。

各位家长，家庭是圃，孩子是苗。家风如雨点，它随风潜入夜，润物细无声，小苗只有在雨露的滋润下，才能健康成长。基于此，学校开展了"好家风进校园"主题教育活动，请您结合自身教育孩子的经历，谈一谈您教育孩子的方法和您的家风。在此，学校对您的支持与配合表示深深的谢意！

学生姓名		学生班级	
家长姓名		联系方式	
您教育孩子的方法：		您的家风：	

江苏省南通田家炳中学学生处
2017 年 3 月 9 日

（三）"好家风进校园"活动之发言实录
好家风，让爱自由生长
武吉伦家长

整个家庭的建立都是以爱为根，没有爱的支撑就无法建立完整、幸福的家庭，爱是成家的第一条件。我从父母那里接过爱的接力棒，用心经营自己的家庭，付出爱、传递爱，让爱在沐人的春风中自由生长！

在我的印象里，我的父母遇到事情总是两个人一起商量，从来还没有出现过大吵大闹的时候，平心静气地过好自己的小日子，对自己的子女也是严加约束，希望我们以后能成为对社会有用的人。因为父母在受教育上的缺乏，知识上的苍白，他们总是尽自己最大努力，让我们受到完整的教育，哪怕自己吃再多的苦，也无怨无悔；因为父母深知生活不易，所以用自己的实际行动告诉我什么是节俭；因为父母懂得"远亲不如近邻"，所以在邻居们遇到困难时总会伸手帮一把，既帮助了别人，又赢得了尊重。每一个故事的背后都有一份沉甸甸的爱在里面，都是家风在延续。这在无形中让我把这些好习惯、好思想传递给我的孩子，让她也耳濡目染、身心受益。

俭以养德

陈荩在《修慝余编》中写道："富贵子弟无成者，失于姑息也；贫贱子弟易成者，习于严束也。"都说父母是孩子的第一任老师，在我的童年印象中，我经常穿哥哥的旧衣服，但每件都洗得干干净净；经常吃的就是玉米饼或者高粱面馒头，一年到头很少能吃上白面馍，肉只有在春节时才能吃上一顿。尽管生活艰苦，父母仍然想尽办法去改善生活，种一些青菜，农闲时通过打零工攒些小钱买来一小块肉，为我们增加一些营养。直到自己做了父亲才明白，父母总是对自己很苛刻，对子女很慷慨，因为对子女的爱总是不图回报的，希望下一代能过上幸福的生活。当我面对自己的女儿时，不仅仅让她背诵李绅的《悯农》，而且带她到外公家一起进行一些力所能及的农田劳动，亲身感受一下粮食的来之不易。那一次的劳动，女儿不仅流了许多汗，还对勤俭节约有了更深的认识。此后每次吃饭都是按量盛好，吃得干净，绝不浪费，还主动参与刷碗洗筷。不仅如此，喜欢画画的她总记得一张纸两面用，将自己平时的作品整齐地装订好，养成节约的习惯。看到女儿的这些习惯，我感到爱需传递，德需传承。

尊重他人

清代王豫在《蕉窗日记》里写道："治家严，家乃和；居乡恕，乡乃睦。"尊重不是一个冷冰冰的词汇，需要我们自己先付出，从尊重家人、尊重他人开始。我有意识对女儿进行言传身教，本分地做好父母眼中的儿子，做好妻子眼中的丈夫，女儿眼中的父亲。每次做好饭，我总是先为父母或岳父母盛好第一碗，恭敬地递上筷子。有时候，一次温馨的闲聊，一句温暖的问候，一份欣慰的节日礼物，一件贴心的衣服，都会营造和谐和睦的家庭关系。日久天长，这些都被女儿看在眼里，记在心里，知道尊重是应该做什么，如何尊重自己的长辈。每次带回好吃的、好玩的、好看的，女儿总是第一时间让给家里的长辈，然后才是自己。女儿从和别人见面打招呼开始，能认真倾听别人谈话，在学校愿意帮助别的小朋友，在游乐场和别人共同分享玩具……在和朋友的交往过程中，女儿坚持做到诚实守信。只要约定好，女儿必定提前到达，耐心等候。如果实在无法兑现，总会提前告知对方，尊重他人从诚实守信开始。

文化立身

觉醒的父母，完全应该是义务的，利他的，牺牲的。——鲁迅

父母在我求学之路上的无悔付出，让我心怀深深的感恩，也让我认识到生养一个孩子不容易，培养成才更重要。所以，从女儿咿呀学语开始，我就有意识地对她进行学习兴趣的培养，先给她讲一些适合年龄特点的童话故事，做一些折纸手工活动，激发她对童话世界的好奇心。渐渐发展到可以认识一些简单的文字，上幼儿园时可以写出自己的名字，对于一篇幼儿文章甚至能断断续续地读下来。有时候，早上一起床，女儿第一件事就是拿起童话书先读一会儿，或者先画一幅画，作为自己的早课，完全是一种自然的习惯。一个不到六岁的孩子，竟然如此喜欢读书。因此，我更应该做好这个榜样，更应该拿起书本，从中汲取人生的智慧，开阔自己的视野，增长知识，和家人们走在阅读的道路上。真希望这条路能越走越长、越走越宽、越走越美、越走越有味道。有人说："儿童是创造产业的人，不是继承遗产的人。"是啊，我们在这世上能给孩子留些什么，才是孩子永远受益的。不是金钱，而是文化；不是房产，而是精神；不是珠宝，而是美德；不是豪车，而是健康；不是溺爱，而是博爱。

纵观那些名人的成功之路，背后都有其父母的默默付出和教育支持，都有严谨的家风，严格的家教，都有坚定不移的道德坚守，都有一脉相承的文化氛围。你如果爱孩子，请从珍惜每一颗粮食开始；你如果爱这个家，请从尊重每一个人开始；你如果爱这个社会，请从履行每一个承诺开始；你如果爱这个民族，请从承担每一份责任开始。家风为下一代创造一个宽松的成长环境，提供一个良好的学习氛围，建设一个充满爱的大家庭，培养一个自由独立的人生品格。传递好家教，家和万事兴！传承好家风，让爱自由生长！

《特别狠心特别爱Ⅱ：赢在家风》读后有感

吴辰家长

《特别狠心特别爱Ⅱ：赢在家风》是沙拉的一本书，我读完后，想截取其中的一段分享给大家。

如何教会孩子体谅别人

沙拉带着孩子们去菜市场买菜，一周一次，蔬菜、水果都是农民自己种植的，重口感不重品相。到了梨子收获的季节，集市上就有很多卖梨的果农。以色列农民的习惯是在水果上保留一点枝叶，免得水分走掉，影响口感，但这么一来就有一些梨可能会被枝叶戳出一些小洞。

沙拉会要求孩子在挑梨的时候每个人挑一个有一点问题但今天还可以吃的梨。这样的梨会便宜吗？不会。这样的梨挑好了，沙拉看过了才会去称，而沙拉自己只挑好的梨。挑好了一起称重，付钱。

晚上吃水果的时候，沙拉告诉孩子们："首先要有利他心理，如果每个人都挑好的水果，那么有问题的水果谁来吃呢？我们今天晚上就可以把这些水果吃掉，这样我们帮助别人解决了一点小问题，也没有太大的损失，何乐而不为呢？每个人都帮助果农解决几个不好的水果，那么不好的水果就会越来越少。

"另外，我们要敬畏食物，那是水和阳光赋予我们的礼物。虽然这个水果有一点小问题，但并不影响健康，也不影响当天的食用，这个小小的水果可以帮助到别人，妈妈希望你们从这个小小的水果就学会体谅别人。

"梨的身上有点瑕疵，我们可以接受，同样我们每个人身上都有些缺点，妈妈也能接受。有一天你们工作了，跟同事或者其他人也会产生碰撞，意见不一致的情况，我们需要学会相互理解、相互接纳和包容。"

家庭是孩子的训练场

有的妈妈觉得孩子在家里这个毛病、那个不好，等到一出国，逼得他自立了，什么就都好了。周围也有不少妈妈说孩子出国了以后就好像变了个人一样，一下子懂事也知道心疼人了！

我们也希望自己的孩子有忽然长大的一天，但作为妈妈我们能冒这样的险，把一个我们自己都认为不太成熟的孩子送出去吗？这样出去的风险是不是太大了呢？家庭就应该是孩子的一个训练场，我们在家里先演练一下，试想几种情况，有了演练再遇到生活中的问题，孩子有了准备，这样家长也就更放心，孩子也更有信心。

餐厅有个四岁左右的孩子，用筷子夹东西玩，桌子上有一颗圆圆的玻璃珠，孩子怎么也夹不起来，有点着急地喊："妈妈！"他的妈妈坐在旁边的椅子上回答："宝贝加油，妈妈相信你。"孩子转过身又开始用力地夹，还是夹不起来，这个时候孩子看上去已经有点烦躁了，妈妈还是坐在旁边无动于衷。沙拉走过去对孩子说："宝贝，阿婆觉得你很棒，遇到困难不放弃。你再试试轻一点夹。"孩子听后，小心翼翼地把珠子给夹起来了。然后冲沙拉得意地一笑，把珠子再放下重新夹起来。

当孩子遇到超出能力范围的事情，一句"加油"能够帮助孩子迈上这个台阶吗？很难。当孩子需要切实的支持和帮助的时候，空泛的鼓励并不能帮助孩子越过障碍，实现目标。那么若是直接代替孩子解决困难呢？那就是包办代替，剥夺了孩子成长的机会。

父母要做的是站在"安全距离"处来守护孩子，必要时给以具体有效的支持，这样孩子将会拥有更多真正的能量。我们要让孩子感受到，紧急关头，我们一定会出现，他不是一个人孤军奋战。

让孩子做家庭的主人

有偿机制和让孩子了解家庭状况是我觉得最应该向沙拉学习的地方。看看下面这个例子：家里要装一个空调，预算有限，房子也不大，装一个空调就可以了，那么，这个空调装在什么地方呢？毫无疑问，爷爷奶奶会谦让，爸爸妈妈也会谦让，自然而然地，空调就装到了孩子的房间。当这件事情发生在沙拉家的时候，沙拉是如何实施有偿机制的呢？沙拉告诉孙女："因为你要做功课，所以空调可以装在你的房间里。但是，在你的手可以空出来摇扇子的时候，我是绝对不允许你开空调的。"孙女听了反抗说："我热死了，扇子没有用呀。"沙拉说："用风扇。"孙女说："不行！风扇把我的作业本全卷起来了！"沙拉说："你可以拿文具盒压着。"孙女开始耍赖："不行！我不要！"沙拉平静地说："你不要是吗？那也行，阿婆可以给你装一个空调，但有一点，空调的钱谁出？用的电谁出呢？空调不过是个家用电器，阿婆可以买。但是每天你都得给我记下来，你一共开了几小时的空调。其中几小时是合理的，那是阿婆应该付出的。但是还有一部分时间，是你本来可以摇着扇子对付过去的呀！你要享受生活，那你也得付出呀！你每天开了几小时的空调，花了多少电费，你得把钱给我啊！"

"哦……"她听了眼睛就滴溜溜地转起来了。

沙拉又对孙女说："你想一下，如果你觉得这个安排可以，我就去买，要是你觉得不行，就算了。"

空调装了。

孙女又从实际的角度提出了疑问："阿婆，每天开空调，那么多数字我怎么能记住呢？""第一，你得诚实，第二，你要善良。阿婆给你个小本子，你拿着，每天空调一开，就记下来这个时间，再记录关闭的时间。"这个就是有偿机制。沙拉还真的从孙女的压岁钱中扣了几块钱意思一下。"哦！"她可在意了，"阿婆，我才用了两度电！你为什么扣我这么多钱呢？"

这么小的事情，让孩子有了一个价值观，有了对钱的概念。这些都需要父母动脑筋，家教是从小培养的。

（四）"好家风进校园"活动后续

在学生处的倡导下，有的班级变换形式，开展了丰富多彩的极具个性特质的活动。

(1) 推荐家长阅读好书《特别狠心特别爱Ⅱ：赢在家风》，并做好交流分享准备。

(2) 征集"好家风好家教"文学作品。征文须紧紧围绕活动主题，既能够反映我国传统美德，又符合社会主义核心价值观的要求。有的是代代相传的家风家训家规，有的是父母对孩子影响最大的一个词或一句话，或是家庭对孩子的期待和希望等。内容健康、语言精练、内涵丰富，有利于形成积极向上、健康文明、和谐进步的社会风尚。此项活动学生参与积极，成果显著，评出优秀作品 30 篇以上。

(3) 开展手抄报展评活动。同学们在传承家风之时，更好地把优良家风发扬到学习生活中，营造"崇德博学、诚信向善"的育人风气，每班经过评比评出优秀手抄报 10 篇。

(4) 讲自己的家庭故事，晒自己的家庭生活。各班开设"好家风好家教"论坛，学生在班会上分享了自己的家庭教育故事，有的班级邀请家长到班和学生共话家风德育故事，图文并茂地向孩子们讲述自己的家风家训，传递情感文明。

(5) 开展家庭教育评议活动。家长会之前，各班要求学生将一些家庭开展的家风德育的相关故事与家长分享，并对自家的家庭教育进行反思。在此基础上，我们开展家庭教育评议活动。家长们对先进事迹表明要好好学习的同时，也有家长提出了不同的看法。就在评议切磋中，家长们对自己家庭的家风营造有了更理性的认知。有一位家长说得好："常常会听到旁边的人会被这么赞扬'这个孩子真有修养，看上去就很乖的样子'。我想之所以这个孩子会被人这么夸奖，是因为她长期处于一个优良的家庭环境中，一个人的修养是一时装不来的。就好比街上的一些小混混，他们何尝不是处于一个不好的环境中，而且他们大多数家中都不会有一个优良的家风，才会导致他们这样。相反，如果他们的家人对他们更多一点关爱，家中也没有什么不好的风气，他们也不会走到这一步。"

（五）"好家风进校园"活动反思

习近平总书记强调："不论时代发生多大变化，不论生活格局发生多大变化，我们都要重视家庭建设，注重家庭、注重家教、注重家风。"南通田中的"好家风进校园"活动，密切了家校之间的联系，更关键的是对于共同营造学生健康成长的环境起到了促进作用。

1. 家风，是一种无言的情感德育

家风，对家庭来说，是家庭中稳定的情感、思想和行为模式。家风通过家庭成员待人接物、为人处世、生活方式、道德行为等方面的特点表现出来，其核心是家庭的价值观，体现的是一种特定的家庭文化，是家庭的灵魂，具有强大的育人功能。对社会来说，家庭是社会的最小单位，一个个家庭的家风构成了整个社会的风气，而社会风气又对家风产生作用。家风正，可以抵御不良社会风气对家庭成员的影响，家风不正，会阻碍社会良好风气的传播。家风是一种无言的教育，它在潜移默化中影响学生的心灵，塑造学生的人格。家风代表的是一家人的精神面貌、品格修养和处事原则。好的家风含有同心协力、相互体谅、相互扶持等情感文明因素，推而广之到人际关系上，就是"己欲立而立人，己欲达而达人"，有利于良好社会风气的形成。

2. 倡导教师引导、学生主导、家长参与的"三位一体"的德育模式

良好的家风可以让一个孩子健康地成长。一位学生在他的作品中说过："在家中父母难免会因为一些磕磕碰碰而吵架，但他们从不会互相指责、斥骂，更多展现在我面前的是他们理性的一面。平时在家中，妈妈也会常常唠叨在学校应该怎么尊重老师同学，更会讲一些退一步海阔天空的道理，时间久了，我脑海中也会时不时地出现这几句话，与其说她是生我养我的母亲，不如说她是我人生的第一个导师。"为进一步培育和践行社会主义核心价值观，传承文明家风家训，实现情感德育的良好效果，我校全体班主任在学生处的领导下，收集家教故事，学习优秀家风、家训，弘扬中华美德，成立了家庭教育领导小组，加强友善、孝敬、诚信等中华传统美德教育，构建"学校、家庭、社会"三位一体的教育网络，促进学生良好行为习惯的养成。

通过"好家风进校园"活动，学生们知晓了家训家风，愿意自觉传承好家训、好家风。同时在学生的心田上播下了文明的种子，并不断萌芽，生长。通过这一系列的活动，学生和家长分享好家风好家训、传颂好家风好家训，既传播文明家庭的治家理念和良好家风，让各个家庭见贤思齐，让学生们在潜移默化中提升道德修养，也使社区呈现出良好的家庭情感文明风貌。

二、家长志愿者活动[①]

（一）家长志愿者活动方案

为了丰富学校的教育元素，充分发掘、整合、运用家长中的人力资源参与学校管理，发挥家长的各种优势，为学生成长提供良好的学习环境和条件，满足广大家长关心教育、支持教育、热心公益事业、回报社会的美好愿望，

---

① 本案例撰写：宣卫东、张晓燕。

我校拟开展家长志愿者进校园的相关教育教学活动。

1. 家长志愿者条件

(1)要有良好的公民道德素养，品行端正，为人正派；

(2)要热心基础教育事业发展，关心学校工作，尊重和信任老师、热爱孩子，重视子女教育，且教育子女有成效；

(3)身体健康，心态阳光，能投入一定的时间和精力参与学校活动，利用自身的专业才能和工作经历，自愿无偿地为学校、为学生提供服务；

(4)责任心强，为人热情，乐于助人，有较强的社会责任感，有一定的社交能力、协调能力、组织能力和沟通能力；

(5)有爱心，有耐心，有责任心，热心服务学生，热心公益事业，不计得失。

2. 家长志愿者内容

(1)家长志愿者走进学校，走近学生，组织开展晨扫、体育大课间活动、放学等，协助教师辅导学习、作业有困难的学生；

(2)家长志愿者走进我们的节日主题活动，协助演出，协助布置环境，做好活动的准备；走进家校活动(社会实践活动)，帮助班级联系参观场地、组织学生，保障安全，担当监督员、解说员、摄影师的任务；

(3)家长志愿者走进家长讲坛，结合自身职业，为学生们举办文学、艺术、自然、科技等方面的各类讲座。

3. 家长志愿者管理

(1)由家长个人提出申请、班级推荐，学校审批同意后产生家长志愿者。

(2)家长志愿者进入学校需佩戴工作牌，学校全体教职员工应同家长志愿者建立合理且良好的工作关系。

(3)学校对招募的"家长志愿者"进行统一的管理并建立志愿者服务档案，家长志愿者每学年确认一次，可连续担任多次志愿者；连任三次以上志愿者且工作绩效显著者，可以由学校荣聘成为"特级志愿者"，同时接受学校及社会的监督。

江苏省南通田家炳中学学生处
2018年9月

（二）家长志愿者活动纪要

开学，家长志愿者在行动

开学报到第一天，当我顶着烈日到达学校的时候，其他班老师告诉我，我们班的家长和孩子们已经开始了教室环境的打造。

由于晋升年级，我们班要搬迁到学田校区。

上午 8 点半，爸爸们将 5 组书柜抬到新教室，整齐地排放在走廊上，妈妈们用抹布清洁书柜的里里外外。分工明确，热闹的场面，挥汗如雨，好不感动。

摆放书籍

天蓝色的书柜都有一个小小的柜门，漂亮而精致，但是因为安装柜门的五金扣件要占据一定的空间，并且不方便孩子们存放书籍，为了让可利用的空间最大化，三位爸爸立刻买来工具，将柜门拆卸下来。清理完毕螺丝钉，指导孩子们分门别类地将书籍整齐地放进书柜。几个女孩开心地寻找着自己喜欢的书籍，按照自己的意愿来摆放书籍，还不停地聊着暑假里的趣事，时不时地和家长们讨论一下。和谐的氛围、轻松的心情，我们手下的事情在继续，朝着我们设计的方向进行。只要舍得给孩子们做事的机会，他们就会给我们留下意想不到的结果。

整理桌椅

教室相对宽敞了，为了赋予小组更大的学习协作功能，家长和孩子们几番设计，确定了一种新型课桌排位法：每小组两排，每排三人，第二排之后空出相对大的空间，容师生走动，确保同学们进出座位自如，老师在上课时也可以来到每个同学身边。最厉害的是，无论是行间距还是列间距，都精准到 1 厘米，且能在地面上找到明显的参照物，非常有利于今后的座位整齐排放。很快，座椅横竖排列整齐，让人赏心悦目。男孩子看到新教室，眼睛里闪烁着对未来梦想的光芒，追求美的女孩子喜滋滋地望着教室，她们一定在念想着初三一年的拼搏。

美化教室

教室里没有绿色植物谈不上漂亮和亲近自然。家长们将上学期种植的绿萝带来，带着女孩们去掉枯叶、腐叶，增加新土，修剪形状，然后将绿萝整齐地摆放在窗台上，悬挂在书架、窗户上。同时，还清理掉教室里所有的杂物。瞬间，窗明几净、清新淡雅、宽敞温馨的教室就出现在大家的面前。家长们很开心，孩子们叽叽喳喳，谈着各自的想法，对教室充满了无限的遐想和期盼。未来的一年，这里就是我们奋斗的阵地。爱在心间传递，爱在眼睛里传达。

做事善始善终

大平台变成了学生的阅览区域，漂亮的书柜，是图书的家。孩子们的书桌椅备齐，植物花卉陪伴。当一切准备完毕后，被清理出来的杂物、垃圾等堆放在外面，家长们指导孩子们将垃圾用塑料桶清运到垃圾中转站。一个爸爸一边教自己的孩子，一边说："做事要善始善终!"他手把手地教，用具体实践教给孩子一个行动、一个理念、一份真爱。

一场亲子志愿行动正滋养着孩子们的生命，促其蓬勃生长。

最后，凡是今天参加志愿者活动的家长和学生都留念合影，记录我们的合作，记录开学新起点，记录孩子们的成长。

图 5-1　摆放书籍 　　　　图 5-2　美化教室

（三）家长志愿者感想

感想

吴宇辰妈妈

儿子入读初中两年来，我之所以对家长志愿者情有独钟、乐此不疲，缘于在每次工作中得到快乐、充实自己、提升收获。参加志愿者活动不但能帮助他人快乐自己，还能增长经验、锻炼自己。这种快乐而幸福的感觉是不能完全用语言文字勾画出来的。

儿子刚上初一时，老师说想让我担任班上家长委员会委员。当时，我特别激动，因为这样似乎可以借机多到学校看看儿子。但同时，更深感责任重大，我清楚自己文化水平不高，害怕担当不起此工作。后来，在老师的鼓励和儿子的支持下，我终于作为家长志愿者，走进校园，与儿子一起分享教育的快乐。

家长志愿者这一角色，让我的收获颇丰。我参加了"爱社会"义卖活动，参与了班级组织的慰问贫困家庭活动，也曾和孩子们一起徒步到唐闸公园，负责维持秩序等。我发现自己越来越迷上这份"职业"，渐渐把志愿者活动当成了自己生活的一部分。

通过亲身体验，我更能体会老师的辛苦，对老师的工作有了更深层次的理解。说实话，当孩子们遇到不解，或受到委屈时，当青春期的叛逆心发作之时，老师还是亲切地抚摸着孩子的脑袋或蹲下来对孩子进行耐心地开导。看到这情境，我的心里有说不出来的欣慰。感谢老师们的爱心、耐心、细心。你们对孩子的每一分付出，我们做家长的都记在心里！我们打心眼里感激你们！

其次，通过家长志愿者活动，我们有机会走进班级，近距离地观察到孩子们的学习、考试情况，不但使我能更准确地掌握孩子的学习情况，更重要的是与老师的密切交流能帮助我及时修正自己的教育方法。

再次，感谢学校提供这样一个让我们家长关心教育、支持教育、丰富人生、回报社会的新平台。通过这个平台，家长可以参与校园建设和管理，让家长志愿者言传身教，为孩子树立行为楷模，这对孩子的成长有极大帮助。比如，儿子知道我当家长志愿者后，他觉得妈妈能帮学校做事，是爱他、关心他的一种付出，他的自豪感和自信心也增加不少。

最后，希望田中家长委员会活动越办越好！希望更多的家长朋友参与进来，让学校和家长一起为学生的成长提供良好的环境和条件，为孩子营造更好的大环境，激发孩子成长的动力。

感想 2

吴溯源爸爸

家长是孩子第一任老师，同时也是陪伴孩子一起成长的同学。我们明确树立了两个观念：第一，在"德智体"全面发展中，德育是第一位的，欲将成才，必先立德。第二，老师是职业教育者，家长必须毫无保留地配合老师和学校来培养孩子。

无论在校内校外，我们都和孩子一起热心参与各类公益活动。班级将义卖积累的善款用于慰问幸福街道的贫困户，我的孩子作为班级代表去看望了贫困家庭。我们在业余时间也多次带领孩子参加了麦田计划的专项助学活动和南通江海志愿者的公益宣传活动。

孩子在学习文化知识的同时，我们通过鼓励他积极参与班级管理，来提升自己的综合素质和能力。做不了班委，就努力做一个优秀的小组长或称职的课代表，只要能发光发热带动身边同学，就是班级荣誉的贡献者。参与班级管理的好处，一是能让孩子深刻体会到班主任作为班级管理者的不易，在班规正确引导下养成良好习惯；二是让孩子在自觉管好自身行为同时带动其他同学共同进步，有效提升班级整体素质，促成班级的良好秩序和你追我赶、积极向上的学习氛围；三是在班主任带领下，同学们自主制订计划、实施计划、多方沟通、积极协调等方面的能力得到了很大提升。

家长委员会组织家长为班级做好必要的后勤服务，我们也是尽可能地抽出时间来参与。每次家长会能郑重对待，老师讲的话详细记录，回家再开家庭小会传达。班级的各种活动我们都积极参加，包括运动会、青春仪式、远足活动等，还作为家长代表参与了学校食堂管理的监督工作。我们融入这些活动中，能让孩子感觉到学习成长过程不孤单，有同学们相伴，也有尊敬的老师们和热心的家长们鼎力相助。他会感觉到学习成长是快乐和幸福的，感觉到班级是个万众一心、众志成城的温暖的大集体。同时，孩子的团队意识和集体荣誉感在潜移默化中得到升华。

初中三年，必将是我们一生美好的记忆。感谢老师！感谢仁智班！感谢南通田家炳中学！也感谢我们自己！

（四）家长志愿者活动总结

1. 家长志愿者进校园工作的情感德育成效

（1）增强了孩子的自信。

众所周知，家长是孩子的终身老师，家长的言行对孩子将产生潜移默化的影响。根据我们的实践经验，家长志愿者进校园工作的榜样示范，对孩子的成长有以下两点影响。一是引领了孩子的阳光成长，让孩子感到光荣，无形当中给自己的孩子树立了榜样，从而激发孩子的学习兴趣，形成积极的个性、习惯，为孩子树立了正确的人生观、价值观和世界观。根据我们学校的调研报告显示，82%的孩子希望他们的父母来校当志愿者。实际上，从几届家长志愿者的奉献效果来看，孩子的成绩、行为习惯等普遍有所上升。二是孩子更能理解家长的监督，尊敬家长。同时，孩子将家长视同于教师，将教师视同于家长，为营造家庭般的学校、建立学校般的家庭夯实了基础。初二(8)班学生蒋文进说："我觉得家长志愿者服务活动我很喜欢，因为可以让我的爸爸妈妈更加深入地了解我们的学习环境和心理状况。不过，要是让我的爸爸妈妈也来做一天学生，和我们一起读书，做作业就更好了。"很多学生希望家长不要把考试分数看得太重，应该多花点时间与孩子沟通，不希望父母再布置作业，他们需要自由玩耍的时间，希望父母和睦相处，给孩子树立榜样……

(2)提升了家长对孩子的认知程度。

首先，家长志愿者的认可度提高。我们这五届活动中，95％的家长普遍认为来校做志愿者感到非常有意义、有价值，因为不但可以近距离接触加深对老师的认识、对教育的理解和学校的了解，还可以消除许多家校之间的误解和疑惑。其次，可以让家长有机会近距离关注孩子在学校的学习、活动情况，能更准确地把握这一代孩子的心态和成长，获得更多的教育技能、技巧。例如，初三(1)班的一位刘家长，以前对他的孩子的教育方式非打即骂，自从参加家长志愿者进校园活动后，他真切地看到了他的孩子虽然学习成绩稍逊，却在大课间和体育课活动中，动作协调性非常棒。他很感动，为自己之前对孩子的片面理解而惭愧，为自己对孩子造成的伤害懊悔，在热泪盈眶的同时，深深地拥抱了自己的孩子……从此，他改变了对孩子的教育方式，孩子的各方面都有了大幅度的进步。

(3)增进了家校之间的理解和支持。

家长志愿者进校园工作，让家长主动参与到学校的日常教育教学工作中来，和学校共同管理，对学校进行监督，形成全方位的家校合作关系，增进了家校之间的理解和支持，让家校教育找到共同的话题，形成了更强劲的家校情感纽带。同时，家长志愿者的无私奉献促进了校园精神文明建设。

2. 家长志愿者进校园过程反思

在家长志愿者进校园的活动过程中，我们也发现了一些问题。

(1)直接监护人——情感德育主体缺位。

我们的初衷是让孩子的直接监护人——父母进校园当志愿者，增进孩子、父母与学校之间的种种情感关系，达成良好的德育效果。但事与愿违，部分家长由于主观上不重视或者工作繁忙，常常抱着完成学校布置的工作任务为目的，让爷爷奶奶、外公外婆来校当志愿者。父母缺位，其实也是情感缺位，德育缺位，势必让志愿者进校园的意义和价值打折扣，面对此类种种，难免让人无奈。

(2)父亲——情感德育关键角色缺位。

在当今社会，由于激烈的生存竞争，大多数家庭中的父亲忙于工作，在职场上全力打拼，照顾家庭和教育孩子的重任落在了母亲一个人的肩上，致使父亲在孩子成长过程中的作用逐渐被弱化，出现了"亲情关系向母性群体倾斜"的现象。同样，家长志愿者队伍中也出现了女性化的倾向。据这五届家长志愿者资料显示，男女比例的数据是1∶2。我们由衷地希望有更多的父亲进入我们的校园来当志愿者。

三、"有话好好说"亲子班会活动[①]

（一）"有话好好说"亲子班会活动方案

【设计背景】

班主任每天会面对学生和家长，倾听他们的心声、关注他们的烦恼，做好家长和孩子之间的桥梁。过去的教师重在通过对学生进行情感渗透，引导他们学会建立积极的自我评价，学会与他人、与集体、与社会交往，健康成长。时代在发展，学生也在改变，他们越来越渴望被尊重、被认可，越来越不愿意压抑自己，迎合别人。这种渴望体现在交往的方方面面，尤其表现在亲子交往中。而父母中有不少人依然没有摆脱"家长就是权威"这个包袱，认为自己说的，子女就应该听从。有的认为所作所为都是出于爱，所以子女就得理解和体谅。有的针对子女"不尽如人意"的表现，抱怨、指责……子女的情感需求在父母身上得不到满足，他们也可能会做出一定的回应：争吵、对着干、冷漠以对等。亲子关系可想而知。教师是不是可以创设一些机会，引导家长和学生共同调整，学会情感表达？这堂亲子班会课，就是我尝试的起点。

【教育目标】

(1)认知目标：通过多种活动形式，使父母和孩子认识到"沟通"的重要性和必要性。

---

① 本案例撰写：曹秋。

(2)情感目标：体验真诚沟通带来的愉悦感和舒适感。

(3)行为目标：家长、孩子灵活运用沟通的多种方式。

【前期准备】

(1)邀请家长。

(2)准备报纸。

【实施过程】

环节一：热身游戏，营造氛围

游戏名称：踩报游戏。

游戏目的：(1)融洽亲子关系；(2)营造班会课氛围。

游戏道具：废弃报纸。

游戏过程：

(1)在轻松活泼的音乐中，父亲或者母亲跟自己的孩子组队，与其他几队同台竞赛。

(2)每队站在一张铺开的报纸前，裁判(来自家长)吹响口哨，每队的两名成员必须把脚全部放到报纸范围内。每队只要有一只脚出界或者踩界就被淘汰。

(3)家长代表将报纸对折后再次进行PK，依次类推，哪个家庭能坚持踩到面积最小的报纸上，赢得比赛。

(4)游戏持续5~8分钟。

(5)家庭代表分享游戏感受。

游戏提示：

(1)尽可能鼓励多个家庭上台尝试。对于有些明显亲子关系疏远的家庭，不强迫参与游戏，在其他家庭尝试的基础上，再做鼓励，但不强求。

(2)根据游戏现场的氛围，老师灵活把握时间。

(3)家庭代表分享游戏感受。老师可以带着一些问题去引导发言，如：游戏过程中你与孩子(或者爸爸妈妈)是怎么沟通的？游戏过程中有没有遇到困难？你们想的什么办法去突破？游戏过程中有没有意见不一致的时候？整个游戏的感受怎样？……

环节二：信息点击，强化认知

利用课件呈现信息(配录音)

良好的沟通需要我们认真观察、用心倾听，设身处地去体会对方的感受，捕捉对方的需求。我们专注的对象不是行为本身，而是对方的感受和需求，这样更容易通过情感交流实现共情。

良好的沟通还需要我们在深度了解对方需求的基础上表达自己的需求，在双方观点不一致时，求同存异并达成共识。达成共识的过程，需要智慧，也需要一些技巧。

亲子沟通注意事项及技巧：

(1)避免命令、警告、威胁、说教、嘲讽等；

(2)不做无根据的揣测；

(3)少用负面语言和肢体动作；

(4)认真倾听；

(5)跟随对方语言或者使用对方语言；

(6)使用开放式问句；

(7)适当表达歉意、感谢和原谅。

环节三：情境再现，互动交流

(1)情境再现——还原部分家庭的真实生活。

案例一：朵朵的故事

初三学生朵朵，爸爸妈妈工作都很忙，很多时候都是朵朵自己管理自己。今年寒假，朵朵经常上网到深更半夜，父母说了也不听。新学期，朵朵经常不能按时回家，和同学在外面玩。父母怀疑朵朵不学好，朵朵却觉得父母不信任自己，更加跟父母对着干。

案例二：第二学堂

每到周六周日，本来是休息的时间，可是初三的小阳却总是很忙。小阳的妈妈总要求他学这学那。妈妈说，小阳的数学不好，所以给他报了周六的数学辅导班。期中考试中，英语没达到妈妈的要求，于是，在那之后每个周日上午，小阳又得去上英语辅导班。

小阳认为，并不是自己不会，而是考试的时候自己有些紧张，没有发挥好，而上这些辅导班，只是在浪费钱财。可是妈妈根本不相信小阳的说法，经常说："我们现在这么做，都是为了你好，你长大了就会明白的。"

小阳并不喜欢去上数学、英语的辅导班，他有自己的爱好，喜欢弹吉他，可妈妈说玩吉他只会耽误学习，怎么也不答应。为此，家里的气氛总是非常紧张。

老师总结现场氛围，并就学生和家长的现场分享，做一定的点拨：

跟孩子一起玩游戏，也是我们相处的一种方式；

学会倾听，是良好沟通的开始；

学会欣赏，让我们的沟通更愉悦；

命令、指挥不是积极的沟通；

学会自我反思，适当表达歉意让我们的沟通更加真诚；

沟通过程中需要理解和原谅。

(2)模拟演练——家长与孩子轮流更换角色，尝试用不同的方式沟通。

环节四：小小信笺，传递真情

(1)活动主题：给孩子(家长)的一封信。

(2)活动目的：构建积极的亲子沟通，消解近期亲子沟通中的不愉快。

(3)活动过程：

①孩子和家长都领到一份信纸。

②回忆近期跟孩子(或家长)产生的矛盾或争执。

③想想那件事如果放在现在，你会如何跟孩子(或家长)沟通交流？/如何处理？

④在舒缓的音乐中写下给他/她的那封信。

(4)活动提示：

①书信可以由家长、孩子现场互换，也可以由老师代为转交。

②鼓励家长、孩子分享写信过程中的一些感受。

(二)"有话好好说"亲子班会活动家长发言实录

施祎姣妈妈："可能是我跟女儿都比较瘦小，我们一直坚持到了倒数第二轮。报纸已经折成巴掌大，无论我们的脚再怎么小都踩不下了。我灵机一动，提议我踮起脚，前脚掌着地，施祎姣踩在我的前脚掌上。反正只要坚持3秒钟就可以了。但是孩子无论如何都不接受我的提议，我不断催促'快点快点'都没有用。最后我们家没能进入决赛。我偷偷怪了施祎姣说'让你快点，你非得磨蹭'。但是孩子轻轻回了我一句：'虽然只有3秒，但是我的重量全压在你脚上，你一定受不了。'说实话我挺意外也挺感动的，女儿想得比我周到。对不起，施祎姣！"

沈佳杰妈妈："这个游戏真的很好玩。自从儿子进入初中以来，出去玩几乎都不会带上我。今天他居然主动邀请我一起玩游戏，太开心了。儿子主意比我多，我听他的。"

徐乐轩妈妈："游戏过程中，儿子跟我闹了别扭，不肯听我的，有点丢脸。但是后来想想，我确实有不对的地方，我老在一边喊'徐乐轩，你这样''徐乐轩，你那样'。边上的家长做得比我好，都轻声细语地跟孩子商量着行不行，行不行。"

陈信妈妈："这是孩子长大以来，我跟孩子靠得最近的一次，女儿的身高跟我一样，女儿的脚比我还大。她真的长大了。"

（三）"有话好好说"亲子班会互动活动实录

现场角色扮演一

曹陈程妈妈（扮演朵朵家长）：朵朵，你上网的时间已经挺长的了。是不是该收一收了？

曹陈程（扮演朵朵）：马上就好。

曹陈程妈妈（扮演朵朵家长）：马上是多长时间？

曹陈程（扮演朵朵）：10分钟。

曹陈程妈妈（扮演朵朵家长）：朵朵，时间到了。得下来了吧？

曹陈程（扮演朵朵）：好的。

曹陈程妈妈（扮演朵朵家长）：朵朵，你说到做到，真棒！

……

现场采访一

曹陈程妈妈："通过朵朵回答'马上就好'，感受到孩子的积极情绪，但是孩子还想玩一会儿。我想如果不离谱的话，可以满足。于是，我顺着孩子的话，问'马上是多久？'10分钟以后，朵朵虽断网，但还有依恋，此时，可能需要我做一些举动，来表达我对孩子行为的肯定和支持。于是，我针对她说到做到进行了赞美。"

曹陈程："感觉这样的妈妈，特别懂我，让我心甘情愿地从网上下来了。"

现场角色扮演二

刘诗艺（扮演朵朵家长）：朵朵，你最近老是上网，怎么回事啊？

刘诗艺爸爸（扮演朵朵）：我一个人特无聊，上网找找乐子呗。

刘诗艺（扮演朵朵家长）：无聊也不能上网啊，看看书去。

刘诗艺爸爸（扮演朵朵）：我就是上网看书呢。

刘诗艺（扮演朵朵家长）：瞎扯！肯定没干好事！

刘诗艺爸爸（扮演朵朵）：你们大人怎么回事？整天疑神疑鬼的！

刘诗艺（扮演朵朵家长）：你这孩子，看书非得在电脑上吗？大人还不能说啊。

刘诗艺爸爸（扮演朵朵）：切！

......

现场采访二

刘诗艺爸爸："刚刚的沟通方式，其实我是被带着跑了。她可能在'批评'我平时的沟通方式。有的时候，我确实比较急躁，情绪一上来，就会质问，有时也有点盛气凌人。偏偏孩子还不买账，话赶话，就吵起来了。仔细想想，我扮演的角色朵朵在说'特无聊，上网找找乐子'这个话的时候，其实内心更想得到父母的关注，如果这个时候父母提出'聊聊天''陪你散散步'或者'一起玩'……随便哪一个建议都比'去看书'显得有诚意，更让孩子感觉到愉悦和暖心。"

现场角色扮演三

时玮泽爸爸（扮演小阳家长）：小阳，我们来谈谈吧。

时玮泽（扮演小阳）：谈什么？

时玮泽爸爸（扮演小阳家长）：谈谈你为什么不想上补习班。

时玮泽（扮演小阳）：你们挣钱不容易，上补习班太费钱了。

时玮泽爸爸（扮演小阳家长）：是费钱，但是钱的事情你不用操心。

时玮泽（扮演小阳）：主要没有必要。

时玮泽爸爸（扮演小阳家长）：怎么就没有必要了？

时玮泽（扮演小阳）：其实我学得没有那么糟糕，主要是这次考试太紧张，没发挥好。辅导班的事情能不能缓缓？等真正需要的时候再说。

时玮泽爸爸（扮演小阳家长）：其实也不一定非得立即就报辅导班。我主要是担心你不懂的知识堆积多了，学习会费劲。

时玮泽（扮演小阳）：看我接下来的学习表现！

现场采访三

时玮泽（扮演小阳）："这是我理想的亲子相处方式，家长用谈话的方式跟我沟通，没有命令和指挥，也没有训诫，更没有强行的安排。我发现家长想得更长远。我感觉得好好规划一下接下来的学习，不能让知识堆积，争取省下辅导班的钱。"

时玮泽爸爸（扮演小阳家长）："关于辅导班的问题，其实也跟孩子争论过。今天可能是演练，所以，不管是情绪状态还是语气语调都控制得比较好，整个人也很理性。这种沟通，虽然没有达成之前的预期——帮孩子报辅导班，但是整个沟通交流的过程非常舒适，没有针锋相对。看得出来，交流完了，孩子也比较积极，甚至比以前更体贴、更懂事了。"

（四）"有话好好说"亲子班会活动家长书信摘录

书信摘录一

作为你的妈妈，我也是在不断地学习和摸索中，改变着对亲子沟通的理解。还记得前几个星期，我和你为交友的问题产生了争执。你喜欢结交的朋友大大咧咧、咋咋呼呼，而我希望你多结交一些沉稳的朋友。这原本不是什么原则性问题，也许是我们挑选的沟通时间不太恰当。你匆匆忙忙要去上学，显得有些心不在焉，而我却觉得你是不耐烦。经过学习，我想，以后要沟通一些严肃的话题，我首先会寻找一个合适的时间，尽可能用平和的语调跟你交流，注重倾听你的想法，不妄下结论，不随意猜测。

——周程程妈妈

书信摘录二

你反感我说"必须这样""必须那样"，过去我一直没有在意这件事，一来觉得说习惯了改不掉，二来觉得家长都这样。经过今天的学习，发现这样的口头禅很影响亲子间的良性沟通。上次我说："做作业的时候，房间的门必须开着！"现在我会这么表达："丫头，做作业的时候，把房间的门打开好吗？"

——邹奕凡爸爸

（五）"有话好好说"亲子班会活动家长反馈

生动活泼的课堂氛围，实用的沟通技巧，现阶段孩子真实的想法……这些都是我从这堂亲子课中所获得的精神财富，正所谓"活到老学到老"，要做好当代孩子的家长，需要不断充电，不断反思，不断跟孩子共成长。这节班会课，帮助我改善对亲子关系的认知。以前总认为跟自己的孩子沟通，怎样省事怎样来，我说什么她听就是了，结合生活中的失败经历，结合今天班会课的体验，我想，作为家长更应该先学会倾听，学会给孩子合理化建议，而并非一味指挥或下命令，在经常引起矛盾的玩游戏、外出活动等上，我会更愿意跟孩子一起讨论解决方法。

——戴王琪妈妈

对于一个从教 20 余年的教师来说，遇到自己家处于青春叛逆期的孩子，也有着急上火、束手无策的时候，非常感谢学校开设的这堂以"亲子沟通"为主题的班会课，让人茅塞顿开。自从孩子进入青春期，有了自己的想法，有了自己的主张，似乎脾气见长，家长的权威似乎也在削弱。遇到一些矛盾冲突，我身在其中，一时也找不到好的解决办法，一个不小心手段简单粗暴一点，就容易让矛盾激化，不利于问题的解决。听了今天这堂课，作为家长，更加理解了孩子的诉求和想法。课堂上尝试着不同的沟通方法，体验着截然不同的结果，更加坚定了我遇事好好说，注重沟通的方式方法的决心。

——张亦驰妈妈

　　追求新鲜事物是青少年的天性，但初三的学习是非常紧张的，父母的焦虑有时超过了孩子。看到孩子某些时候不够抓紧，比如玩手机、用电脑上网、看流行剧等，难免会多唠叨几句，说了孩子不听，也会控制不住自己的语气、语言，孩子听到不中听的就会顶嘴，而后就会口角升级，爆发争吵。这就要求家长要站在孩子的角度去想问题。亲子班会课给了家长和孩子一个互相倾诉的机会，有助于解决亲子沟通中的问题，构建良好的亲子关系。

——钱泊伊妈妈

　　孩子的教育一直是我们家长"头疼"的大事。随着孩子进入青春期，我们和孩子之间常常由于沟通问题产生种种矛盾和不和谐，亲子关系一度很紧张。今天的亲子沟通主题班会让我茅塞顿开，从而更客观、更科学地教育自己的孩子。今后，我们会以身作则，用一颗宽容的心理解和尊重孩子，做孩子的陪伴者、支持者和引领者。"教育孩子的实质在于教育自己，而自我教育则是父母影响孩子的最有力的方法"，我们会谨记列夫托尔斯泰的这句家教名言。

——袁翌晟妈妈

　　一场突如其来的新冠肺炎疫情，把我和儿子"圈"在家中两个多月，随着假期的不断"充值"，我们之间的矛盾越来越多。作为家长，看到孩子假期里有时玩游戏没有节制或者自己制订的学习计划不能如期完成，就会觉得孩子不成熟、不懂事。而他呢，又认为我们管得太多，不理解他的感受……后来，我们几乎到了"相看两相厌"的地步。

　　恰巧这时有机会参加了这次亲子主题班会，真是感触颇深、受益匪浅。比如，从开口开始，表达自己的内心感受；学会用柔和的语言与态度；尝试以书面表达；可以与朋友预演等。并且一次谈话也许解决不了问题，要给予自己和孩子一点耐心。老师给出的小技巧，让我茅塞顿开。以往的我从来只顾及自己的角度，却忽略了孩子的感受与想法；以往的我认为沟通便是面对面窘迫尴尬的交流，而班会之后，才恍然发现原来还有这么多沟通的技巧；以往我一旦与孩子的沟通不成功，就灰心丧气，现在我意识到一次谈话也许解决不了问题，要给予自己和孩子一点耐心。

——孙沁宇爸爸

孩子的健康成长是每个家长、老师和整个社会的共同心愿。每个家长在孩子的成长中都倾注了许多的心血，总是期待在自己能力范围内给孩子最好的呵护。

早在孩子幼儿阶段，我就一个人去上海工作，多年来，我和孩子聚少离多，可以说孩子在五年级前的成长，母亲这个角色都是残缺的。原本以为我一回来就能很快参与到孩子的成长，能和孩子和睦相处，母慈子孝，但是我彻头彻尾地错了。我们经常会因为一个观点的不同而吵得不可开交，接下来就是双方的冷战；或者因为作业的正确率、考试成绩的起伏，整个家庭都陷入矛盾重重之中……

通过这次亲子班会课，我发现我和孩子都需要进行自我反省，生孩子不容易，教育孩子更不容易。在教孩子的过程中，我们要让自己先成长起来。我们初为人父人母，也有犯错的时候。改变之前的相处模式，适应是双向的，不能一味地让孩子适应我们，有时，我们也要从孩子角度去考虑。这样，我们才能做好孩子的引路人与陪伴者，从而使双方的关系更融洽，给孩子创造一个更好的成长空间。

——严浠妈妈

四、家庭互教活动[1]

（一）家庭互教活动方案

【活动背景】

小枫、小阳、小元、小杰和小成在课间奔跑玩耍，在比赛后退跑的过程中，小枫同学用脚跟倒退跑不幸摔伤，右臂骨折，住院手术接骨，在家休息一个多月。

---

[1] 本案例撰写：朱海霞。

摔伤事件发生后，作为班主任老师的我第一时间将受伤学生送往医院并通知家长。家长在得知情况后立即赶往医院，情绪十分激动。课间安全事故，也是校园多发事故。事故中，受伤同学的家长和其他关联家长之间，常常会因为医药费用产生矛盾。受伤休息期间，孩子的学习受到影响，家长也会焦虑不安，也有可能和校方发生纠纷。受伤的同学和其他相关的同学，也会因为此次事件受到同学的议论、老师的批评、家长的责怪，并因此产生不良情绪，有时也会影响同学间的和睦相处、正常交往。因此，针对这一次课间骨折事件，教师精心策划了一次安全教育方案。

【活动目的】

(1)妥善处理好受伤学生及家长的安抚工作，协调好相关家长的矛盾冲突。

(2)引导家长与家长沟通互动，针对学生课间活动的安全问题展开思考，并达到互相教育目的。

(3)通过安全教育活动，增强学生、家长、老师的安全意识，警钟长鸣，减少事故。

(4)架起家庭沟通的桥梁，发挥家庭相互教育功能，家校密切配合，共同呵护学生健康成长。

【活动准备】

(1)班主任与受伤学生家长沟通，做好安抚工作，发动家长积极为受伤同学提供力所能及的帮助。班主任第一时间为受伤同学联系校园意外伤害险负责人。了解到受伤学生的家庭经济状况，向学校爱心基金会申请补助金。这样医疗费用有了着落，家长安心，可避免纠纷。

(2)班主任在班级群向家长发出倡议，招募家长志愿者参与本次教育。家校合作，家长互动，引导家长们共同关注安全教育。

(3)班主任召集家长会。七年级学生尤其是男生，活泼好动，安全意识不强，喜欢在课间追逐打闹玩游戏，安全隐患常在。班主任把这些学生和家长组织起来学习、反思安全问题，并指定他们为慰问特使团成员，确定慰问探望时间及慰问品购买、路途安全等相关事项。

(4)通知相关家长进课堂互动。

【活动过程设计】

(1)家长志愿者会谈：在班级家长中招募志愿者，就学生课间安全问题探讨，首先列出可能情况，然后商讨解决方案。

(2)特派使团探望活动：班主任指定同学及家长，探望慰问受伤同学。

(3)特派使团心得交流会：就骨折事件，谈谈感想，反思安全问题，并进行自我教育。

(4)安全教育家长互动活动：邀请家长志愿者进课堂说安全，受伤同学及家长现身说法谈感受。

（二）家庭互教活动纪要

1. 活动前家长志愿者会谈内容摘录

班长小睿的妈妈："我们班男生有29人，女生26人，男生比女生多，班级就热闹。听孩子回家说，咱们班有好几个特别调皮的同学，喜欢在走廊里追逐打闹，尤其在楼梯口，经常会冲撞到其他人。"

纪律委员小俊的爸爸："我孩子也反映过课间玩游戏的安全问题，有同学玩弹皮筋的游戏，他们在教室里玩，很容易弹到同学。"

妙妙妈妈："我们可以组建一个安全委员小组，每天轮流提醒几个特别调皮的孩子，课间主动找他们互动，这样可以预防他们追逐打闹。"

在班级家长群里发个倡议，呼吁家长关注课间安全，把注意事项打印张贴。

2. 特派使团家长会谈内容摘录

小元家长："各位，课间安全太重要了，楼梯踩踏，推搡跌倒，高空抛物，走楼梯，玩游戏，追逐打闹，时时处处都有安全隐患。所以我今天带来了倡议书，倡议大家从思想上真正重视起来，回家教育各家孩子。"

小睿家长对小成妈妈说："小成妈妈，你家儿子经常在课间乱窜，经常与同学为小事争争吵吵，其实你作为家长应该了解自己孩子的情况吧？我们父母也应该找找自身原因，我们自己的安全意识强不强？"

图 5-4　家长会谈

小成妈妈回答说："我知道。孩子的问题，我们有责任。父母的言传身教对孩子影响有时会超过学校。所以，我们一定注意，平时做好表率，比如不闯红灯，不插队，遇事冷静……"

妙妙妈妈对小枫爸爸说："小枫爸爸你好，我建议你，在家开个家庭小会，对孩子进行纪律安全教育，一日一汇报，这样效果可能会好一点。"

小成妈妈又说："非常赞同妙妙妈妈的建议。我家孩子做事风风火火，平时好动，经常让老师操心。上次在教室玩弹皮筋游戏就十分危险，我回家说过多次，效果不好。一日一汇报，加强督促很有必要……"

小枫爸爸回答说："我的儿子从小调皮，经常把安全两字抛脑后，今天骨折了，我也批评了孩子，我们家长也反思了自己的教育。以前总觉得男孩子调皮一点也正常，直到这一次受伤，我才真正重视起来，感谢大家今天面对面的教育。"

小元家长总结说："学校课间，孩子聚集，一定要注意行为举止文明得体，切勿打闹追逐。今天，小枫骨折一事，希望大家能引以为戒。我们家长之间互相教育，互相帮助，以后可以通过我们安全交流的QQ群互动。"

3. 特派使团学生感悟摘录

我是"特派员"

徐昊瑒

小枫不幸骨折了。知道后我的心蒙上了一层阴影。

后来，听说小枫骨折了，要动手术，我的心里更难受了。

至于我为什么会成为老师的特派员，去看望小枫，这就要说到另一件事了。

期中考的前一天，小杰带了一大盒皮筋，他传授我们弹皮筋的方法：把皮筋绑在书上，手指一挑，一根黄色的皮筋便射了出去。我根本没有考虑安全的问题，直接加入了皮筋大战。一时间，教室里就成了皮筋的海洋，很快就有人被弹中了。后来我们也接受了老师的教育。

这次去看望小枫的重任就交给我们，也是老师特意安排的。

老师特命我为组长，于是我便认真准备了起来。备好慰问品，给伤员送去我们的关怀；探望过程中，我们再进行一次面对面的安全自我教育。

见到小枫后，小枫爸爸还专门给大家讲了一些安全知识，我们都听得格外认真。我们聊着小枫受伤和治疗的经过，大家都一阵后怕。都说："以后活动的时候要注意安全，避免各种意外的发生。"接着，我们又将学校最近发生的事告诉他，为即将开始的学习生活做准备，让他尽快赶上了我们的进度。

这次特别的探望，让我明白了师长的良苦用心。特别是小枫父母对我们一群孩子语重心长的教育，让我真正体会到了什么是可怜天下父母心！

这件事虽然没有发生在我的身上，但想到活泼爱玩的自己，我不由暗暗下定决心，以后课间活动的时候，不要追逐打闹，将安全牢记心中，做一名让老师和家长放心的中学生。

特殊的经历，特别的感悟

吕浩枫

上学是一件非常美好的事情，可我不幸摔伤，去不了学校，在家的日子里我想了很多。

想到班主任老师送我上医院时的一路安慰，想到自己平时的调皮捣蛋，我当时强忍着疼痛没哭，那一瞬间，我觉得自己在老师面前表现得特别坚强。想到父母放下工作赶到医院时那关切焦急的眼神，心里顿生不安与愧疚，我知道像我这样的男孩，从小我就没让父母省心啊！在养伤的那段时间，任课老师在学习上的关心，班长和班上的同学几次来看望我，让我觉得自己特别幸福！

最让我想不到的是，一群叔叔阿姨，他们对我的关怀和教育。我还记得小睿妈妈幽默的话语："道路千万条，安全第一条。"她借用《流浪地球》的语录让我牢记安全。

小成父亲的现身说法，他那额头上的伤疤便是当年打闹留下的遗憾；更忘不了警察叔叔小杰爸爸的严肃表情，小杰爸爸为我们讲述了他亲见的安全事故，让我时刻警钟长鸣。

老师说，课间活动受伤在校园事故中是多发的，希望我能在"安全教育"的主题活动中给大家说说感受。我很认真地点头答应了，因为我有责任告诉大家安全的意义，课间活动安全第一，遵守纪律有多么的重要！我会把我的经历好好讲给大家听，希望同学们都能够引以为戒。

在以后的日子里，我会把安全牢记心头，时时刻刻不放松，做个严格遵守纪律的文明好学生。

（三）家庭互教活动反思

在这一次的课间意外安全事故中，班主任老师积极与家长沟通，并发起家长之间的相互教育活动，效果明显，这次活动是成功的。

随着社会的进步、科学的发展，教育越来越需要学校与家庭，老师与学生、家长之间的互动配合与协调。班主任做好家校沟通，营造一个良好的家校关系和共同育人的氛围，发掘出、利用好一切有助于教育的资源，共同教育好学生，这是一个长期任务。

苏联教育家苏霍姆林斯基曾把学校和家庭比作两个"教育者"，认为这两者"不仅要一致行动，向儿童提出同样的要求，而且要志同道合，抱着一致的信念"①。每一个家长在孩子的教育中都要有主体责任意识。作为南通市市区的一所颇有影响力的中学，我们的家长群体责任意识较强，这就为我们开展家校互动、组织家长之间的互相教育的活动提供了有利条件。

每个家长的职业不同，文化认知等差异性大，这是开展家校互动的难点，但同时也是优点。有效利用我们家长各自的长处，开展家长之间的互相教育，是加强学校与家庭联系的有效方式。它能增进教师和学生家长间的相互信任，让家长与家长之间多一点理解与合作、支持与配合，使教育更具一致性、针对性和有效性，形成良好的校内外育人环境。

架起家庭沟通的桥梁，发挥家庭相互教育功能，在这条道路上，我们还将努力做得更好。

五、家校共育之学生转化活动②

（一）家校共育之学生转化活动方案

【活动背景】

"我的爸爸不要我了！"

这从喉咙深处发出的伴着些许无助、带有一丝颤抖的呐喊，来自我班上的一位孩子——小阳。这个孩子来自单亲家庭，自小与爸爸、爷爷、奶奶一同生活，虽然自小缺乏母亲的关爱，但家中老人与爸爸的陪伴也让孩子逐渐长成为一个大大咧咧，有些调皮的阳光男孩。在过去三年的小学生活中，他经常与同学们嬉嬉笑笑，看似与其他孩子无二。

可是，自四年级初始，我却慢慢发现小阳脸上的笑容正在逐渐减少，相比过往，他更多的时间是一个人坐在位子上，即便是在他原本最喜爱的阳光体育课上也只是一个人默默地待在一边，看着别的孩子嬉笑玩耍，而与他相

---

① 肖甦主编译：《苏霍姆林斯基教育智慧格言》，333页，北京，人民教育出版社，2014。
② 本案例撰写：宣卫东、张晓燕。

伴的更多的则是沉默。甚至，小阳频繁地出现不完成作业、撒谎等现象。任课老师每每发现小阳没有按时完成作业，便批评起小阳来，而这时候他没有像往常一样急于为自己辩解，只是默默地站在老师的面前，低头接受着批评。老师原以为对小阳的批评似乎见到了一些成效，毕竟他已不再执念于自己的想法，已经能够接受批评了，可不曾想，这种常规式的批评难以改变小阳的作业情况。反之，小阳一日日地越加显得沉默了，脸上的笑容也渐行渐远。

终于在一个周四的早晨，小阳又一次出现了不完成作业的情况。当老师耐下性子来询问他为什么几天来都不完成作业的原因时，他先是保持沉默，一言不发，可当我不断追问他"爸爸最近有没有检查过你的作业"时，小阳不再沉默，而是近乎歇斯底里地哭诉："我的爸爸不要我了！"

【问题分析】

老师逐步了解到，在小阳爸爸的家庭教育中，打骂即是教育，每每小阳犯错或者作业没有及时完成的时候，小阳的爸爸通常会以"棍棒"的形式展开教育。因而，当这个孩子后续再出现各种情况，诸如不完成作业的时候，教师须尝试着改变"批评"的方式，试图走进小阳为自己营造的"闭锁圈"，让小阳逐渐摆脱他内心的阴霾，让这微弱的光逐步重放光彩。

无论是学校教育还是家庭教育，都难免遇到孩子犯错的时候，绝大部分的时候我们会选择批评孩子，甚至是严厉地批评，这其中老师往往会强烈地指责孩子身上的问题，而部分家长会选择体罚孩子。诚然，批评是教育教学过程中最常见的一种手段，可以对孩子所犯的错误提出有针对性的意见。而惯常可见的批评无非是把孩子出现的错误数落一番，或者帮助孩子一起分析问题出现的原因，然后孩子默默接受这些批评后尝试改正自身的错误。但是，我们是否忽略了孩子出现问题背后的心理因素呢？是否通过严肃的批评甚至是家中的体罚真的可以把问题根治？恰如在小阳的身上，家庭因素让一个原本阳光、大大咧咧的男孩的性格在短时间内发生了很大的变化。而这时候作为教师与家长，面对由于家庭的情况发生行为变化的孩子，如果我们继续采用惯常的"批评"方式，可能只会把孩子继续推到深渊中，让孩子不断地用一些外在的方式，例如沉默来掩盖内心的真正想法。因此，当孩子出现错误的时候，也许严肃的批评可以掩盖问题的表面，但终究只是问题的一个遮罩，那么如何走入孩子的心中，从问题的根本出发，让"批评"成为一味良药而非手段，让慢慢变弱的光芒重新绽放光彩，是我们需要思考的问题。

【活动设计】

1. 平等对话，了解小阳问题背后的原因

通过与小阳的平等对话来了解相关情况。如若小阳能倒出心里的"苦水"，教师便能找到"症结"。如果小阳不能与教师对话，或者不愿将相关原因告知，那就通过以往的同伴，电话或家访的形式，了解情况。

2. 真诚沟通，寻求解决问题的对策

经过与小阳、小阳同伴及其家长的交流，势必能找到导致小阳近况的原因。通过了解近期小阳在家表现以及家长的教育行为，共同寻求解决问题的对策。如若是家庭成员对小阳的教育行为失当，可以与家长真诚沟通，帮助他或和他们一起寻求解决问题的对策。

3. 提醒任课老师，优化交流方式

为了保护小阳在校期间不再受伤害，避免出现严重心理危机，班主任须第一时间与任课老师沟通，尤其要注意优化与小阳的交流方式，做到多鼓励，多体谅，多呵护。

（二）家校共育之学生转化活动过程记录

1. 走近家庭，了解问题的背后

伴随着小阳一天天变得沉默，我早已发现他的问题不是学习的单方面问题，但我并不明确究竟是什么导致了他的变化。显然，这时候摆在我面前的是两种选择：或者把小阳严肃地批评一通，严厉指出他作业中的问题，并提出一系列的改正措施；或者选择和小阳平心静气地交流，了解问题背后的原因，再试图结合原因帮助小阳。面对着小阳的变化，我反复思考，担心批评只会让小阳越发沉默，不如尝试着了解小阳问题背后的原因。最终，我选择了后者，选择走近小阳和他的家庭。

面对小阳的这种情况，我放下了作为学科老师对于学习所设置的第一地位，更多的是撇开了学习，与小阳拉起了家常，从衣食住行到周末的娱乐活动，从每日上学路上的见闻到夜间所做的梦，事无巨细几乎都囊括其中。尤其是当我们聊到美食的时候，交谈的气氛越加浓厚，小阳的脸上也在这种温馨和谐的氛围中偶有淡淡的笑容。

虽然回过头来看，我与小阳每一次交流的内容似乎都与学习无关，"批评"的味道似乎完全没有体现，但恰是在这样轻松的对话中，小阳逐渐放松下来，不再保持沉默。我也在这若干个课间的交谈中逐渐了解到，以前小阳爸爸还是很关心他的，只是每次只要小阳犯错，抑或是作业完成不好，爸爸就会抄起手边的木棍对小阳痛打。可如今小阳爸爸已经有一个多月没有回家，并且也正在组织新的家庭，加之爸爸新家庭中小弟弟的诞生，爸爸更是无暇顾及小阳，小阳的生活和学习只能由家中的老人一手包办。虽然生活得到了保障，衣食无忧，但是原本就无法获得圆满的父母之爱的小阳，在这个月似乎也渐渐与唯一的爱之稻草——父爱，渐行渐远了。

在若干次的交谈后，小阳也终于开口告诉我他心底的秘密，"我妈妈在我很小的时候就走了，她一个人去了外地，我很想妈妈，可是她每年最多只来看我一次……""爸爸已经一个多月没回家了，他根本不管我的作业，我只想爸爸陪我一起写作业，就算回来打我一顿也好！""爷爷奶奶经常为了我和爸爸吵架，我不想看到他们不开心！""我爸爸只关心他的新家和小弟弟！"……

当小阳诉说这些秘密的时候，他的眼神是充满忧伤的，自小失去母爱的小阳，早已把父亲作为唯一的"稻草"，而现如今，这根唯一的"稻草"也似乎若即若离，而这种感觉让小阳内心产生了极大的不安，甚至恐惧。这也许就是小阳发生变化的原因，他试图通过各种不正常的表现换取父亲的注意，希望父亲可以多关注自己。可是，随着时间的推移，小阳逐渐发现父亲的身影离自己越来越远，而他渴求的爱也始终无法获得，他的内心越发不安，原本开朗的性格也慢慢被隐藏起来，仿若一根原本燃烧正旺的蜡烛的烛光一点点减弱。

虽然我已经了解了小阳的问题，但在走近这个家庭的时候，我还发现了孩子父亲身上的许多问题。作为单亲家庭，小阳的爸爸负担起了小阳的生活以及全部，无论是金钱还是对孩子的关爱，都压抑着这个父亲。而每每遇到孩子在校出现问题，这个父亲往往会选择痛骂或者痛打小阳，而面对父亲的责备，小阳往往选择沉默。可如今，父亲就连往日的责骂、痛打都不再给予小阳，小阳表现出了极为强烈的对爱的渴求，这才是问题的症结。

面对这样的情况，下一步选择了走近小阳的爸爸。在几番沟通后得知，小阳的爸爸目前是一位清洁工人，每天早晨3点多便起床了，工作辛苦但也并非没有时间陪伴孩子。经过一番微信交流，小阳爸爸也在字里行间透露出对儿子的关爱。

"老师，我一个人带儿子，有时候真的是忙不过来，谢谢你告诉我儿子的这些情况。"

"老师，我的儿子什么脾气性格我知道，有时候我就是太气了才会那么打儿子的！"

"我以为小孩子不懂，现在我知道了，我会尽量改改我的脾气。"

"我最近是对他关心得比较少，一直是爷爷奶奶带着，我会注意的。"

……………

诸如此类的对话仍有很多，小阳爸爸的话里话外都透露着对儿子的歉意和无奈，与此同时我也愈发地发现，小阳的问题一方面来自父亲的暴力教育，另一方面也来自近期无法感受到父爱，内心产生了较大的变化。而在小阳爸爸这一边，其依然对孩子是充满了爱的，只是这位爸爸一贯不善于表达爱以及表达爱的方式有些偏激，加之家庭结构的变化，就更加让小阳感觉缺失了父爱。

2. 携手家长，解开心灵的锁扣

自我了解到了小阳出现问题的本因，小阳的话语便一直萦绕在我的耳边，让我深刻感受到了父亲之于小阳的重要性。因此我与小阳爸爸进行了一次较为深入的面对面交谈，不再把交谈仅仅停留在微信上，告知他孩子近期的行为以及行为背后的成因。在这次交谈的末尾，小阳的爸爸沉思了许久之后，一次又一次地发出这一声感叹，"我还是关心得太少了，太少了……"从他的言语中，我深切地感受到这并不是一个对孩子无爱的爸爸，也感受到他在得知孩子表现后的愧疚，而这也为我之后的工作奠定了一定的基础，因为这对父子之间的情感依然存在。

在与小阳爸爸的沟通后，我把小阳的爸爸邀请到了学校，与过往的"请家长"不同，我没有在小阳爸爸面前数落孩子的过错，而是告诉小阳爸爸孩子近期有进步的地方，在那一刻，小阳的眼中闪过了一丝惊讶。而与此同时，小阳爸爸的眼中也掠过了一丝欣慰。随后，我给予了父子俩近 30 分钟时间相处，起初小阳爸爸虽然没有过多的语言，只是轻轻抚摸着孩子的头，但是我能够感受到这对父子之间的情感依然是浓厚的。之后，我请小阳直接表述想要对爸爸说的话，许久没有见到爸爸的小阳起初一言不发，只是一味地看着地面，而当一阵风刮来，小阳爸爸下意识地为孩子扣上了衣扣，询问他"冷不冷"的时候，小阳才低声说了一句："爸爸，我就想你多陪陪我。"小阳爸爸看着孩子，发出了长长的嗟叹声，点头表示同意。当小阳爸爸点头表示同意的时候，我看到了小阳的脸上露出了羞涩、久违而又真实的笑容。

与此同时，我私下与小阳爸爸进行了数次的交流，当谈及过往的教育方法的时候，小阳爸爸显然表现得有些羞愧："我也不想打儿子，就是恨铁不成钢。我对我的儿子还是抱有很大的期望的……"小阳爸爸的回答其实是在我意料之内的。诚然，每个家长教育孩子的初衷无非都是为了孩子的将来，但是小阳爸爸的做法让小阳不敢在家人面前表达自己的真实想法，故而即便小阳的爸爸近期频频不回家，小阳也不敢把真实的想法告诉爸爸。

在小阳与爸爸进行了几次深入交谈之后，小阳爸爸也多次发给了我这样的信息：

"老师，我家小阳最近怎么样？"

"老师，今天小阳校内的作业没完成，我和他一起分析了没做好的原因，小阳也知道自己时间浪费了很多，你看我这样和孩子沟通行吗？"

"老师，我家小阳今天和同学好像有点矛盾，我想让孩子有独立解决问题的能力，你看怎么样？"

…………

之后的几天，小阳竟然完成了全部的作业，并且自豪地告诉我，他的爸爸昨天检查了他的作业，并且还和他一起看了动画片，今晚还打算一起出去吃火锅呢！在小阳的眼神中，我似乎看到了一种幸福，这份幸福来自父亲的关爱，而在这一个月中幸福感的瞬间降低也恰是小阳在学习中出现问题的本因，或者说，这就是小阳心灵的锁扣。

3. 走近孩子，叩开问题的大门

小阳自小生活在单亲家庭，爸爸的关心本就不多，虽然小阳爸爸的承诺暂时打开了孩子的心门，但伴随着爸爸重组家庭的建立，小阳的学习情况始终不甚稳定，这种不稳定也许就是由于孩子无法持续地从爸爸的身上感受到父母的爱，而这种爱恰是一个孩子成长过程中必不可少的一部分。

在与小阳的接触过程中，我逐渐改变了与他相处的模式，因为我发现，自小缺乏父母之爱的他，每每在课堂上遇到亲情话题的时候，总是选择一言不发，换言之，他其实是非常渴望爱的孩子。因此，在课间，我经常与小阳进行交流，询问他近期有没有遇到有趣的事情，有没有和爸爸一起外出吃饭，有没有和哪位同学一起读了书……在课堂上经常表扬小阳的爸爸，例如小阳爸爸每天凌晨三四点便起床工作，是一位十分伟大的爸爸，为了孩子的生活付出巨大的努力。通过这样的方式，小阳爸爸的形象被不断放大，在小阳的心中树立起了高大的形象。而小阳在这样的接触过程中，能够更多地体会到父亲对自己无形的关爱。

通过这样的方式，爸爸的形象在小阳的心中变得逐渐美好，在与小阳的交流过程中，小阳不再对爸爸充满失望，而是逐步能够关注到爸爸对自己关心的一面。在这对父与子的接触中，虽然爸爸依然难以做到每天回家，但小阳已然能够从平时的每一个细节中体会父亲的爱。例如，当爸爸给他带回了某个小玩具，小阳会得意带来学校，并告诉我："这是爸爸送我的礼物！"又如当爸爸在小阳写作业的时候提醒他坐端正，小阳第二天起便会非常注意书写的姿势。

此外，小阳的日常生活经常与爷爷奶奶为伴，虽然老人的唠叨时常让小阳感到厌烦，但不可否认的是，老人的关心也可以让孩子慢慢地找回被关爱的感觉。因此，面对小阳的爷爷奶奶，相比过往对小阳的批评，我更多的是在老人面前表扬小阳，让老人知道小阳并非是一个一无是处的孩子。面对这种情况，老人慢慢地对孩子有了些许的肯定，在家中也更乐于表扬孩子。

慢慢地，我发现在小阳的身上似乎也发生了一些转变，作业更认真了，也逐步回到了那个曾经的小阳。也许，孩子的内心世界是复杂的，一些外在的行为仅仅是一种遮罩，如果作为教师的我们只看到这层遮罩，就会忽视了孩子内在的真正想法。

在这一阶段，我并没有因为小阳的各种错误而严厉地批评他，而是从孩子本身的想法入手、从家长的角度入手，去深入挖掘小阳问题背后的成因。当我发现小阳的问题是父母之爱一个个接连缺失所导致的以后，我选择了先走近小阳以及他的家庭，再走进小阳的内心世界，用爱和疏导来让小阳走出内心的阴霾。

如今，小阳的学习发生了明显的转变，能够每天按时完成作业，甚至，他已经深切体会到父亲工作的辛苦和对自己的陪伴的爱。而小阳与我的相处也逐渐发生了转变，小阳逐渐愿意把原本压抑在心中的话和我分享，我与他的对话不再仅仅是任课老师与学生之间的对话，更像是一对好朋友的对话。

小阳每天的变化也许是微弱的，作业质量的提升也是缓慢的，但他能够慢慢摆脱内心的"结"，而不是把这个原本的小结变成一团乱麻。这远不是单纯的批评可以达到的，这应该就是体谅与关爱的力量吧。

（三）家校共育之学生转化活动反思

作为班主任与任课老师，我们经常因为孩子的某些缺点、过错而批评孩子，无疑，这种批评的出发点自然是为了孩子更好地成长。但是从另一种角度思考，当我们振振有词地数落孩子身上的不足的时候，当我们严厉要求孩子想出办法来解决问题的时候，当我们向家长们一次次叙述孩子所犯的错误的时候，又是否真正地深入思考过孩子这些错误、缺点背后的原因呢？

恰如我班上的小阳，他出生于一个缺少母爱的家庭，这并不是他可以选择的。而家庭的因素却导致了他经常在无意识中用一些手段来"包装"自己，或者说，用一些方法来唤起别人的注意。例如，用不完成作业的方式来唤起父亲的关注，又如用动手打别人的方式来换取其他同学的注意。如果这时候作为老师的我们不尝试了解问题背后的原因，而是直接"就事论事"地对孩子进行一通批评，也许，在短时间内我们可以把这些问题掩盖起来，孩子在老师的批评下完成了作业，看似改掉了坏习惯，但他内心的问题依然存在，更有甚者，我们的批评也许会让孩子用更多的方式来遮盖住内心最真实的想法。

因此，我们是否可以在批评孩子之前先等一等，缓一缓？是否可以先深入地了解孩子出现问题的内在原因？是否可以多一份体谅，走进孩子的生活世界，走进孩子内心世界，用更切实的方法来帮助孩子呢？

记得我曾听到过一个故事：一个寺庙中的小和尚因为家中母亲病重，但碍于寺规，不敢出寺回家探望母亲，就在墙角搬了一把椅子偷偷翻墙外出。老禅师还是发现了小和尚的这个"不守规矩"的行为，但他并没有声张，而是先询问了其他小和尚，然后把椅子搬开，自己蹲在墙角。第二天凌晨，小和尚回来了，当他原路返回的时候，发现踩到的不是椅子而是自己的师父，一瞬间他非常惊恐。老禅师只说了一句话："椅子太矮了，别摔着。老母亲的病好些了吗？"

作为班主任的我们又何尝不可以是这个故事中的老禅师呢？同样的场景，也许有的老师会不由分说地批评小和尚半夜私自翻墙出寺的行为，更会在早会的时候进行"杀鸡儆猴"的教育。而有的老师则会像老禅师一样，先体谅孩子，了解孩子问题背后的原因，再用自己力所能及的方式来帮助孩子，那么两类老师的做法产生的效果是可想而知的。我想要成为的，则是第二类的老师，希望用最真切的体谅引导学生从内心深处真正改正自己的缺点和错误。

很久前就听闻这样一句话,"凡是学生,谁没有挨过批评?凡是老师,谁没有批评过学生?"是呀,批评只是教育的一种手段,而不是目的,如果我们都可以报以一切为了孩子的信念,相信我们对待不同孩子的批评也会是不同的,因为每个孩子背后的问题都是不尽相同的。

体谅孩子,即便再微弱的光也可以重放光彩!

参考文献

[1]朱小蔓.情感教育论纲[M].北京：人民出版社，2007.

[2]朱小蔓.情感德育论[M].北京：人民教育出版社，2005.

[3]朱小蔓，梅仲荪.儿童情感发展与教育[M].南京：江苏教育出版社，1998.

[4]朱小蔓.道德教育论丛：第一卷[M].南京：南京师范大学出版社，2000.

[5]卢家楣.情感教学心理学[M].上海：上海教育出版社，2000.

[6]高德胜.知性德育及其超越——现代德育困境研究[M].北京：教育科学出版社，2003.

[7]檀传宝.德育美学观(增订版)[M].北京：教育科学出版社，2006.

[8]王健敏.道德学习论[M].杭州：浙江教育出版社，2002.

[9][苏]苏霍姆林斯基.给教师的建议[M].杜殿坤，译，北京：人民教育出版社，1984.

[10][美]诺尔曼·丹森.情感论[M].魏中军，孙安迹，译.沈阳：辽宁人民出版社，1989.

[11][加]丹尼尔·沙博，米歇尔·沙博.情绪教育法——将情商应用于学习[M].韦纳，宝家义，译.北京：教育科学出版社，2009.

[12]王平，朱小蔓.建设情感文明：当代学校教育的必然担当[J].教育研究，2015(12).